赵敏俐·总主编

细读国学经典丛书

细读淮南子

陈广忠——著

淡泊 无为 蹈虚 守静 得道 韬略 自然 吐纳 导引 归一

中国出版集团 研究出版社

图书在版编目（CIP）数据

细读淮南子 / 陈广忠著 .—北京：研究出版社，2018.1
ISBN 978-7-5199-0055-7

Ⅰ.①细… Ⅱ.①陈… Ⅲ.①杂家—中国—西汉时代
②《淮南子》—注释③《淮南子》—译文 Ⅳ.① B234.4

中国版本图书馆 CIP 数据核字（2017）第 321070 号

图书出品人 / 赵卜慧
总 策 划 / 胡孝文
出版总监 / 黄绍兵
责任编辑 / 陈侠仁 寇颖丹

书名 / 细读淮南子
作者 / 陈广忠 著

出版发行 / 研究出版社
地址 / 北京市朝阳区安华里 504 号 A 座
邮政编码 /100011
电话 /010-64217619（发行中心） 64217612（总编室）
传真 /010-63292534
网址 /www.yanjiuchubanshe.com
电子信箱 /yjcbsfxb@126.com
印刷 / 石家庄市乡依印刷有限公司
开本 /787 毫米 ×1092 毫米 1/16
印张 /15
版次 /2018 年 1 月第 1 版 2018 年 1 月第 1 次印刷
书号 /ISBN 978-7-5199-0055-7
定价 /42.00 元

总序言

中华民族的现代化建设离不开传统文化，这是我们在近百年的历史实践中得出的最宝贵的经验。2013年8月，习近平总书记在全国宣传思想工作会议上提出的“四个讲清楚”，强调了传统文化在现代化建设中的重要意义。2014年2月24日，习近平总书记在主持中共中央政治局第十三次集体学习时又说：“培育和弘扬社会主义核心价值观必须立足中华优秀传统文化。牢固的核心价值观，都有其固有的根本。抛弃传统、丢掉根本，就等于割断了自己的精神命脉。博大精深的中华优秀传统文化是我们在世界文化激荡中站稳脚跟的根基。中华文化源远流长，积淀着中华民族最深层的精神追求，代表着中华民族独特的精神标识，为中华民族生生不息、发展壮大提供了丰厚滋养。”

要讲清楚传统文化在现代化建设中的作用，在立足传统的基础上培育和弘扬社会主义核心价值观，首先必须认真地学习传统文化。只有对传统文化有了透彻的了解，我们才能认识到它在当代文化建设中的价值和意义。学习传统文化的最佳方式是阅读经典，经典沉积着中华文化最核心的内容，在文化传承过程中发挥着最为重要的作用。早在先秦时代，《诗》《书》《礼》《乐》《易》《春秋》这六种著作，就被人们推崇为“经”。梁代刘勰说：“经也者，恒久之至道，不刊之鸿教也。”“经”在中国古代何以有这样崇高的地位？因为它们产生于中华文化的早期，是中华民族文明和智慧的结晶，也是后世文化发展的基础。我们今天所说的经典虽然超出了古代“六经”的范畴，但是它的基本内涵不变。凡是可以被后世称为经典的著作，一定具有永恒的价值、丰富的内容，一定适合各个不同历史阶段的文化需要。阅读经典，会使我们更深切地感受到中华文明的悠久与伟大，受到民族文化智慧的熏陶，领会先贤们在社会、人生、历史等诸多方面所做过的深刻思考，从而提升我们的文化水平和人生境界。

然而，经典产生的时代距离我们已经非常久远，特别是由于白话文运动兴起之后而产生的古今隔膜，本来就文字古奥、内容艰深的中国早期文化经典，对今人来讲在学习和阅读上都存在着很大困难。细读经典，就是有效的学习途径之一。

所谓细读经典，就是对经典进行一字一句的仔细研读。由于古今文字的差异，字义的变迁，句法结构的不同，对今人来讲，读通一篇古文已经不易。更何况，由于古今历史的变革，名物典章制度的变化，以及由于时代不同所造成的文化断裂和知识背景的差异，即便是从表面看起来似乎已经读通的句子，如果不经过仔细辨析，也往往会有望文生义之弊。而要弄通一部经典博大精深的文化内容，就更需要仔细研读。

然而在生活节奏越来越快的当代社会，除了专业学者之外，很少有人有时间细细地研读古代经典。有鉴于此，我们聘请了国内著名的专家学者，精选了古代经典中的若干篇目，编辑了这套细读经典丛书，期望由专家学者带领大家，在有限的时间内细读经典中的精华片段，从而了解经典的内容，体悟经典的魅力。在我看来，要认识优秀的传统文化，就必须细读经典，没有经过对经典的细读，就妄称自己了解了传统文化，奢谈传统文化的好与坏，除了少数的“天才”之外，对多数人而言不过是在自欺欺人。不了解传统文化，又如何谈得上弘扬和继承？所以，在这个喧哗而又浮躁的社会里，我们希望有人能够抽出时间坐下来，静静地品读经典，安定浮躁的内心，修养自己的品性，提高人生的智慧，创造高雅的生活。谈到古代经典，不免让有些人望而生畏。其实，如果你能坐下来真正平心静气地细读几篇，就会发现，经典从来就不是高头讲章，也并非如人们想象的那样深奥难穷。经典本身就来自于生活。细读经典，我们才会从中体会到传统文化与我们的关系是多么亲近。细读《论语》，我们感到孔子就是一位可爱慈祥的老人，仿佛他正在与我们促膝谈心。细读《周易》，我们会发现古人是如何从自然与社会中总结经验，如何在生活中增长智慧并且又将其用于自己的生活……总之，我们之所以要细读经典，是因为只有如此，我们才能真正地了解传统文化，真正受到传统文化的熏陶，才能从传统文化中汲取有益的营养，才能将其真正地传承下去，落实到自身的文化实践中，而不是停留在口头上。

我们编选这套“细读国学经典丛书”的目的就是引导大家细读经典。为了真正落实“细读”两个字，我们确定了如下体例：第一是从经典中选取最能体现其精华内容的篇目。第二是对原文做简洁的注释，以求扫除读书识字的障碍。第三是进行细读，即由专家引导读者对所选篇目进行尽可能细致的导读。经典之所以称为经典，是因为其包含的知识内容特别丰富。因此在细读部分，专家们会根据所选篇目补充大量的知识，以便于读者对经典的理解。当然，对于一名优秀的读者来说，他对经典的阅读不应该受专家的限制，他还可以在此基础上阅读更多的资料，在对经典的涵咏中有更深入的理解。我们期望通过这样的方式，能够引导读者真正坐下来平心静气地读书。

“子曰：‘学而时习之，不亦说乎？有朋自远方来，不亦乐乎？人不知而不愠，不亦君子乎？’”细读经典，就让我们从《论语》开篇的这三句话入手。对这三句话有了比较深切的了悟，由此而前行，就会不断地体会到细读经典的乐趣。

赵敏俐

于京西会意斋

序言

在祖国广袤的大地上，有一条美丽的河流，它就是中国南北气候和自然地理分界线的淮河。淮河流域四季分明，土地肥沃，物产丰富，交通便捷，文化发达。西汉前期，位于淮河中游的淮南国，成为当时重要的文化学术中心。而他的倡导者，就是为王 42 年的淮南王刘安（前 179—前 122 年）。这位爱好"读书鼓琴"、蒙冤自杀的诸侯王，南宋史学家高似孙（1158—1231 年）在《子略》中称之为"天下奇才"。

淮南王刘安的"奇才"，主要体现在三个方面的创新。

一是文化创新。西汉初期，那是一个文化兴盛的时代。哲学、文学、艺术、自然科学，百花绽放。在东汉史学家班固（32—92 年）所著的《汉书》中，就记载了署名刘安的 15 篇（部）著作。

《汉书·淮南衡山济北王传》记载："（刘安）招致宾客方术之士数千人，作为《内书》二十一篇，《外书》甚众；又有《中篇》八卷，言神仙黄白之术，亦二十馀万言。"其他还有："初，安入朝，献《颂德》及《长安都国颂》"，"使为《离骚传》，旦受诏，日食时上"。《汉书·严朱吾丘主父徐严终王贾传》中收有上书《谏伐南越书》。《汉书·楚元王传》中有《枕中鸿宝苑秘书》。记载在《汉书·艺文志》中的著作还有："《淮南道训》二篇，《琴颂》，《淮南内》二十一篇，《淮南外》三十三篇，《淮南王赋》八十二篇，《淮南王群臣赋》四十四篇，《淮南歌诗》四篇，《淮南王兵法》，《淮南王杂子星》十九卷。"除了《汉书》所载，历代史志中记载刘安的著作则有 40 多篇（部）。当然有的可能出于伪托。

刘安和门客的这些著作，涉及《易》学、哲学、政治、军事、文学、音乐、化学（炼丹术）、天文、地理、养生等众多门类，简直就是一部西汉初期的百科全书。而其中的许多篇章，都是文化创新的产物。

二是思想创新。汉初七十年间，黄老道家思想占统治地位。但是儒家、兵家、法家、阴阳家等各家思想，竞相争鸣。探讨学术方技，寻求治世良方。而被当代学者胡适（1891—1962 年）称为"绝代奇书"的《淮南子》，便在时代大潮中应运而生。

《淮南子》诞生以后，引起了朝野、学者的极大关注。两汉 426 年，阅读、评价、参考、研究《淮南子》的有：汉武帝、刘向、刘歆、扬雄、王充、许慎、马融、延笃、卢植、高诱、应劭等人。当然，司马谈、司马迁父子对《淮南子》也是相当熟悉的。在《史记》三家注中，引用《淮南子》作注，就有 70 多条。这种现象，在中国历史上极为罕见。

从中国哲学的角度说，《淮南子》博大的体系和精深的内涵，集先秦和汉初道家思想之大成，继承和发展了《老子》的"道"论，直接开启了王充的元气自然论和王弼的本体论思想；它在中国历史上第一个系统地阐述了宇宙生成论及其范式，并且影响中国学术史达二千年之久；它吸取了先秦人本主义思潮的精华，总结了秦汉黄老"无为而治"的历史经验，构建了一种倡扬主体意识、肯定主体地位和作用，与董仲舒的君主集权专制理论不同的政治哲学；它尊重人格独立，阐述了一种兼容豁达、既务实而又超脱的人生哲学；它克服了《老子》对直觉的偏执，重视理性思辨与感性直观的统一的思维模式；它以唯物的发展的眼光考察历史，得出了许多接近于唯物史观的朴素观点，并提出了一系列治国安邦的经济之策。总之，《淮南子》比《老子》更系统，比《论语》《孟子》更深刻，比《墨子》更全面，比《庄子》更现实。有鉴于此，近代学者梁启超（1873—1929 年）在《中国近三百年学术史》中感慨地说："其书博大而有条贯，汉人著述中第一流也。"

三是科技创新。《淮南子·要略》中说："若刘氏之书，观天地之象，通古今之事，权事而立事，度形而施宜。"在"刘氏之书"建立的"天人合一"的理论体系中，把研究"天、地"的规律，作为重要的内容。书中专门设立了《天文训》和《地形训》，谈"天"说"地"，并且涉及众多的科学领域，代表了当时的最高科技水平，有的流行二千余年，至今仍然熠熠生辉。

比如，2016 年 11 月 30 日联合国科教文组织通过的"非遗"项目"二十四节气"，它的完整、科学的记载，就出自《淮南子·天文训》："两维之间九十一度十六分度之五，而（升）[斗]日行一度，十五日为一节，以生二十四时之变。斗指子则冬至……”二十四节气，根据北斗斗柄、太阳、月亮、二十八宿标示的度数以及地球的运行规律，建立了阴阳合历的永恒不变历法。淮南王刘安在汉武帝建元二年（前139年）把《淮南子》进献给朝廷，汉武帝太初元年（前104年）被编入历法体系，通行全国，流传亚洲和世界，至今已经2156年。

淮南王和门客对太阳能的研究利用，堪称一绝。《淮南万毕术》中记载：“削冰令圆，举以向日，以艾承其影，则火生。”把坚冰打磨成凸透镜的形状，对着太阳，能够聚焦成影；把艾叶放在后面，就能使它燃烧。水、火不相容。制成冰透镜后，却能得到火而冰不融化。这真是巧夺天工的创造。

中国豆腐，名扬天下。而它的发明者，就是淮南王刘安。刘安研发豆腐的最早记载，出自南北朝时梁代谢绰的《宋拾遗录》：“豆腐之术，三代前后未闻。此物至汉淮南王亦始传其术于世。”（清）李兆洛撰《凤台县志》卷二、（清）陈元龙撰《格致镜原》卷二十四等，都引述了《宋拾遗录》的记载。此后（明）李时珍（1518—1593年）《本草纲目》等40多种文献，记述了刘安发明“豆腐”，以及食用、药用、养生等内容。大浪淘沙，沧海桑田。而华夏民族对于历史上做出杰出贡献的英才们，铭刻丹青，永志不忘。

本书《细读淮南子》，选取的内容十分丰富。有传颂已久中国古代先祖神农、黄帝、尧、舜、禹的治政业绩，有为人津津乐道的古代名相姜太公、伊尹、管仲、孙叔敖的勤政故事，有暴君夏桀、商纣荼毒百姓的记载，有治政高手孚子贱、西门豹的轶事，有贩牛者弦高的爱国赤诚和高尚情操，有廉洁自律的鲁相公仪休，也有中国古代思想家老子、孔子的教学故事，还选取了中国古代四大神话共工触不周山、女娲补天、后羿射日、嫦娥奔月的片段，当然也有妙趣横生的成语、寓言故事如“塞翁失马”“辅车相依”等。凡此种种，都能给以读者有益的启迪和美妙汉文的熏陶。

2017年5月1日

于安徽大学草野居

目录

卷五 时则训

卷六 览冥训

卷七 精神训

卷八 本经训

卷九 主术训

卷十 缪称训

卷十一 齐俗训

卷十二 道应训

卷十三 氾论训

卷十四 诠言训

卷十五 兵略训

卷十六 说山训

卷一 原道训

【题解】

《淮南子》中的“道”，源于《老子》，主要指的是自然规律和宇宙本原。空间上包容一切，时间上无穷无尽。它无所不包，无处不在，它是不以人的意志为转移的客观存在。

对于治政，《淮南子》主张要实行“无为而治”。“无为”不是无所作为，而是要按照自然、社会和思维规律行事。作者对“无为”“无不为”以及“无治”“无不治”等流行说法，重新进行了界定，并赋予了新的内涵，发展了先秦道家的“无为”论。

《淮南子》提出了道家的“真”“静”人性观：“人生而静，天之性也。”而与此有关的生命问题，作者认为形、气、神为生命三大要素，互相依存，而“神为之使”。

《淮南子》中强调只有掌握“道”的规律，才能适应自然、社会及人类自身的发展变化。全书以探索“道”之“原”开篇，并以其为核心贯穿全书，充分显示了《淮南子》立论之宏伟、包容之广大及体例之缜密。

道：自然规律

夫道者，覆天载地，廓四方，柝八极①；高不可际，深不可测②。包裹天地，禀授无形③；原流泉浡，冲而徐盈④；混混汩汩，浊而徐清⑤。故植之而塞于天地，横之而弥于四海⑥；施之无穷，而无所朝夕⑦；舒之幎于六合，卷之不盈于一握⑧。约而能张，幽而能明⑨；弱而能强，柔而能刚；横四维而含阴阳，紘宇宙而章三光⑩。甚淖而滒⑪，甚纤而微；山以之高，渊以之深；兽以之走，鸟以之飞。日月以之明，星历以之行；麟以之游，凤以之翔。泰古二皇，得道之柄，立于中央⑫；神与化游，以抚四方。

【注释】

① 道：指自然规律和宇宙本原。 廓（kuò）：张大。《尔雅·释诂上》："廓，大也。" 柝：通"拓"。《小尔雅·广诂》："拓，开也。"即扩大义。 八极：八方极远之处。② 际：高诱注："至也。"即到达义。③ 禀授：给予。 无形：高诱注："万物之未形也。"④ 原：水源。 滂：《说文》："沛也。"指水盛涌出。《道藏》本、刘绩《补注》本作"浡"。 冲：通"盅"。《说文》："盅，器虚也。"即空虚义。⑤ 混混：水流不绝的样子。《广雅·释训》："混混，流也。"汩汩（gǔ）：水流声。⑥ 植：树立。《方言》卷十二："植，立也。" 塞：充满。 弥：高诱注："犹络也。"陈按：通"縻（mí）"。《说文》："縻，牛辔也。"引申为牵系义。⑦ 施：使用。"无所朝夕"：黄锡禧本作"无朝夕盛衰"。指"道"永恒，无时间、空间之变化。⑧ 舒：舒散。 幎（mì）：《说文》："幔也。"即覆盖义。 六合：高诱注："孟春与孟秋为合，仲春与仲秋为合，季秋与季春为合，孟夏与孟冬为合，仲夏与仲冬为合，季夏与季冬为合，故曰六合。言满天地间也。一曰四方上下为六合。" 一握：一把。《周易·萃卦》孔颖达疏："一握，小之貌也。"⑨ 约：缠束。 幽：幽暗。⑩ 四维：即四角、四隅。 紘（xuàn）：《广雅·释器》："索也。"《集韵》"霰"韵："紘，绳也。"即维系义。《道藏》本、刘绩《补注》本作"纮"。 宇宙：高诱注："四方上下曰宇，古往今来曰宙。"按：指时间和空间。《文子·自然篇》作"往古来今曰宙"。 章：通"彰"，显明。 三光：指日、月、星。⑪淖（nào）：《说文》："泥也。"滒（gē）：《说文》："多汁也。"淖滒，指柔和的样子。⑫二皇：指伏羲、神农。

【细读】

本节用上古音韵文的语言，形象地描绘了"道"的博大，"道"的超越，"道"的永恒，"道"的奇妙。"道"作为自然规律，是不以人类的意志为转移，而永恒地存在着。《淮南子》中写道：

"道"，覆盖上天，运载大地，扩展到四方，延绵到八极；高度不能够到达，深度不能够测量；包容天地，施与万物；像泉水涓涓流淌，由空虚却能逐渐充实；似急流汹涌，由混浊却能逐渐澄清。因此把它直立起来，可以充满天地；把它横放着，可以布满四海。使用它无穷无尽，而永远没有盛衰。舒展起来可以覆盖六合，卷拢起来还不满一把。捆束起来却能够张大，幽暗之时却能大放光明；弱小的时候却能强大，柔软的时候却能刚强；横贯着天地而包含着阴阳，维系着宇宙而使日月星发光。极其柔和，非常细微；山岳依靠它而高耸，潭渊凭借它而变深；野兽依靠它而奔跑，鸟类凭借它而高飞；日月依靠它而放光明，星辰凭借它而运行；麒麟依靠它而出游，凤凰凭借它而翱翔。远古伏羲、神农两位帝王，掌握了“道”的枢要，而处在天地的中央；精神和万物变化相结合，来安抚天下之民。

“道”生万物

夫太上之道，生万物而不有，成化像而弗宰[①]。跂行喙息，蠉飞蠕动，待而后生，莫之知德[②]；待之后死，莫之能怨。得以利者不能誉，用而败者不能非；收聚畜积而不加富，布施禀授而不益贫；旋县而不可究，纤微而不可勤[③]；累之而不高，堕之而不下；益之而不众，损之而不寡；斫之而不薄，杀之而不残；凿之而不深，填之而不浅。忽兮怳兮，不可为象兮[④]；怳兮忽兮，用不屈兮[⑤]；幽兮冥兮，应无形兮[⑥]；遂兮洞兮，不虚动兮[⑦]；与刚柔卷舒兮，与阴阳俯仰兮[⑧]。

【注释】

① 太上：指最高的。 化像：自然造化而生成的物像。② 跂（qí）行：用足行走。 喙（huì）息：用嘴呼吸。 蠉（xuān）飞：指虫类飞行。 蠕（rú）动：爬行的虫类。③“旋县”：双声叠韵联绵词，形容微小之样子。 勤：穷尽。④ 忽兮怳（huǎng）兮：高诱注：“无形貌也。” 象：形象。⑤ 屈：高诱注：“竭也。”按：即枯竭义。⑥ 幽兮冥兮：高诱注：“渺茫貌。”按：以上数句化自《老子》二十一章，《文子·道原篇》略同。⑦ 遂、洞：深远的样子。《楚辞·离骚》王逸注：“邃，深也。”遂：通“邃”。⑧ 卷舒：屈伸之义。 俯仰：即升降。

【细读】

“道”为万物的本源，产生了宇宙自然。本段使用拟人化的语言，指出“道”施与万物，却不求回报；“道”受到损害，也不会怨恨。“道”就是这样奇妙无比。《淮南子》中说：

最高的“道”，产生万物却不据为己有，化生成万物的形象却不去主宰。那些用脚行走、用嘴呼吸的动物，飞行和爬行的昆虫类，依靠它然后才能产生，但是没有什么动物感戴它的恩德；依赖它而后死去，也没有哪一类怨恨它。得到利益的人不能够赞誉它，采用它而失败的人也不去非难它；收敛积聚而“道”不增加财富，施舍赈救也不会加深贫困；极其渺小而无法深究，极其细微而又没有穷尽；累叠它而不会增高，堕毁它也不会倒下；使它增益却不见多，使它削弱又不减少；砍削它不会变薄，杀戮它不会伤残；挖凿它而不会变深，堵塞它而不会变浅。若有若无啊，不能够描绘形象啊；似存似亡啊，使用不会枯竭啊；渺渺茫茫啊，对应没有形体啊；幽深难测啊，运动有规律啊；和刚柔一起屈伸啊，与阴阳一起升降啊。

人生而静

人生而静，天之性也；感而后动，性之害也①；物至而神应，知之动也②；知与物接，而好憎生焉③。好憎成形，而知诱于外，不能反己，而天理灭矣④。故达于道者，不以人易天。外与物化，而内不失其情⑤。

【注释】

①“害”：俞樾《诸子平议》云：“害”乃“容”字之误。《史记·乐书》：“性之颂也。”徐广曰：“颂音容。”“容”亦“动”也。② 物：事物。　知：通“智”。智慧。③ 接：交接。　好憎：指情欲。④ 形：显现。　诱：诱惑。　灭：衰灭。以上数句，化自《礼记·乐书》，《史记·乐书》略同。⑤ 物化：与物变化。

【细读】

人性问题，是一个至今人类尚未厘清的复杂问题。《荀子·性恶》：“人之性恶，其善者伪也。”又说：“孟子曰：‘人之学者，其性善。’”这就是同属儒家阵营的“性善”“性恶”说。以《淮南子》为代表的黄老道家，主张人性自然，即“性静”说。但是强调和重视后天的教育和环境，则是各家共同的理念。《淮南子》中认为：

人生下来就是安静的，这是人的天性。受了外物感化而后有活动，它是天性的外部表现。外物到来而精神上有了反应，这是智慧的活动。智慧与外物互相接触，而好憎之情便产生了。好憎化成形迹显露出来，而智慧被外物所诱惑，不能返回到人的本性上去，那么天性便要衰灭了。因此通达大道的人，不因为人欲来改变天性。表面和外物一起变化，但内心却不会改变他的本性。

鲧作高城

夫释大道而任小数，无以异于使蟹蒱鼠，蟾蠩捕蚤，不足以禁奸塞邪，乱乃逾滋①。昔者夏鲧作三仞之城，诸侯背之，海外有狡心②。禹知天下之叛也，乃坏城平池，散财物，焚甲兵，施之以德，海外宾服，四夷纳职③。合诸侯于涂山，执玉帛者万国④。

【注释】

① 蒱（fǔ）：《道藏》本、刘绩《补注》本作“捕”。《集韵》“虞”韵：“蒱，蟹也。”蒱，疑通“捕”。 蟾蠩（chán chú）：蛤蟆。② 鲧（gǔn）：高诱注：“帝颛顼五世孙，禹之父也。” 仞：八尺曰仞。三仞，王念孙《读书杂志》认为当作“九仞”。 狡心：狡猾之心。③ 禹：名文命，受舜禅为帝，夏朝开国之君。事见《史记·夏本纪》、《尚书·舜典》等。 四夷：指海外之地。 职：贡赋。④ 涂山：高诱注：“在九江当涂县。”按：《左传·哀公七年》杜预注：“在寿春东北。”即今安徽怀远之涂山。

【细读】

上古时代，鲧修建起高高的城墙，来防备民众的反叛。而他的儿子夏禹，却采取爱民的政策，获得了民众的拥护。爱民拆墙，是大道；防民建墙，是小技。《淮南子》中记载了这样的故事：

抛弃大道而依靠小技，如同用螃蟹捕老鼠，让蛤蟆捕跳蚤，没有什么差别。这样不能够用来禁止奸人、堵塞邪道，混乱反而更加滋长。从前夏鲧建造成了九仞高的城墙，然而诸侯国背叛了他，海外的人也离心离德。禹知道天下的人将要叛离，于是便毁掉城墙，填平护城河，把财物分给民众，销毁兵甲武器，对人民广施恩德，使海外的异族又称臣归服，四方诸侯纷纷献上贡职。禹在涂山会合天下诸侯，带来美玉丝帛的国家成千上万。

峭法刻诛

夫峭法刻诛者，非霸王之业也①；箠策繁用者，非致远之术也②。离朱之明，察箴末于百步之外，不能见渊中之鱼③；师旷之聪，合八风之调，而不能听十里之外④。故任一人之能，不足以治三亩之宅也；脩道理之数，因天地之自然，则六合不足均也⑤。是故禹之决渎也，因水以为师⑥；神农之播谷也，因苗以为教⑦。

【注释】

① 峭法：严峻的刑法。 刻：苛刻。② 箠：马鞭。 繁：多。③ 离朱：黄帝时臣，视力特别好。④ 师旷：春秋时晋平公的著名乐师，善辨音。 合：郑良树《淮南子斠理》云："合"疑当作"分"。言师旷之聪，足以分辨八风之调也。 八风：八方之风。见《地形训》。⑤ 脩：王念孙《读书杂志》云："脩"当为"循"。《文子·道原篇》亦作"循"。 均：平。⑥ 渎（dú）：大河。《释名·释水》："天下大水四，谓之四渎，江、河、淮、济是也。"⑦ 神农：高诱注："少典之子炎帝也。农植嘉谷，神而化之，故号曰神农也。"

【细读】

治理国家，是依靠严刑峻法，还是顺应自然规律，这是治国的不同思路和方法。当然，其结果也大不相同。《淮南子》中说得明白：

实行严刑苛法，不是成就霸王大业之路；经常使用鞭子、棍子，不是使御马到达远方的办法。离朱的眼睛特别敏锐，可以在百步之外看到针尖，但是不能看到深渊中的游鱼；师旷的耳朵特别灵敏，可以分辨八方之风的乐调，但是却不能听到十里之外的声音。因此任凭一个人的才能，不能够用来治理三亩大小的田宅；遵循着大道的规律，根据天地的自然特性，就是整个天下也能够治理太平。因此禹疏通大河，以水流的规律为师法。神农种植五谷，根据禾苗的生长规律作为后世常教。

万物自然

夫萍树根于水，木树根于土①；鸟排虚而飞，兽蹠实而走②；蛟龙水居，虎豹山处，天地之性也③。两木相摩而然，金火相守而流④；员者常转，窾者主浮，自然之势也⑤。是故春风至则甘雨降，生育万物；羽者妪伏，毛者孕育⑥；草木荣华，鸟兽卵胎；莫见其为者，而功既成矣⑦。秋风下霜，到生挫伤⑧；鹰雕（抟）［搏］鸷，昆虫蛰藏⑨；草木注根，鱼鳖凑渊⑩；莫见其为者，灭而无形。木处榛巢⑪，水居窟穴；禽兽有艽⑫，人民有室；陆处宜牛马，舟行宜多水；匈奴出秽裘⑬，干、越生葛絺；各生所急，以备燥湿；各因所处，以御寒暑；并得其宜，物便其所。由此观之，万物固以自然，圣人又何事焉⑭？

【注释】

① 苹：浮萍。《时则训》："萍始生。"高诱注："水藻也。" 树：植。② 排虚：即排击空气，而获得浮升之力。 蹠（zhí）：高诱注："足也。"按：指脚。陶方琦《淮南许注异同诂》:《大藏音义》四十五、八十五、九十九：许注："蹠，蹈行也。"有践踏义。 实：土地。③ 蛟龙：古代传说中的龙属。④ 然：《说文》："烧也。" 守：守候。即起化学作用。⑤ 窾（kuǎn）:《广雅·释诂三》："空也。"⑥ 妪（yù）伏：指孵卵。⑦ 既：已经。⑧ 到（dǎo）生：草木倒地而生。《吕氏春秋·重己》毕沅新校正："到，古倒字。" 挫伤：指凋落。⑨"抟"：《道藏》本、刘绩《补注》本作"搏"。当正。 鸷（zhì）：击杀鸟类。 蛰（zhé）：伏。指冬眠。⑩ 注：集中。 凑：聚集。⑪ 榛（zhēn）：丛生。⑫"芄（wán）"：兽穴里的垫草。《说文》："芄，芄兰，莞也。"艽（qiū），《广韵》"尤"韵："兽蓐也。"《道藏》本作"艽"，刘绩《补注》本作"艽"。当作"艽"。⑬ 匈奴：汉代指中国北方少数民族。 秽（huì）裘：粗陋的皮衣。 干：高诱注："吴也。"按：通"邗（hán）"。《说文》："邗，国也。今属临淮。一曰邗本属吴。"古邗国在今扬州市东，为吴所灭。《四库全书》本作"於"。注："於，发声。於越，夷言也。"与《道藏》本、北宋本不合。 越：周代诸侯国，在今浙江东部。 葛：草本植物。茎皮可织布。 絺（chī）：用葛纤维织成的细布。⑭ 事：职掌、从事。

【细读】

《淮南子》中以众多有力的例证，强调要顺应自然规律。文中写道：

浮萍扎根在水中，树木在土里生长。鸟类排空而飞，兽类着地而跑。蛟龙居住在水中，虎豹生活在山上，这是天地生成的特性。两块木头相互摩擦能燃烧起火，金属在火中便会熔化。圆的转轮之类可以转动，中空的木船之类可以上浮，这是天然的属性。因此春风到来，甘雨就要降落，化育生成万物；长羽的孵卵，有毛的孕育；草木茂盛开花，鸟兽孵雏怀胎。没有人见到它（指"道"）的所为，而使万物大功告成了。秋风到来寒霜下降，树木凋落倒地；鹰雕之类搏杀小鸟，昆虫越冬伏藏。草木的生命集中到根部，鱼鳖之类聚集渊潭，没有人见到它的所为，万物消失而不见形迹了。住在树木上的会筑巢，生活在水中的有洞穴。飞禽走兽巢穴有垫草，人类会建造房室。陆地居处的适宜用马牛，舟船行走适宜多水地区。匈奴出产粗陋皮裘，吴、越生产凉爽的葛布。各个不同的环境，产生他们所急需的东西，用来防备气候干燥和潮湿。各人按照所处的不同地域，用不同的方式来抵御寒暑。各自都得到它们适宜的环境，万物都有它们的用场。从这里可以看出，万物本身是按照自然规律行事的，圣人又为什么要改变呢？

九疑、雁门

九疑之南，陆事寡而水事众，于是民人被发文身，以像鳞虫①；短绻不绔，以便涉游②；短袂攘卷，以便刺舟，因之也③。雁门之北狄不谷食，贱长贵壮，俗尚气力④；人不弛弓，马不解勒，便之也⑤。故禹之裸国，解衣而入，衣带而出，因之也⑥。今夫徙树者，失其阴阳之性，则莫不枯槁⑦。故橘树之江北，则化而为枳⑧；鸲（鸹）[鹆]不过济，貈度汶而死⑨。形性不可易，势居不可移也⑩。

【注释】

① 九疑：《汉书·武帝纪》颜师古注："其山九峰，形势相似，故曰九嶷（yí）山。"在今湖南宁远县南，传说舜所葬之地。 被发：剪断头发。高诱注："被，翦也。"通"柀"。《说文》："柀，一曰折也。"文身：在身上刺上鱼龙形花纹。② 短绻：短衣。杨树达《淮南子证闻》："绻"当读为"裈（kūn）"。《说文》："或作裈。"短裈不著绔，今习游泳者犹然。 绔（kù）：胫衣。类似今套裤。③ 袂（mèi）：袖子。 攘（rǎng）：挽起。④ 雁门：山名。在今山西代县西北。古以两山对峙，雁度其间而得名。 北狄：高诱注："鲜卑也。"按：《诗·鲁颂·閟宫》："戎狄是膺。"朱熹集传："狄，北狄。"古代生活在中国北方。⑤ 弛：解除。 勒：带嚼子的笼头。⑥ 裸国：古代南方国名。《战国策·赵策》："禹袒入裸国。"⑦ 失：指改变。⑧ 枳（zhǐ）：落叶灌木，果实黄绿色，可入药。其记载见于《周礼·考工记》。⑨"鸹"：《道藏》本、刘绩《补注》本作"鹆"。当正。鸲鹆（qú yù），鸟名，即八哥。喜生活在南方。 济（jǐ）：济水。古四渎之一。源于河南济源市西王屋山，东汇流大野泽，入东海。今已堙。 貈（hé）：即狗獾。分布我国北方、朝鲜半岛、日本、俄罗斯，毛皮珍贵。 汶（wèn）：水名。在山东境内。⑩ 势居：指环境、地位。

【细读】

中国幅员辽阔，各地环境、气候、地形等千差万别，必须因地制宜，适应自然环境的变化。《淮南子》中早就清楚地指出：

在九疑山的南面，陆地上活动的事物少，而水中活动的事物多。在这里生活的百姓剪发文身，来模仿水中的动物。穿短衣不加套裤，以方便渡河游水。将袖子挽起来，以方便撑船，这是依循水中生活特点而采取的措施。居住在雁门山的北狄不吃五谷，轻视年长的，重视青壮年，当地习俗崇尚勇力，人人不解下弓箭，马匹不解下马笼头，这是为了适应草原环境的需要。因此禹到南方裸国，脱下衣服进去，系上佩带出来，这是适应当地习俗的需要。现在移植树木的人，改变了树木适应冷暖的特性，没有不枯死的。因此橘树移往长江以北种植，就会改变性态而成为枳树。鸲鹆不能渡过济水，狗貛越过汶水就要死去。它们的生理特性是不能改变的，居处的地理环境也是不能转移的。

舜耕历山

昔舜耕于历山，期年而田者争处墝埆，以封壤肥饶相让①；钓于河滨，期年而渔者争处湍濑，以曲隈深潭相予②。当此之时，口不设言，手不指麾，执玄德于心，而化驰若神③。使舜无其志，虽口辩而户说之，不能化一人④。是故不道之道，莽乎大哉⑤！夫能理三苗，朝羽民，从裸国，纳肃慎，未发号施令而移风易俗者，其唯心行者乎⑥！法度刑罚，何足以致之也？

【注释】

① 舜：古代传说中的部落联盟领袖，建立虞国。事见《史记·五帝本纪》等。 历山：高诱注："在济阴成阳也。一曰济南历城山也。"按："一曰"在今山东济南历城区南。"舜耕"之名，全国有十多处。 期年：一周年。 墝埆（qiāo què）：土地贫瘠之处。 封壤：指田界。王念孙《读书杂志》认为本作"封畔"。② 湍濑（tuān lài）：石滩上的急流。 曲隈：崖岸弯曲处。③ 设：陈说。 指麾（huī）：指挥。 玄德：天然的德性。《老子》五十一章："生而不有，为而不恃，长而不宰，是为玄德。" 驰：行。神：指神化。④ 口辩：能言善辩。 户说：向家家户户陈说。⑤ 莽乎：无边无际的样子。⑥ 理：治理。 三苗：高诱注："尧时所放，浑敦、穷奇、饕餮之等。"按：《史记·五帝本纪》："三苗在江淮、荆州。" 羽民：南方羽国之民。 从：化。《说文》："从，随行也。"《四库全书》本作"徙"，误。 裸国：南方国名。又见《地形训》、《说林训》等。肃慎：生活在东北、华北的古老民族。《山海经·大荒北经》郭璞注："今肃慎国去辽东三千馀里，穴居无衣，衣猪皮，冬以膏涂体，厚数分，用却风寒。"

【细读】

虞舜是古代东方部落联盟的领袖。他种过田，做过陶器，制过杂器，打过鱼，当过商贩。凭借着高尚的道德，获得民众的衷心爱戴，被尧选中，定为王位继承人，并且成为一个英明的君主。《淮南子》记载这样的故事：

从前舜在历山耕田，一年后种田的人争着去要贫瘠的山地，而把肥沃的田地让给别人。舜在黄河边钓鱼，一年后打鱼的人争着去水流湍急的地方，把弯曲涯岸深潭多鱼的地方让给乡邻。在这个时候，舜没有去游说，也没有指挥过别人，而是怀着美好的德性，因此感化他人就像神灵驱使一样。假使舜没有远大志向，即使能言善辩，向家家户户劝说，也不能感化一个人。所以不能用言辞表达出来的“道”，真是广大无边啊！舜能治理好三苗，使羽民国来朝拜，让裸国来归顺，收服北方肃慎之国，没有发号施令，而却能够改变风气和习俗，这恐怕是内心具有美好的德行才能做到的吧！依靠法度刑罚，怎么能达到这样的效果呢？

无为而治

是故圣人内修其本，而不外饰其末；保其精神，偃其智故①；漠然无为而无不为也，澹然无治也而无不治也②。所谓无为者，不先物为也；所谓不为者，因物之所为③。所谓无治者，不易自然也；所谓无不治者，因物之相然也④。万物有所生，而独知守其根；百事有所出，而独知守其门⑤。

【注释】

① 偃：停息。② 漠然：寂静无声的样子。 澹然：淡泊的样子。③“所谓不为者”句：《道藏》本“所谓”下亦脱“无”字。刘绩《补注》本增补“无”字。“因物之所为”句：高诱注：“顺物之性也。”④ 然：适宜。⑤ 门：指要害。

【细读】

什么叫“无为而治”？《淮南子》从黄老道家自然天道观的角度，阐释了“无为”“无不为”与“无治”“无不治”之间的辩证关系：

因此圣人要在内部修治根本，而不在外部粉饰末节；保养他的内心精神，熄灭他的智巧，寂静无声地不违背自然规律而行事，就没有什么办不成；淡泊地好像不治理任何事情，但没有什么不能治理的。所说的“无为”，就是不在事物没有到来之前行事。所说的“无不为”，就是顺应万物的规律行事。所说的“无治”，就是不改变自然的属性。所说的“无不治”，就是适应万物的变化规律。万物都有所产生的地方，而只知守持它的根本大道。各种事情都有产生的场所，而只知持守它的要害。

上善若水

天下之物，莫柔弱于水，然而大不可极，深不可测；脩极于无穷，远（渝）[沦]于无涯[①]；息耗减益，通于不訾[②]；上天则为雨露，下地则为润泽；万物弗得不生，百事不得不成；大包群生，而无好憎；泽及蚑蛲，而不求报[③]；富赡天下而不既，德施百姓而不费[④]；行而不可得穷极也，微而不可得把握也；击之无创，刺之不伤；斩之不断，焚之不然；淖溺流遁，错缪相纷，而不可靡散[⑤]；利贯金石，强济天下；动溶无形之域，而翱翔忽区之上[⑥]；邅回川谷之间，而滔腾大荒之野[⑦]；有馀不足，与天地取与，授万物而无所前后[⑧]。是故无所私而无所公，靡滥振荡，与天地鸿洞[⑨]；无所左而无所右，蟠委错紾，与万物始终[⑩]。是谓至德[⑪]。夫水之所以能成其至德于天下者，以其淖溺润滑也。故老聃之言曰："天下至柔，驰骋于天下之至坚。出于无有，入于无间。吾是以知无为之有益[⑫]。"

【注释】

①"渝"：《道藏》本、《四库全书》本同。刘绩《补注》本作"沦"。《文子·道原篇》同。当正。沦，即沦没义。② 耗：亏损。通"消"。《仓颉篇》："耗，消也。" 訾：通"赀（zī）"，计算、计量。③ 蚑（qí）：虫行。《说文》："蚑，行。" 蛲（náo）：微小之虫。④ 赡：富足。 既：尽。⑤ 淖（nào）溺：水性柔软的样子。流遁：指流散。错缪（miù）：错杂。⑥ 动溶：摇荡。《广雅·释诂一》王念孙疏证："溶、搈、容并通。" 忽区：无形象之义。⑦ 邅（zhān）回：徘徊之义。 大荒之野：特别荒远的地方。⑧"与"：王叔岷《淮南子斠证》云：《天中记》九引作"任天地取与"。⑨ 靡滥：水势浩荡义。靡：通"瀰"。瀰（mǐ），《集韵》"纸"韵："水流皃。" 滥，《说文》："氾也。" 即泛滥义。 鸿洞（hòng tóng）：融通，连续。⑩ 蟠委：盘旋，委曲。 错紾（zhěn）：交错变化。⑪ 至德：最高的德性。⑫"老聃之言"句：见于《老子》四十三章。

【细读】

道家学派的开创者老子，多次赞扬"水"的品格：《老子》八章："上善若水。水善利万物而不争。"七十八章："天下莫柔弱于水，而攻坚强者莫之能胜。"《淮南子》中对《老子》"至柔""至坚"的水德，作了精辟的阐述：

天下万物中，没有什么比水更柔弱的了。但是它大到没有尽头，深到无法测量，长的达到无穷无尽的地方，远的沦没到无边无际之中。水的生息耗灭，增多减少，达到了无法计量的程度。它升发到天上就成为雨露，落到大地就能润泽草木。万物得不到它不能生长，各种事情得不到它不能成功。它包容了所有的生物，却没有喜爱厌恶。恩泽达到微细的小虫，却不求得到报答。它使天下富足而又取用不尽，德泽遍施百姓而又不认为耗费。水的流动没有尽头，水的微小无法用手把握住；击打它没有创伤，行刺它不留疤痕。砍杀它也不断绝，焚烧它不会燃烧。它柔软地流向任何地方，错杂纷纠不能离散。它的锋利可以穿透金石，它的强大可以通达天下。它荡漾在无边无际的地方，自由翱翔在无穷无尽的太空。在山川、峡谷之间徘徊流连，翻腾奔涌在广袤无垠的原野。有时多，有时少，任凭从天地中索取，施与万物而没有什么前后之分。因此没有什么公私之别，水势浩荡，波涛汹涌，和天地相连接。它没有什么左、右之分，盘旋交错，和万物共度始终，这就是水的最高德性。水之所以能在天下成就最高的德性，主要是因为柔软润滑的原因。因此《老子》中说："天下最柔弱的东西，可以驱使天下最坚强的东西。从不存在的地方出现，进入没有空隙的地方。我因此知道'无为'是有利的。"

心性修养

夫喜怒者，道之邪也①；忧悲者，德之失也；好憎者，心之过也；嗜欲者，性之累也②。人大怒破阴，大喜坠阳③；薄气发喑，惊怖为狂④；忧悲多恚，病乃成积⑤；好憎繁多，祸乃相随。故心不忧乐，德之至也；通而不变，静之至也；嗜欲不载，虚之至也；无所好憎，平之至也；不与物散，粹之至也⑥。能此五者，则通于神明。通于神明者，得其内者也。

【注释】

① 邪：偏邪。② 累：牵累。③ 阴：指阴气。　阳：阳气。喜者为阳气，怒者为阴气。④ 薄气：阴阳相迫之气。　喑（yīn）：哑。　狂：指人的精神失常。⑤ 恚（huì）：怨恨。⑥ 散：散乱。《精神训》高诱注："散，杂乱也。" 粹：纯粹。

【细读】

《淮南子》中特别重视道德、心性的修养。七情六欲，人皆有之，而情欲也要顺应自然，就能防止灾祸和疾病的产生。《淮南子》中说得好：

喜悦和愤怒，是"道"的偏邪行为；忧虑和快乐，是"德"丧失的表现；爱好和憎恨，是心灵的过错；无穷的贪欲，是性情的牵累。人大怒会破坏体内阴气，大喜就会挫伤阳气；阴阳之气相冲突便使人变哑，惊吓恐怖使人发狂；忧虑悲愤使怨恨增加，疾病便会积累而成；爱好和憎恶太多，灾祸便会跟着来到。因此心里不忧不乐，是德性的最高表现。通达而不变化，是清静的最高表现。贪欲不在内心产生，是虚无的最高表现。没有什么爱好与憎恶，是平正的最高表现。不与外物相混杂，是纯粹的最高表现。能够做到这五点，就和神明相通了。和神明相通的人，是内心得到充实的缘故。

卷二 俶真训

【题解】

本训是《淮南子》的宇宙起源论。文中把从天地开辟到万物形成，由近及远分成三个阶段。又把现实世界从“无”到“有”四个发展阶段做了横的剖析。这是对《庄子·齐物论》宇宙观的进一步深化。这种宇宙发展论虽不符合科学实际，但是它把宇宙的发展归结为物质世界的发展变化，这就从上帝造物说的传统观念中解放了出来。

文中把上古历史分为至德之世、伏羲氏、神农黄帝、昆吾夏后、周室之衰五个阶段。指出随着社会发展，纯朴消失，争斗不休，道德沦丧，失去人性的根本。其中虽有崇古非今的倾向，但也包含了肯定平等、公正、互助等积极思想。只有“内修道术”，而不“外饰仁义”，“返性于初，而游心于虚”，“遗物反己”，才能返回到“俶真”状态。

贵贱毁誉

夫贵贱之于身也，犹条风之时丽也[①]；毁誉之于己，犹蚊虻之一过也。夫秉皓白而不（里）[黑]，行纯粹而不糅，处玄冥而不暗，休于天钧而不伪，孟门、终隆之山不能禁，唯体道能不败[②]。湍濑、旋渊、吕梁之深不能留也，大行、石涧、飞狐、句望之险不能难也[③]。是故身处江海之上，而神游魏阙之下[④]。非得一原，（执）[孰]能至于此哉[⑤]？

【注释】

① 条风：春天的东北风。 丽：高诱注："过也。"按：通"历"。《说文》："历，过也。"即迅速经过义。②"里"：《道藏》本、刘绩《补注》本作"黑"。当正。 玄冥：昏暗。又指北方之神统治之地。《礼记·月令》："孟冬之月，其神玄冥。" 天钧：北极之地。《庄子·齐物论》"而休乎天钧"。成玄英疏："天均者，自然均平之理也。"指万物自然之变化。 伪：《道藏》本同。刘绩《补注》本作"磈（huǐ）"。《集韵》"纸"韵："磈，败也。"伪，通"磈"。 孟门：高诱注："山名，太行之隘也。"按：在今陕西宜川东北、山西吉县西，绵延黄河两岸。 终隆：即终南山。③ 湍濑（lài）：急流。旋渊：深潭。 吕梁：古水名，在江苏徐州铜山区东南。 大（tài）行：太行山绵延山西、河北、河南三省。大，《集韵》"过"韵："太也。" 石涧：深谷名。 飞狐：要隘名。在今河北涞源县北、蔚县南。两岸峭立，一线微通，迤逦百余里。 句（gōu）望：又名句注山。在今山西代县西。因山势勾转，水势流注而得名。④ 魏阙：王宫之门阙。又高诱注："一曰心下巨阙，神内守也。"按："是故"二句见《庄子·让王》《吕氏春秋·审为》及本书《道应训》。⑤"执"：《道藏》本、刘绩《补注》本作"孰"。当正。

【细读】

人生中如何面对富贵、贫贱和诋毁、赞誉，都是不可回避的问题。掌握了大"道"的真人，是如何处理这些问题的呢？《淮南子》中这样说：

富贵、贫贱对于自己，就像春天的东北风一样迅速吹过。诋毁、赞誉对于自己，就像蚊虻从自己耳边飞过。操守着洁白之行而不会变黑，品行纯洁高尚而不会混杂，处在黑暗的地方不感到昏暗，停留在寒冷的北极而不会毁坏，孟门、终南这样的险塞不能禁止，只有掌握了"道"的人才能立于不败之地。急流、深潭以及吕梁这样的深渊，不能使他滞留。太行、石涧、飞狐、句望这样险要的地方，不能使他为难。因此自己虽然处于偏远的江海之上，而精神却能在京城的魏阙遨游。不是得到了"道"的根本，谁能达到这样的境界呢？

学习目的

是故圣人之学也，欲以反性于初，而游心于虚也①。达人之学也，欲以通性于辽廓，而觉于寂漠也②。若夫俗世之学也，则不然：擢德攓性，内愁五藏，外劳耳目，乃始招蛲振缱物之豪芒，摇消掉捎仁义礼乐，暴行越智于天下，以招号名声于世，此我所羞而不为也③。是故与其有天下也，不若有说也④；与其有说也，不若尚羊物之终也始，而条达有无之际⑤。是故举世而誉之不加劝，举世而非之不加沮⑥。定于死生之境，而通于荣辱之理。虽有炎火洪水弥靡于天下，神无亏缺于胸臆之中矣⑦。若然者，视天下之间，犹飞羽浮芥也，孰肯分分然以物为事也⑧？

【注释】

① 性：指人的本性，亦即天性。《缪称训》："性者，所受于天也。" 虚：指无情欲。《氾论训》高诱注："虚，无欲也。"② 达人：通达知命的人。 辽廓：旷远，空阔。③ 擢（zhuó）：去掉。《方言》卷三："擢，拔也。自关而西或曰擢。" 攓（qiān）：杨树达《淮南子证闻》：当为"摶"。《说文》："摶，拔取也。"按：朱骏声《说文通训定声》："摶，亦作搴、作攓、作擇、作攓。" 招蛲（náo）：有循环往复之义。借作"挑挠"。陆德明《经典释文》引李颐曰："挑挠，犹宛转也。" 振缱（qiǎn）：情意缠绵的样子。 摇消掉捎：高诱注："未之能行也。"按：《大藏音义》卷六十四："掉捎：掉，摇也，振也。捎，动也。"有奔走鼓动之义。 暴：表露。 越：扬。④ 说：通"税"，亦通"脱"。舍弃义。⑤ 尚羊：逍遥义。"终也始"：《道藏》本、刘绩《补注》本同。疑衍"也"字。 条达：通达。⑥ 劝：勉力。《说文》："劝，勉也。"以下两句出自《庄子·逍遥遊》。 沮（jǔ）：沮丧。⑦ 弥靡：漫延。⑧ 芥：《集韵》"黠"韵："小艸。" 熟：《方言》卷七钱绎笺疏："孰、熟古今字。" 分分然：忙乱的样子。

【细读】

对于学习的态度，"圣人""达人""俗世之学"三类人，理念和目标各不相同，《淮南子》中进行了这样的分析：

因此圣人的学习，是想用来使人的性情返回到开初的淳朴状态，使心灵在无情无欲的境界中游弋。通达知命的人的学习，想要用来在空旷的环境中通达性命，而在寂静中得到觉醒。至于像世俗之人的学习，就不是这样。他们抛去人的道德和天性，内心使五脏愁苦，外部使耳朵妄听、眼睛妄视，使之劳困，开始永无休止地追求毫芒之利，奔走鼓动仁义礼乐，并在天下散播推行智巧和诈伪，来求得在世上昭显得到好的名声，这种行为是我所感到羞愧而不干的事。因此与其这样占有天下，倒不如抛弃了它；与其舍弃了它，倒不如逍遥于万物的变化之中，而和有、无的境界相联系。因此整个社会赞美他，他也不因此更加努力；整个社会都非难他，他也不感到沮丧，在生和死的环境中泰然处之，而在荣宠耻辱面前无动于衷。即使有烈火、洪水漫延天下，自己的精神也不会在心意中有任何损害。如果像这样的话，看待天下之间的万事万物，就像飞过的羽毛和浮动的小草，谁肯忙乱地把外物当作一回事呢？

治世同“道”

故古之治天下也，必达乎性命之情；其举错未必同也，其合于道一也。夫夏日之不被裘者，非爱之也，燠有馀于身也[①]。冬日之不用翣者，非简之也，清有馀于适也[②]。夫圣人量腹而食，度形而衣，节于己而已，贪污之心，奚由生哉？故能有天下者，必无以天下为也[③]；能有名誉者，必无以趋行求者也。

【注释】

① 燠（yù）：热。② 翣（shà）：扇子。通“箑”。《精神训》高诱注：“箑，扇也，楚人谓扇为箑。” 简：贱，轻慢。 清：《道藏》本、刘绩《补注》本、《四库全书》本同。杨树达《淮南子证闻》云：当作“凊”，字之误也。《说文》：“凊，寒也。”按：《尔雅·释诂下》郝懿行义疏：“凊，通作清。”“清”非误。以上数句化自《吕氏春秋·有度》，彼文亦作“清”。③ 以：用。

【细读】

古代治理天下成功的原因，是多种多样的，但是同自然之“道”相通，则是一致的。《淮南子》中说得很明白：

因此古代有道德的人治理天下，必然通达生命的情理，他们的治政措施不一定全部相同，但是同“道”相通则是一致的。夏天不穿皮衣，不是爱惜它，是因为太热的缘故。冬天不用扇子，不是认为它卑贱，而是因为寒冷的原因。圣人按照食量多少而吃饭，度量形体大小而穿衣服，对于自己有所节制而已，贪污的想法，怎么能产生呢？所以能够占有天下的，一定是不利用统治天下的地位为自己谋利的人；能够得到名誉的人，一定不是靠到处钻营谋求而得来的。

“树木”之道

今夫树木者，灌以瀿水，畴以肥壤，一人养之，十人拔之，则必无馀栓，有况与一国同伐之哉[①]？虽欲久生，岂可得乎？今盆水在庭，清之终日，未能见眉睫；浊之不过一挠，而不能察方员[②]。人神易浊而难清，犹盆水之类也。况一世而挠滑之，曷得须臾平乎？

【注释】

① 瀿（fán）:《道藏》本、刘绩《补注》本作“瀿”。古楚语。指水暴涨。 畴（chóu）：壅土。“一人”二句:《韩非子·说林上》:“然使十人树之，而一人拔之，则毋生杨矣。” 蘖（niè）：再生的枝条。② 挠（náo）：搅动。《说文》:“挠，扰也。” 察：见。

【细读】

人的精神世界，面临五光十色的大千世界，是最容易引起混乱，而难以清净的。《淮南子》中用种植树木和澄清浊水来加以比喻：

现在种植树木的人，用大水来浇灌它，用肥沃的土壤来抚育它，如果一个人来培植，十个人来拔掉它，那么肯定连枝条也没有了，又何况和一国的人共同砍伐它呢？虽然想要长久生存下去，又怎么可能呢？现在把一盆水放到庭院中，使它澄清一整天，还不能照见眉毛和睫毛。轻轻搅动一下便使之浑浊，就不能看见方形和圆形的轮廓了。人的精神容易被搅浑而难于变清，就像盆水之类。更何况整个社会都来搅动它，怎么能有一刻的平静呢？

唐、虞治世

古者至德之世，贾便其肆，农乐其业，大夫安其职，而处士脩其道①。当此之时，风雨不毁折，草木不夭，九鼎重味，珠玉润泽，洛出《丹书》，河出《绿图》，故许由、方回、善卷、披衣得达其道②。何则？世之主有欲利天下之心，是以人得自乐其间。四子之才，非能尽善，盖今之世也③。然莫能与之同光者，遇唐、虞之时④。

【注释】

① 贾（gǔ）：行商。 肆：店铺。 处士：隐居之人。 脩:《太平御览·皇王部》二引此作“循”。② 九鼎：古代象征国家政权的传国之宝，传为夏禹所铸。高诱注:“九鼎，九州贡金所铸也。一曰象九德，故曰九鼎也。” 重：厚。 润泽：有光泽。 洛：今河南洛河。《丹书》：一种所谓天书，用丹笔书写。 河：黄河。《绿图》：传说为天赐符命之书。《周易·系辞上》:“河出图，洛出书。” 方回、善卷、披衣：皆尧时隐士。③ 盖：掩。④ 光：赞誉。 唐、虞：指唐尧、虞舜。

【细读】

西汉著名史学家司马迁撰写的《史记》中，第一篇叫《五帝本纪》，记载了中华民族的老祖先黄帝、颛顼、帝喾、尧、舜五位帝王的治政事迹，五千年来产生了极其重要的影响。《淮南子》中记述唐尧、虞舜盛世时说：

在古代德政最好的时代，商人在方便的地方设置店铺，农民以耕种为乐，大夫安于职守，而隐士修养道德。在这个时候，狂风暴雨不毁折农作物，草木旺盛，九鼎中滋味醇厚，珍珠美玉光华润泽，洛水里出现《丹书》，黄河里出了《绿图》。因此许由、方回、善卷、披衣，能够乐修他们的道术。为什么能这样呢？天子有为天下人谋利益之心，因此人们能够自乐其道于天地之间。这四个人的才能，不能算是最好的，却能超过今世。然而当今之世却没有人能够同他们争名誉，是因为他们遇到了唐尧、虞舜这样的盛世。

桀、纣乱世

逮至夏桀、殷纣，燔生人，辜谏者，为炮烙，铸金柱，剖贤人之心，析才士之胫，醢鬼侯之女，菹梅伯之骸①。当此之时，峣山崩，三川涸，飞鸟铩翼，走兽挤脚②。当此之间，岂独无圣人哉？然而不能通其道者，不遇其世。(天)［夫］鸟飞千仞之上，兽走丛薄之中，祸犹及之，又况编户齐民乎③？由此观之，体道者不专在于我，亦有系于世者矣④。

【注释】

①夏桀：夏朝末代国君。被商汤推翻。　殷纣：商朝末代之君。被周武王所推翻。　燔（fán）：焚烧。　辜（gū）：无罪被杀。陆德明《经典释文》："辜，罪也。"　炮烙：纣王所用酷刑。《烈女传》："膏铜柱，下加之炭，令有罪者行焉，辄落炭中，妲己笑，名曰炮烙之刑。"　铸金柱：高诱注："然火其下，以人置其上，人堕陊火中，而对之笑也。"上博简《容成氏》有"金桎三千"。金柱，疑作"金桎"。　析：解开。　胫：脚。　醢（hǎi）：肉酱。　鬼侯：纣时诸侯。又作九侯。　菹（zū）：把人剁成肉酱。　梅伯：纣时诸侯。②峣（yáo）山：在陕西蓝田县东南。　三川：指泾、渭、汧（qiān）。　涸：干竭。　铩（shā）：有鼻的剑。这里有折断义。　挤：毁坏。《逸周书·武纪》："挤社稷，失宗庙。"③天：《道藏》本、刘绩《补注》本作"夫"。当是。　丛薄：聚木曰丛，深草曰薄。　编户：即编入户籍。④体：实行。《氾论训》高诱注："体，行也。"

【细读】

中国历史上夏朝、商朝的末代帝王叫夏桀、商纣，《史记》的《夏本纪》《殷本纪》等著作中，都把他们写成一代暴君。《史记》之前的《淮南子》中，也有相同的记载：

等到夏桀、商纣王时代，烧死活人，杀死劝谏者，设置炮烙、铸造金柱这样的酷刑，剖开贤人比干的五脏，剔开才士的脚胫，把鬼侯的女儿剁成肉酱，把梅伯的骸骨压成肉泥。在这个时候，高高的峣山崩塌了，泾、渭、汧三川枯竭了，天上的飞鸟折断了翅膀，地上走兽打断了腿脚。在这个时候，难道唯独没有圣人吗？然而圣人不能够推行他们的理想，是因为没有遇到明世。鸟儿飞到千仞的高空，野兽奔跑在草丛之中，灾祸还不能避免，又何况是普通的民众呢？从这里可以看出，掌握“道”的人不仅仅在于我自身，也是和整个社会联系在一起的。

卷三　天文训

【题解】

本篇是记载淮南王刘安及门客科学技术研究成果的重要文献，代表了汉代的最高科技成就，也成为淮南王自然天道观的重要组成部分。

文中探讨了宇宙本原、演化和形成的问题。对五星、二十八宿、八风、二十四节气、岁星和干支纪年法、五音、十二律、旋宫等许多问题进行研究，达到了很高的水平。文中对物候、气象、农事、政事及反常气候等也作了记载。作者运用先进的几何学原理，对正朝夕、大地东西南北的长度、日高等进行了测定。当然其中的数字是不实的，但是敢于探索宇宙奥秘的精神，则是十分可贵的。

《淮南子》高诱注的题解是："文者，象也。天先垂文象，日月五星及彗孛，皆谓以谴告一人。"也就是说，用天象的变化，来禁告和责示人君，必须"仰天承顺"，"不乱其常"，顺应天道规律，否则上天必降祸殃。其中带有浓重的"天人感应"的成分。

天地本源

天地未形，冯冯翼翼，洞洞灟灟，故曰大昭[①]。道始于虚霩，虚霩生宇宙，宇宙生气，气有汉垠[②]。清阳者薄靡而为天，重浊者凝滞而为地[③]。清妙之合专易，重浊之凝竭难，故天先成而地后定[④]。天地之袭精为阴阳，阴阳之专精为四时，四时之散精为万物[⑤]。积阳之热气生火，火气之精者为日；积阴之寒气者为水，水气之精者为月。日月之淫为，精者为星辰[⑥]。天受日月星辰，地受水潦尘埃[⑦]。

【注释】

① 冯翼、洞灟（zhú）：高诱注："无形之貌。"按：即混沌不分，没有定型的样子。 大昭：宇宙原始混沌的状态。大，《道藏》本、刘绩《补注》本作"太"。② 道：指宇宙本源。 虚霩（kuò）：空虚、无形之义。 宇宙：高诱注："宇，四方上下也；宙，往古来今也。"按：指无穷的空间和时间。 气：指构成万物的原始物质。 汉：《道藏》本、刘绩《补注》本、《四库全书》本同。庄逵吉本作"涯"。《说文》："涯，水边也。""垠，地垠也。一曰岸也。"即界畔义。与高诱注"汉垠，重安之貌"不合。疑"汉"字不误。③ 清阳者：指清轻之气。 薄靡：高诱注："若埃飞扬之貌。"按：即轻微浮散的样子。 重浊：沉重混沌之气。《黄帝内经·素问·阴阳应象大论》："积阳为天，积阴为地。故清阳为天，浊阴为地。"④ 清妙：指清微之气。 合专：聚合之义。专：通"抟（tuán）"。《说文》："抟，圜也。"《管子·内业》尹知章注："抟，结聚也。" 凝竭：即凝固。⑤ 袭精：高诱注："袭，合也。精，气也。" 专精：聚合之气。 散精：四散之气。⑥"淫为"：《道藏》本、刘绩《补注》本、《四库全书》本同。王念孙《读书杂志》王引之曰：本作"日月之淫气"。《广韵》"星"字注引此云："日月之淫气，精者为星辰。"⑦ 受：包容。

【细读】

浩瀚的宇宙，无穷的太空，它们是怎样形成的，这是道家学派研究的重要内容之一。《淮南子》中对宇宙、天地、阴阳、万物、太阳、月亮、星辰等的形成，这样进行了描述：

天地没有形成的时候，是一片混沌不分、迷迷茫茫的景象，所以称之为"大昭"。宇宙和自然的本原便从空旷的环境中产生了，空廓之中又产生了宇宙，宇宙之中又产生了大气。大气是有形态的，清轻的部分浮起飞扬而变成天空，沉重混浊的部分聚结起来而变成大地。清微之气聚合容易，沉重混浊之气凝结困难，因此天先形成而后大地才逐渐定型。天地聚合的精气变成阴阳，阴阳聚合之气成为四季，四季的消散之气成为万物。阳气积聚，它的热气生成火；火的精气，变成太阳。阴气积聚，它的寒气生成水；水的精气，变成月亮。日月的过甚之气，生成星辰。上天容纳日月星辰，大地接受水潦尘埃。

共工触山

昔者共工与颛顼争为帝，怒而触不周之山，天柱折，地维绝[①]。天倾西北，故日月星辰移焉[②]；地不满东南，故水潦尘埃归焉[③]。

【注释】

① 共（gōng）工：古代部落领袖，生活于伏羲、神农之间。颛顼（zhuān xū）：传说中的古代部落首领。《史记·五帝本纪》列为"五帝"之一，黄帝之孙。 不周之山：高诱注："在西北也。"按：《楚辞·离骚》王逸注："在西北方，昆仑之西北。" 维：系地的大绳。② 倾：高。③"地不满"二句：《楚辞·天问》："八柱何当？东南何亏？康回冯怒，地何故以东南倾？"可与此相参。潦（lǎo）：积水。

【细读】

每当"月出东山，徘徊斗牛"之际，你会发现，西北上空繁星密布，而东南上空星球稀少。翻开我国地图册，就会看到，我国西北高，东南低。勤劳勇敢的古代中国人民，具有丰富的想象力、强烈的求知欲和本能的好奇心，他们为此创造出威武壮观的天神大战的神话来。早在战国后期，伟大的文学家屈原在《天问》中就提出问题："康回冯怒，地何故以东南倾？"（东汉王逸注："康回，共工也。"）

这是怎么回事呢？在我国古代，流行着一种五行的学说。到战国时代阴阳家邹衍给以系统的总结，建立了五德终始说。他认为金、木、水、火、土五行相生相克，五德终始是帝王转让帝位的征兆。当时有人说，黄帝为土德，禹为木德，汤为金德，周乃火德；而土为木克、木为金克、金为火克，所以才能一代推翻一代。这种五行相生相克的理论，在当时对于破除天命论还有一点进步意义。但是很快就被儒家和方士们曲解了，于是出现了各种各样的演绎。

在女娲氏统治天下的末年，原来在伏羲氏、神农氏时就有称霸企图的共工氏，迅速兴盛起来了，后来发展成实力雄厚、声势浩大的诸侯。共工认为，自己是水神，而女娲氏以木德统治天下，自己理应取代女娲氏。这时统治南方一万二千里土地的火神祝融氏也想统治天下。这样，共工氏和祝融氏（有的记载为"高辛氏""颛顼氏"）争当天帝的决战势不可免。这场恶战，打得相当激烈。双方都使出全身的本事，企图打败对方。但是最终共工还是被打败了，他不服气，一头撞到西北方撑天的柱子上，把系天的巨绳撞断，天柱倒塌，天地失去了平衡，西北方逐渐高上去，东南方逐渐陷下来。所以西北方成为青藏高原，连星辰也移向高处。东南方为洼地，长江、黄河、淮河等水流归之。

伟壮的幻想，奇特的构思，后人传颂不衰。毛泽东同志在《渔家傲·反第一次大围剿》词中曾经引用过这个神话："不周山下红旗乱。"并且称赞共工是英雄。共工虽然战败了，但是他改变了天地的旧貌，这个伟大的气魄还是值得赞扬的。

九野星区

何谓九野？中央曰钧天，其星角、亢、氐①。东方曰苍天，其星房、心、尾②。东北曰变天，其星箕、斗、牵牛③。北方曰玄天，其星须女、虚、危、营室④。西北方曰幽天，其星东壁、奎、娄⑤。西方曰昊天，其星胃、昴、毕⑥。西南方曰朱天，其星觜嶲、参、东井⑦。南方曰炎天，其星舆鬼、柳、七星⑧。东南方曰阳天，其星张、翼、轸⑨。

【注释】

① 钧天：中央天区之名。《吕氏春秋·有始》高诱注："钧，平也。为四方主，故为钧天。"② 苍天：东方天区之名。《吕氏春秋·有始》高诱注："东方，二月建卯，木之中也。木色青，故曰苍天。"③ 变天：东北天区之名。高诱注："(扬)[阳]气始作，万物萌牙，故曰变天。"④ 玄天：北方天区之名。《吕氏春秋·有始》高诱注："北方，十一月建子，水之中也。水色黑，故曰玄天。"⑤ 幽天：西北方天区之名。高诱注："幽，阴也。(西)[西](北)方季秋，将即于阴，故曰幽天也。"⑥ 昊（hào）天：西方天区之名。高诱注："皓，白也。西方金色，白，故曰昊天。"⑦ 朱天：西南方天区之名。高诱注："朱，阳也。西南为少阳，故曰朱天。"⑧ 炎天：南方天区之名。《吕氏春秋·有始》高诱注："南方，五月建午，火之中也，火性炎上，故曰炎天。"⑨ 阳天：东南方天区之名。高诱注："东南纯乾用事，故曰阳天。"

【细读】

中国古代天文学非常发达。观测天象变化，指导农业生产，成为农业立国的重要保障。《淮南子》中把空中天区划分为"九野"，二十八宿分属"九野"：

什么叫九野？

中央叫钧天，二十八宿中的属星是角、亢、氐（dī）。东方叫苍天，它的属星是房、心、尾。东北方叫变天，它的属星叫箕（jī）、斗、牵牛。北方叫玄天，它的属星叫须女、虚、危、营室。西北方叫幽天，它的属星是东壁、奎、娄。西方叫昊天，它的属星叫胃、昴、毕。西南方叫朱天，它的属星有觜巂（zī xī）、参、东井三宿。南方叫炎天，属星有舆鬼、柳、七星。东南方叫阳天，它的属星是张、翼、轸（zhěn）。

五大行星

何谓五星？

东方木也，其帝太皞，其佐句芒，执规而治春，其神为岁星，其兽苍龙，其音角，其日甲乙①。

南方火也，其帝炎帝，其佐朱明，执衡而治夏，其神为荧惑，其兽朱鸟，其音徵，其日丙丁②。

中央土也，其帝黄帝，其佐后土，执绳而制四方，其神为镇星，其兽黄龙，其音宫，其日戊己③。

西方金也，其帝少昊，其佐蓐收，执矩而治秋，其神为太白，其兽白虎，其音商，其日庚辛④。

北方水也，其帝颛顼，其佐玄冥，执权而治冬，其神为辰星，其兽玄武，其音羽，其日壬癸⑤。

【注释】

① 木：即木星，也叫岁星。古代认为木星十二年一周天（实际是11.86年），每岁行一次，故名。《说文》："岁，木星也。越历二十八宿，宣遍阴阳，十二月一次。" 太皞（hào）：伏羲氏有天下之号，被祀为东方之天帝。 句（gōu）芒：《吕氏春秋·有始》高诱注："少皞氏之裔子曰重，佐木德之帝，死为木官之神。" 苍龙：高诱注："木色苍，苍龙顺其色也。"按：苍龙为古代四象之一。东方七宿，想象构成龙形，叫青龙或苍龙。《史记·天官书》："东宫苍龙。" 角：五音之一。《礼记·月令》孔颖达疏："角是扣木之声，但作乐器之用。" 甲乙：代表木日。② 炎帝：即神农氏，被祀为南方之帝。 朱明：即祝融。炎帝后裔，被祀为火神。 衡：义同"准"。《说文》："准，平也。"测量水平的器具。 荧惑：五星之一。因其隐现不定，使人迷惑而得名。《汉书·天文志》："荧惑出则有大兵。" 朱鸟：亦名朱雀。四象之一。古人把南方七宿，想象成朱雀之形。《史记·天官书》："南宫朱鸟。"③ 黄帝：五帝之首。少典之子。王天下，祀为中央之帝。 后土：炎帝之裔。 绳：绳尺。

木工用以取直的墨线和尺子。 镇星：因其二十八岁行一周天，好像镇压二十八宿一样，故名。《开元占经·填星占》："填星，其行岁填一宿，故名。" ④ 少昊：黄帝之子青阳。号金天氏。祀为西方之帝。 蓐（rù）收：少昊之子。 太白：晨出东方，又名启明星。《诗·大雅·大明》："东有启明，西有长庚。" 白虎：四象之一。古人把西方七宿想象成白虎之形，故名。《资治通鉴》胡三省注："白虎，西方之兽，主威武。" ⑤ 颛顼（zhuān xū）：黄帝之孙。号高阳氏。祀为北方之帝。 玄冥：水神。 权：秤锤。 辰星：即水星。水星距太阳最近，常在太阳左右一辰（30°）之内，故称辰星。玄武：四象之一。北方七宿，形如龟、蛇相交，故名。《史记·天官书》："北宫玄武。" 四象中的苍龙和白虎，见于湖北随州战国初年古墓中，而完整记载以《天文训》为最早。

【细读】

在地球上人类的生活中，除了太阳、月亮之外，关系最为密切的就是五大行星了。《淮南子》中对五星行度、运行规律、岁星纪年、与人类的关系等，都有比较详细的记述，说明了当时对五大行星的观测和研究，已经达到很高的水平。《淮南子》中说：

什么叫五星？

东方是木星。它的主管天帝是太皞，它的辅佐是木神句芒，手执圆规而管理春天。它的保护神是岁星，它的代表兽是苍龙，它在五音中属于角，它的代表时间是十干中的甲乙。

南方是火星。它的主管天帝是炎帝，它的辅佐是祝融，执掌衡而管理夏天。它的保护神是荧惑，它的代表动物是朱雀，它在五音中属于徵，它的代表时间是十干中的丙丁。

中央是土星。它的主管天帝是黄帝，它的辅佐是后土，执掌绳墨而统治四面八方。它的保护神是镇星，它的代表兽是黄龙，它在五音中属宫音，它的代表时间是十干中的戊己。

西方是金星。它的主管天帝是少昊，它的辅佐是蓐收，执掌矩形工具而管理秋天。它的保护神是太白，它的代表兽是白虎，它在五音中属于商，它的代表时间属十干中的庚辛。

北方是水星。它的主管天帝是颛顼，它的辅佐是水神玄冥，手执秤锤而管理冬天。它的保护神是辰星，它的代表兽是玄武，它在五音中属于羽，它的代表时间属十干中的壬癸。

八方之风

何谓八风?

距日冬至四十五日，条风至[①]；条风至四十五日，明庶风至[②]；明庶风至四十五日，清明风至[③]；清明风至四十五日，景风至[④]；景风至四十五日，凉风至[⑤]；凉风至四十五日，阊阖风至[⑥]；阊阖风至四十五日，不周风至[⑦]；不周风至四十五日，广莫风至[⑧]。

条风至，则出轻系，去稽留[⑨]；明庶风至，则正封疆，修田畴[⑩]；清明风至，则出币帛，使诸侯；景风至，则爵有位[⑪]，赏有功；凉风至，则报地德，祀四郊[⑫]；阊阖风至，则收县垂，琴瑟不张[⑬]；不周风至，则脩宫室，缮边城；广莫风至，则闭关梁，决刑罚。

【注释】

① 条风：立春时的东北风。② 明庶风：春分时的东风。③ 清明风：立夏时的东南风。④ 景风：夏至后暖和的风。⑤ 凉风：立秋时的西南风。⑥ 阊阖（chāng hé）风：秋分时的西风。⑦ 不周风：立冬时的西北风。⑧ 广莫风：冬至时的北风。“八风”之说，见于《吕氏春秋 · 有始》，《地形训》亦载之，并见于《史记 · 律书》《说文》等。⑨ 轻系：轻刑。 稽（jī）留：指拘留的人。⑩ 田畴（chóu）：田地。⑪“爵有位”：俞樾《诸子平议》云：“位”疑“德”字之误。《白虎通 · 八风篇》作“爵有德”。刘文典《淮南鸿烈集解》：《太平御览》二十三引作“施爵位”。⑫ 四郊：四方之神。⑬ 县（xuán）垂：指钟、磬等悬挂的乐器。

【细读】

中国境内四季、八方的风向、名称、时间是怎样的？农事、政事、祭祀等又有哪些安排？《淮南子》中都有明确的划分：

什么叫八风?

距离冬至四十五日，立春的条风到来；条风到后四十五日，春分时的明庶风到来；明庶风到后四十五日，立夏时的清明风到来。清明风至四十五日，夏至时的景风到来；景风到后四十五日，立秋时的凉风到来。凉风到后四十五日，秋分时的西风到来；阊阖风到后四十五日，立冬时的不周风到来。不周风到来四十五日，冬至时广莫风到来。

条风到来时，赦免轻罪之人，放出监狱犯人。明庶风来临，正是播种季节，要修正疆界，整治田地。清明风吹来，天子要拿出币帛之类的财物，聘问诸侯；景风吹拂之时，要给有功德的人授爵，赏赐有功劳的人；凉风到来，五谷丰登，要报答土地之德，祭祀四方之神；阊阖风吹来，要收起钟、磬等悬挂的乐器，琴瑟等不再张弦；不周风吹来，寒气袭人，就要修缮房室，整治边城。广莫风来临，就要封闭关卡、桥梁，处罚有罪之人。

二十四节气

两维之间，九十一度（也）十六分度之五，而（升）[斗] 日行一度，十五日为一节，以生二十四时之变①。

斗指子，则冬至，音比黄钟②。

加十五日指癸，则小寒，音比应钟③。

加十五日指丑，则大寒，音比无射④。

加十五日指报德之维，则越阴在地，故曰距日冬至四十六日而立春，阳气冻解，音比南吕⑤。

加十五日指寅，则雨水，音比夷则⑥。

十五日指甲，则雷惊蛰，音比林钟⑦。

加十五日指卯，中绳，故曰春分，则雷行，音比蕤宾⑧。

加十五日指乙，则清明风至，音比仲吕⑨。

加十五日指辰，则谷雨，音比姑洗⑩。

加十五日指常羊之维，则春分尽，故曰有四十六日而立夏。大风济，音比夹钟⑪。

加十五日指巳，则小满，音比太蔟⑫。

加十五日指丙，则芒种，音比大吕⑬。

加十五日指午，则阳气极，故曰有四十六日而夏至，音比黄钟⑭。

加十五日指丁，则小暑，音比大吕⑮。

加十五日指未，则大暑，音比太蔟⑯。

加十五日指背阳之维，则夏分尽，故曰有四十六日而立秋，凉风至，音比夹钟⑰。

加十五日指申，则处暑，音比姑洗⑱。

加十五日指庚，则白露降，音比仲吕⑲。

加十五日指酉，中绳，故曰秋分。雷戒，蛰虫北乡，音比蕤宾⑳。

加十五日指辛，则寒露，音比林钟[21]。

加十五日指戌，则霜降，音比夷则[22]。

加十五日指蹄通之维，则秋分尽，故曰有四十六日而立冬，草木毕死，音比南吕[23]。

加十五日指亥，则小雪，音比无射[24]。

加十五日指壬，则大雪，音比应钟[25]。

加十五日指子，故曰阳生于子，阴生于午[26]。

【注释】

①“两维”几句：正文“九十一度也”，《道藏》本亦有“也”字。刘绩《补注》本、《四库全书》本无，当衍。一周天为四维，共三百六十五又四分之一度。两维之间是九十一又十六分之五度。升：《道藏》本、刘绩《补注》本、《四库全书》本同。王念孙《读书杂志》云：“升”当为“斗”，字之误也。言斗柄左旋，日行一度，而以十五日为一节也。 二十四时：即二十四节气。② 子：十二地支之一。 冬至：每年 12 月 21 日或 22 日，太阳到达黄经 270°（冬至点）开始。 黄钟：十二律之首。高诱注：“十一月也。钟者，聚也。阳气聚于黄泉之下也。”③ 小寒：每年 1 月 5 日或 6 日，太阳到达黄经 285° 时开始。 应钟：高诱注：“十月也。言阴应于阳，转成其功，万物应时聚藏，故曰应钟。”④ 大寒：每年 1 月 20 日或 21 日，太阳到达黄经 300° 时开始。 无射（yì）：高诱注：“九月也。阴气上升，阳气下降，万物随阴而藏，无有射出见也，故曰无射。”⑤ 越：泄散。 立春：每年 2 月 4 日或 5 日，太阳到达黄经 315° 时开始。 南吕：高诱注：“八月也。南，任也。（官）[言]阴气内藏，阴侣于阳，任其成功，故曰南吕也。”⑥ 雨水：每年 2 月 19 日或 20 日，太阳到达黄经 330° 时开始。 夷则：高诱注：“七月也。夷，伤；则，法也。阳衰阴发，万物凋伤，应法成性，故曰夷则也。”⑦“十五日”：《道藏》本、刘绩《补注》本前有“加”字。有脱文。 惊蛰：每年 3 月 5 日或 6 日，太阳到达黄经 345° 时开始。 林钟：高诱注：“六月也。林，众；钟，聚也。阳极阴生，万物众聚而盛，故曰林钟。”⑧ 春分：每年 3 月 20 日或 21 日，太阳到达黄经 0° 时开始。 蕤（ruì）宾：高诱注：“五月也。阴气萎蕤在下，似主人；阳在上，似宾客，故曰蕤宾也。”⑨ 清明：每年 4 月 4 日或 5 日，太阳到达黄经 15° 时开始。 仲吕：高诱注：“四月也。阳在外，阴在中，所以吕中于阳，助成功也，故曰仲吕。”⑩ 谷雨：每年 4 月 20 日或 21 日，太阳到达黄经 30° 时开始。 姑洗：高诱注：“三月也。姑，故也；洗，新也。阳气养生，去故就新，故曰姑洗也。”⑪“四十六日”：刘文典《淮南鸿烈集解》引黄桢曰：“凡言四十六日，举成数言之，其实四十五日又三十二分之二十一。”立夏：每年 5 月 5 日或 6 日，太阳到达黄经 45° 时开始。大风：即今东南季风或西南季风。 济：停止。 夹钟：高诱注：“二月也。夹，夹也。万物去阴夹阳地而生，故曰夹钟也。”⑫ 小满：每年 5 月

21 日或 22 日，太阳到达黄经 60° 时开始。 太蔟（còu）：高诱注："正月律也。蔟，簇也。言阴衰阳发，万物蔟地而生，故曰太蔟。"⑬ 芒种：每年 6 月 5 日或 6 日，太阳到达黄经 75° 时开始。 大吕：高诱注："十二月律也。吕，侣也。万物萌动于下，未能达见，故曰大吕。所以配黄钟，助阳宣功也。"⑭ 夏至：每年 6 月 21 日或 22 日，太阳到达黄经 90° 时开始。⑮ 小暑：每年 7 月 7 日或 8 日，太阳到达黄经 105° 时开始。⑯ 大暑：每年 7 月 22 日或 23 日，太阳到达黄经 120° 时开始。⑰ 立秋：每年 8 月 7 日或 8 日，太阳到达黄经 135° 时开始。⑱ 处暑：每年 8 月 23 日或 24 日，太阳到达黄经 150° 时开始。⑲ 白露：每年 9 月 7 日或 8 日，太阳到达黄经 165° 时开始。⑳ 秋分：每年 9 月 23 日或 24 日，太阳到达黄经 180° 时开始。戒：《道藏》本、刘绩《补注》本、《四库全书》本同。王念孙《读书杂志》云："戒"当为"臧"，字之误也。"臧"，古"藏"字。㉑ 寒露：每年 10 月 8 日或 9 日，太阳到达黄经 195° 时开始。㉒ 霜降：每年 10 月 23 日或 24 日，太阳到达黄经 210° 时开始。㉓立冬：每年 11 月 7 日或 8 日，太阳到达黄经 225° 时开始。㉔ 小雪：每年 11 月 22 日或 23 日，太阳到达黄经 240° 时开始。㉕ 大雪：每年 12 月 7 日或 8 日，太阳到达黄经 355° 时开始。㉖ 子：指冬至之时。 午：指夏至之时。

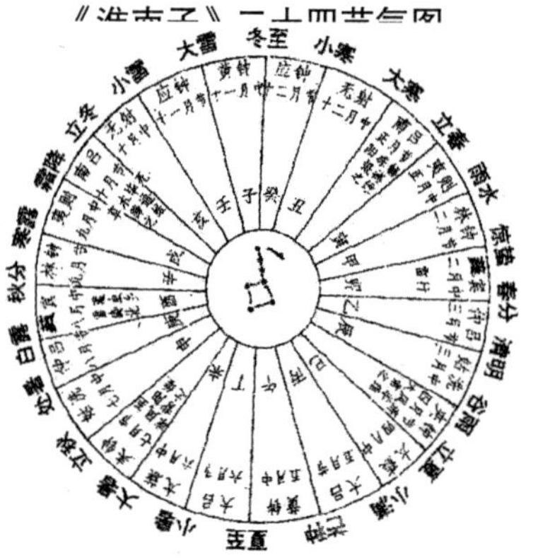

说明：

1. 二十四节气全年为 365 $\frac{1}{4}$日，两维之间为 91 $\frac{5}{16}$ 度，具体分配如下：冬至—大寒 46 日，立春—惊蛰 45 日，春分—谷雨 46 日，立夏—芒种 46 日，夏至—大暑 46 日，立秋—白露 46 日，秋分—霜降 46 日，立冬—大雪 45 日。

2. 中间为北斗斗柄运行方向，以斗柄所指定四季。"四立"为四季的开始。

【细读】

2016 年 11 月 30 日，联合国科教文组织通过"二十四节气"列为"非物质文化遗产”名录。二十四节气是中国古代人民的伟大发明创造，它的完整、科学的记载，出自西汉淮南王刘安的《淮南子·天文训》。二十四节气是根据太阳、月亮、北斗斗柄、二十八宿标示度数、十二律和地球的运行规律，而制定出来的永恒的历法。淮南王刘安在汉武帝建元二年（前139年）奉献给朝廷，汉武帝太初元年（前104年）编入太初历，颁行全国，走向亚洲，影响世界。《淮南子·天文训》中记载的二十四节气创立的科学依据是这样的：

两维之间91 $\frac{5}{16}$度，北斗斗柄日行一度，十五天为一个节气，运行一周就是二十四节气。

斗柄指向子位，那么正是冬至，相应的是十二律中的黄钟。

增加十五日斗柄指向癸，那么便是小寒，相应的是十二律中的应钟。

增加十五日指向丑位，那么则是大寒，相应的是十二律中的无射。

增加十五日指向报德之维，阴气在大地上泄散，所以说距冬至四十六天便是立春。阳气升起，冰冻消释，其音相当于十二律的南吕。

增加十五天斗柄指向寅，便是雨水，其音相当于十二律中的夷则。

增加十五天斗柄指向甲，那么雷声阵阵，惊蛰到来，其音相当于十二律中的林钟。

增加十五日斗柄指向卯位，正当“绳”处，所以称为春分，那么雷声大起，其音相当十二律中的蕤宾。

增加十五日斗柄指向乙位，清明之风吹来，其音相当于十二律中的仲吕。

增加十五日斗柄指向辰，那么则是谷雨，其音相当于十二律中的姑洗。

增加十五日指向常羊之维，那么便春分终止，因此说有四十六日而立夏。大风停止。其音相当于十二律中夹钟。

增加十五日指向巳位，那么便是小满，其音与十二律中太蔟相当。

增加十五日斗柄指向丙位，那么便是芒种，其音与十二律中大吕相比应。

增加十五日斗柄指向午，那么阳气达到极点，因此说有四十六天而夏至。其音与十二律中黄钟相应。

增加十五日斗柄指向丁位，那么便是小暑，其音与十二律中大吕相应。

增加十五日指向未，那么便是大暑，其音与十二律中的太蔟相当。

增加十五日指向背阳之维，那么夏节终了，所以夏至后有四十六日而立秋。凉风吹来，其音与十二律夹钟相应。

增加十五日指向申位，那么便是处暑，其音与二律中姑洗相应。

增加十五日斗柄指向庚位，那么白露便要降落，其音与十二律中仲吕相应。

增加十五日北斗斗柄指向酉位，正当“绳”处，所以叫秋分。雷声躲藏，蛰虫冬眠，头向北面，其音与十二律中蕤宾相应。

增加十五日斗柄指向辛位，那么便是寒露，其音与十二律中林钟相应。

增加十五日斗柄指向戌位，那么便是霜降，其音与十二律中夷则相应。

增加十五日斗柄指向蹄通之维，那么便秋节终了，所以说有四十六日而立冬，草木全部枯死，其音与十二律中南吕相应。

增加十五日斗柄指向亥位，那么便是小雪，其音与十二律无射相应。

增加十五日斗柄指向壬位，那么便是大雪，其音与十二律中应钟相应。

增加十五日指向子位。因此说阳气生于冬至，阴气生于夏至。

十九年七闰

月，日行十三度七十六分度之二十六，二十九日九百四十分日之四百九十九而为月，而以十二月为岁[①]。岁有馀十日九百四十分日之八百二十七，故十九岁而七闰[②]。

【注释】

①“二十六”：高诱注：“六，或作八。”陈按：“六”当作“八”。 日行度数：1076（月周）÷76（日周）=$13\frac{28}{76}$（度） 月行度数：27759（日数）÷940（月数）=$29\frac{499}{940}$（度） 一岁度数（十二朔望月）：$29\frac{499}{940}\times12=354\frac{348}{940}$（日），②“岁有馀”句：$365\frac{1}{4}$日$-354\frac{348}{940}$日$=10\frac{827}{940}$日，“十九岁而七闰”句：$10\frac{827}{940}$日$\times19=206\frac{673}{940}$日（约合七个月）。

【细读】

二十四节气，同月亮的运行密切相关。月亮的运行是阴历。设置闰年，就是根据二十四节气中的“冬至”而设立的。这样，根据太阳和月亮的运行规律，阴阳合历就制定出来了，并沿用至今。比如，2012年闰4月，2014年闰9月，2017年闰6月，2020年闰4月。《淮南子》中第一次给出了它的计算方法，就是：

月亮每天进行$13\frac{28}{76}$度，$29\frac{499}{940}$日而为一月，而把十二个月作为一岁。每年尚差$10\frac{827}{940}$日，不够$365\frac{1}{4}$日。因而十九年有七次闰年。

十六时制

日出于旸谷，浴于咸池，拂于扶桑，是谓晨明①。登于扶桑，爰始将行，是谓朏明②。至于曲阿，是谓旦明③。至于曾泉，是谓蚤食④。至于桑野，是谓晏食⑤。至于衡阳，是谓隅中⑥。至于昆吾，是谓正中⑦。至于鸟次，是谓小还⑧。至于悲谷，是谓餔时⑨。至于女纪，是谓大还⑩。至于渊虞⑪，是谓高舂。至于连石⑫，是谓下（春）[舂]。至于悲泉⑬，爰止其女，爰息其马，是谓县车。至于虞渊⑭，是谓黄昏。至于蒙谷⑮，是谓定昏。日入于虞渊之汜，曙于蒙谷之浦，行九州七舍，有五亿万七千三百九里，禹以为朝、昼、昏、夜⑯。

【注释】

① 旸（yáng）谷：日所出之处。 咸池：古代传说中的东方大泽。 拂：经过。 扶桑：东方神木名。传说太阳出其下。《楚辞·离骚》："总余辔乎扶桑。"亦见《地形训》《览冥训》。 晨明：指晨昏朦胧之时。② 朏（fěi）明：天将亮时，即黎明。③ 曲阿（ē）：山名。 旦明：天明之时。指太阳出地平线时刻。《仪礼·少牢馈食礼》："旦明行事。"④ 曾（zēng）泉：徐坚《初学记》卷一："临于曾泉。"注："曾，重也。早食时在东方多水之地，故曰曾泉。" 蚤（zǎo）食：又叫旦食。蚤：通"早"。《说文》："早，晨也。"⑤ 桑野：东方之地。 晏食：《黄帝内经·素问·四时刺逆从论篇》王冰注："谓寅后二十五刻。"⑥ 衡阳：山名。 隅中：日近中午。⑦ 昆吾：日正午所经之处。在南方。 正中：指正当午时。即今十二点。⑧ 鸟次：西极之山名。 小还：太阳运行通过鸟次山之时，叫小还。《初学记》卷一作"小迁"。⑨ 悲谷：高诱注："西南方之大壑，言其深峻，临其上，令人悲思，故曰悲谷也。" 餔（bū）时：日行至申时为餔时。即午后三至五时。《说文》："餔，日加申时食也。"⑩ 女纪：太阳运行的第十一个处所，位在西，时在申。 大还：《初学记》卷一作"大迁"。太阳行至女纪的时刻。⑪ 渊虞：太阳申时所经之处。 高舂：指傍晚时分。⑫ 连石：西北山名。"春"：《道藏》本、刘绩《补注》本作"舂"。下舂，高诱注："言将欲冥下，象息舂，故曰下舂。"⑬ 悲泉：古代传说中的水名。"其女"：《初学记》卷一作"羲和"。"其马"：《初学记》卷一作"六螭"。 县车：指日落之时。⑭ 虞渊：传说日落之处。 黄昏：天将近黑时。⑮ 蒙谷：北方之山名。 定昏：天已黑之时。⑯ 汜（sì）：水边。 曙：明。 浦：水涯。 九州：指连同中国在内的大九州。 七舍：即七个停宿之处。高诱注："自阳谷至虞渊凡十六所，九州七舍也。" 禹：《道藏》本、刘绩《补注》本同。王念孙《读书杂志》云："禹"字义不可通，"禹"当为"离"。"离"者，"分"也。言分为

朝、昼、昏、夜也。

十六时表

	朝				昼			
日所在	旸谷	咸池	扶桑	曲阿	曾泉	桑野	衡阳	昆吾
时　间	?	晨明	朏明	旦明	蚤食	晏食	隅中	正中
	昏				夜			
日所在	乌次	悲谷	女纪	渊虞	连石	悲泉	虞渊	蒙谷
时　间	小还	铺时	大还	高舂	下舂	悬车	黄昏	定昏

【细读】

古代计算每天时间的方法，有十二时制、二十四时制、十时制、五时制、百刻制等多种，《淮南子》中记述的是十六时制，具体内容是这样的：

太阳从东方旸谷升起，在咸池里洗澡，在扶桑枝下拂过，这个时候称作晨明。升上扶桑枝头，将开始一天的旅程，这个时间叫朏明。到了曲阿山，称为旦明。到达多水的曾泉之处，这时称为早食。到达东方的桑野，叫作晏食。到达衡阳山，这时称为隅中。到达昆吾，这时是正中。到达乌次山，这时叫小还。到达西南悲谷，叫作餔时。到了西北女纪，这时叫大还。到达渊虞，叫作高舂。到达西北连石山，这时叫下舂。到了悲泉，羲和为太阳驾车停止了，拉车的六条龙也休息了，这时叫悬车。到达虞渊，叫作黄昏。到达北方蒙谷山，这叫作定昏。太阳进入虞渊的水边，在蒙谷水边放射着光芒。所行的地方是天下九州七舍，共有五亿万七千三百九里，分别为早晨、白天、黄昏、黑夜。

卷四 地形训

【题解】

本篇是继《尚书·禹贡》和《山海经》之后，研究古代地理学的重要文献，也是黄老道家自然天道观的有机组成部分。

文中首先研究了自然地理。大地可以分八殥、八纮、八极，组成“大九州”。认为地球东西短，南北长，并规定了东西为纬，南北为经的测量方法。文中记载了我国境内的九山、九塞、九薮以及四十余条水道，组成了一幅比较完整的中国古代地形图。

经济地理方面，研究了矿产、农作物、稀有物产等。同时对土、气、矿物的形成与转化进行了探讨。

人文地理中，记载秦朝的疆域、长城，以及四方不同的人种、种族及海外三十六国。

神话地理中，对崇高而壮美的昆仑山系进行了描绘。特别重要的是，根据五类动物即人类、鸟类、毛类、鱼类、龟类及三类植物的生成、演化规律，提出了生物进化模式。动物和人类都来源于共同祖先“湿玄”。这种生物进化论，具有重要的科学价值。

大九州

何谓九州[①]？

东南神州曰农土，正南次州曰沃土，西南戎州曰滔土，正西弇州曰并土，正中冀州曰中土，西北台州曰肥土，正北济州曰成土，东北薄州曰隐土，正东阳州曰申土[②]。

【注释】

① 九州："大九州"之说为战国邹衍所创。《史记·孟子荀卿列传》："以为儒者所谓中国者，于天下乃八十一分居其一分耳。中国外如赤县神州者九，乃所谓九州也。"② "东南"句：高诱注："东南，辰马农祥，后稷之所经纬也。故曰农土也。"按：注文"辰马农祥"，《国语·周语下》作"辰马农祥"。"辰马"指房星。　沃土：高诱注："沃，盛也。五月建午，稼穑盛张，故曰沃土也。"　滔土：高诱注："滔，大也。七月建申，五谷成大，故曰滔土也。"　并土：高诱注："并，犹成也。八月建酉，百谷成熟，故曰并土也。"　中土：高诱注："冀，大也。四方之主，故曰中土也。""东北"句：高诱注："薄，犹平也。隐，气所隐藏，故曰隐土也。"　申土：高诱注："申，复也。阴气尽于北，阳复气起东北，故曰申土。"

【细读】

中国战国时代阴阳家代表人物邹衍等提出了"大九州"的地理观，认为儒家所说的是小"九州"，乃是世界八十一分之一。可惜邹衍的学说已经失传，《淮南子》中保留了邹衍的观点：

什么是九州？

东南神州叫作农土，正南次州叫作沃土，西南戎州叫滔土，正西弇州叫作并土，正中冀州叫作中土，西北台州叫作肥土，正北济州叫作成土，东北薄州叫作隐土，正东阳州叫申土。

九山、九塞、九薮

何谓九山？会稽、泰山、王屋、首山、太华、岐山、太行、羊肠、孟门[①]。

何谓九塞？曰：大汾、渑阨、荆阮、方城、殽阪、井陉、令疵、句注、居庸[②]。

何谓九薮？曰：越之具区，楚之云梦，秦之阳纡，晋之大陆，郑之圃田，宋之孟诸，齐之海隅，赵之钜鹿，燕之昭馀③。

【注释】

①会（kuài）稽：高诱注："会稽山在会稽郡。"按：在今浙江绍兴东部。 泰山：高诱注："泰山在今泰山郡，是为东岳。"按：在今山东泰安境内，为五岳之首。 王屋：高诱注："王屋山在今河东恒县东北，（济水）所出也。"按：位于今山西阳城、垣曲、河南济源之间，其山三重，状如屋。 首山：高诱注："首山在蒲坂县南、阿［河］曲之中，伯夷所隐。"按：指今山西永济南的首阳山。 太华：高诱注："太华，今弘农阴山也，是为西岳。"按：即西岳华山，远望如华，故名。因其西有少华山，故又称太华山。在今陕西华阴南。 岐山：高诱注："岐山在今扶风汉［美］阳县北，周家所邑也。"按：在今陕西岐山县东北。周朝发祥地。 太行：高诱注："太行在今上党太行关，直河内野王县是也。"按：绵延山西、河北、河南三省的山脉。又称五行之山。 羊肠：高诱注："羊肠，山名也。《说苑》曰：'桀之居，左河济，右太华，伊阙在其南，羊肠在其北。'今太原晋阳西北九十里，通河西、上郡，关曰羊肠坂是。"按：一指今山西交城东的羊肠山。 孟门：高诱注："太行之限也。"按：在今陕西宜川东北、山西吉县西，绵延黄河两岸。以上九山，并见《吕氏春秋·有始》。②大（tài）汾：高诱注："在晋。"按：指山西太岳山与汾河结合处的险要地区。 渑阨（miǎn è）：高诱注："今弘农渑池是也。"按：在今河南渑池西，为古代扼守崤山、函谷关的门户。 荆阮、方城：高诱注："皆在楚。"按：荆阮，在今湖北武当山东南、汉水西岸。方城：战国时楚长城，北从河南方城县北，向西循伏牛山，折向循白河、湍河间分水岭，至今邓州市东北。 殽阪（xiáo bǎn）：高诱注："弘农郡渑池殽钦吟是也。"按：指今陕西潼关以东至河南新安一带。 井陉（xíng）：高诱注："在常山，通太原关是也。"按：太行支脉。因其四面高，中央低，形似井，故名。在今河北井陉县境内。 令疵（cī）：高诱注："在辽西。"按：在今河北滦县、迁安市之间，同辽西相接。 句（gōu）注：高诱注："在雁门，阴馆句注是也。"按：在今山西代县北。因山势勾转，水势流注而得名。 居庸：高诱注："在上谷阻阳之东，通运都关是也。"按：在今北京昌平西北，在军都山上。以上九塞并见《吕氏春秋·有始》。③薮（sǒu）：湖泽。具区：高诱注："在吴、越之间也。"按：即今江苏太湖。 云梦：高诱注："在南郡华容也。"按：西汉时云梦在湖北潜江市西南、监利县以北，处在长江以北。阳纡（yū）：高诱注："盖在冯翊池阳。一名具圃。"按：在今陕西泾阳。一说在今陕西凤翔附近。大陆：高诱注："魏献子所游，焚焉而死者是也。"按：分歧颇多。一说在今河南获嘉县西北。 圃田：高诱注："在今河南中牟。"按：故址在今河南中牟西，现淤为平地。 孟诸：高诱注："在今梁园睢阳东北泽是也。"按：又名孟猪、望诸、明都、盟猪、盟诸。故址在今商丘东北、虞城西北。已堙。海隅：高诱注："海隅犹崖，盖近海滨是也。"按：指今山东蓬莱、莱州以西，历寿光、广饶至沾化、无棣以北，延袤千余里的沿海地区。 钜鹿：高诱注："今钜鹿广阿泽是也。"按：即今河北隆尧、巨

鹿、任县之间一带地区。现淤为平地。 昭馀：高诱注："今太原郡是，古者属燕也。"按：在今山西祁县西南，介休东北。以上九薮亦见于《吕氏春秋·有始》。

【细读】

中国"九州"之内，分布着众多的名山大川、沼泽湖泊，山河壮丽，华夏独有。

什么是九山？指的是会稽、泰山、王屋、首山、太华、岐山、太行、羊肠、孟门等大山。

什么是九塞？指的是太汾、渑阨、荆阮、方城、殽阪、井陉、令疵、句注、居庸等险要关塞。

什么叫九薮？指的是越国的具区、楚国的云梦、秦国的阳纡、晋国的大陆、郑国的圃田、宋国的孟诸、齐国的海隅、赵国的巨鹿、燕国的昭馀等沼泽湖泊。

汉代水系

何谓六水？曰：河水、赤水、辽水、黑水、江水、淮水①。

江出岷山，东流绝汉入海②。左还北流，至于开母之北③。右还东流，至于东极④。河出积石，睢出荆山，淮出桐柏山，睢出羽山，清漳出楬戾，浊漳出发包，济出王屋，时、泗、沂出臺、台、术，洛出猎山，汶出弗其，流合于济⑤。汉出嶓冢，泾出薄落之山，渭出鸟鼠同穴，伊出上魏，雒出熊耳，浚出华窍，维出覆舟，汾出燕京，衽出濆熊，淄出目饴，丹水出高褚，股出嶕山，镐出鲜于，凉出茅卢、石梁，汝出猛山，淇出大号，晋出龙山结（给）[绌]，合出封羊，辽出砥石，釜出景，岐出石桥，呼池出鲁平，泥涂渊出樠山，维湿北流出于燕⑥。

【注释】

① 河水：高诱注："河水出昆仑东北陬。"按：黄河发源于青海巴颜喀拉山，与高注相合。 赤水：高诱注："赤水出其东南陬。"按：一说在今青海湖一带。一说即今雅砻江。分歧颇多。 辽水：高诱注："辽水出碣石山，自塞北东流，直辽东之西南入海。"按：即流经吉林、辽宁的辽河，源出自塞外。高注"碣石"误，《吕氏春秋·有始》高诱注作"砥石"。 黑水：高诱注："在邕州。"按："黑水"之方位说法颇多。当指甘肃、青海及内蒙古黑河流域。 江水：高诱注："江水出岷山，在蜀西徼（jiào）外。"按：古人记载不确。长江源于青海境内沱沱河，上游依次称通天河、金沙江，宜宾以下江段为主河道，称为长江。岷江为其一条支流。 淮水：高诱注："淮水出桐柏山南平阳也。"

按：南平阳，当依《汉书·地理志》作“南阳平氏”。以上六水亦见《吕氏春秋·有始》。② 岷山：为昆仑山南支巴颜喀拉山的分支，黄河、长江的分水岭。 绝：经过。 汉：汉水。③ 开母：高诱注：“开母山，在东海中。”④ 东极：东方极远之处。⑤“睢”:《四库全书》本同，刘绩《补注》本作“雎（jū）”。于大成《地形校释》云：“睢”当为“雎”，即《水经》之沮水也。按：为今石川河的一部分，源出陕西宜君县。 荆山：即北条荆山，在今陕西富平县境。 桐柏山：在今河南、湖北交界处。 睢（suī）：古睢水受浚仪浪荡水，今已堙没。 羽山：地望不清。今江苏连云港、山东临沂等皆有“羽山”，与“睢水”不合。 清漳：有两源。东源出自今山西昔阳西南，西源出自山西和顺县八赋岭，在左权县汇合。 楬（jié）戾：山名。在今山西长治市一带。《水经》：“清漳水出上党沾县。” 浊漳：有三源。西源出自山西沁县西北千峰岭；南源出自长子县西南发鸠山；北源出自榆社县北。 发包：又名发鸠山，为太行山分支。 济：济水。分黄河南北两部分。黄河之北部分源出河南济源市西王屋山。 王屋：位于今山西阳城、垣曲、河南济源三县间。 时：时水。源出山东临沂西南的乌河。 泗：源出山东泗水县东蒙山。 沂：源出山东沂源县鲁山。 臺、台、术：高诱注：“皆山名。处则未闻也。” 洛：指陕西北部大河北洛河。北洛河入渭河。 猎山：即今山西北部白于山一带。 汶：即大汶河。源出山东莱芜市北七十里马耳山。“弗其”：俞樾《诸子平议》疑“弗其”二字，为“马耳”之误。高诱原注中指的是东汶河，误。⑥ 汉：即西汉水。 嶓冢（bō zhǒng）：在今甘肃天水、礼县一带。 泾：泾水有两源。北源出甘肃平凉，南源出甘肃华亭县，至泾川合入渭水。 薄落之山：又称笄头山。在甘肃平凉西，属崆峒山。 渭：源出今甘肃渭源县西北鸟鼠山。鸟鼠同穴：山名。《山海经·海内东经》：“渭水出鸟鼠同穴山，东注河，入华阴北。” 伊：伊水源于河南熊耳山。 上魏：高诱注：“山名也。处则未闻。”按：当是熊耳山之一峰。 雒：今称洛河。源出陕西洛南，沿熊耳山东南方向入黄河。伊、洛二水分别源于熊耳山两侧。 浚（xùn）：古浚水在今河南开封（古称浚仪）、浚县、濮阳一带，因黄河多次泛滥而湮没。 华窍：位置未详。 维：即潍河。源出今山东五莲西南的箕屋山。 覆舟：地望未明。一说即箕屋山。 汾：汾水源出山西宁武管涔山。 燕京：即管涔山。 衽（rèn）：未明。 濆（fén）熊：未明。 淄（zī）：淄水源出山东莱芜市鲁山。 目饴（yí）：地望未明。 丹水：高诱注“丹水”，源于今陕西商洛市商州区冢领山。高褚（zhǔ）：一名冢领山。 股：未明。王念孙《读书杂志》王引之曰：“股”疑当为“般”。按：般水出自山东淄博淄川一带。 嶕（jiāo）山：未明。 镐（hào）：未明。 鲜于：未明。 凉：未明。 茅卢、石梁：未明。 汝：汝水上游即今河南北汝河。 猛山：在今河南舞阳、汝南一带。淇：淇水出自今河南辉县淇山。 大号：即今淇山。 晋：晋水源出山西太原市西南悬瓮山，分北、中、南三源，东流入汾河。 龙山：一名悬瓮山，又名结绌山。王念孙《读书杂志》王引之曰：“结给”当作“结绌”。《水经·晋水注》曰：“《晋书·地道纪》及《十三州志》并言晋水出龙山，一云出结绌山，在晋阳县西北。”按:《道藏》本、刘绩《补注》本、《四库全书》本亦作“给”，当误。 合：

合水源出陕西合阳北，东南流入黄河。　封羊：未明。　辽：辽河有两源。东辽河源出吉林东辽县萨哈岭，西辽河上游西拉木伦河源出内蒙古克什克腾旗。　砥石：具体地望未明。　釜：即今滏阳河。源于河北磁县西北釜山。　景：景山即釜山。　歧：通“岐”，岐水源出今陕西凤翔一带。　石桥：未明。　呼池：《道藏》本、刘绩《补注》本、《四库全书》本同。池、沱上古音声纽、韵部相同，即滹沱河。源出山西繁峙东之泰戏山。　鲁平：地望未明。　泥涂渊：水名。地望未明。　樠（mán）山：未明。　维湿：水名。　燕：即燕山。

【细读】

《淮南子》对西汉时期全国四十多条河流的记载，超过先秦时期的任何一部著述。对于河流的源头、流向、地域等，都记载得十分清楚。可惜时代久远，有些水流已经无法考证清楚。它同山脉、九塞、九薮等，构成了较为完整的西汉自然地理体系。为研究国家治理、经济发展、农业水利、水系沿革等，留下了非常重要的资料。《淮南子》中对众多的水流，是这样描述的：

什么是六水？指的是黄河、赤水、辽水、黑水、江水、淮水。

长江之源出岷山，向东流经过汉水入海。左拐返回向北流，到达东方的开母山之北。向右拐返回向东流，到达东方极远之处。黄河出自积石山，睢水出自荆山，淮水出自桐柏出，睢水出于羽山，清漳出自楬戾山，浊漳河出于发包山，济水出自王屋山，时水出乌河，泗水源于东蒙山，沂水出于鲁山，北洛河出于猎山，大汶河出于弗其山，向西汇流入济水。西汉水出自嶓冢山，泾水北源出自薄落之山，渭水源于鸟鼠同穴山，伊水源于上魏山，雒河出自熊耳山，浚水出自华窍，潍河出自覆舟山，汾水出自燕京山，衽水出自渍熊，淄水出自鲁山，丹水出自高褚山，股水出自嶕山，镐水源于鲜于，凉水出自茅卢、石梁，汝水出于猛山，淇水出自大号山，晋水出自结绌山，合水出自封羊山，辽水出自砥石山，釜水出自景山，岐水出自石桥，呼池河出自鲁平山，泥涂渊出自樠山，维湿向北流出于燕山。

八方特产

东方之美者，有医毋闾之珣玗琪焉①；东南方之美者，有会稽之竹箭焉②；南方之美者，有梁山之犀象焉③；西南方之美者，有华山之金石焉④；西方之美者，有霍山之珠玉焉⑤；西北方之美者，有昆仑之球琳、琅玕焉⑥；北方之美者，有幽都之筋角焉⑦；东北方之美者，有斥山之文皮焉⑧；中央之美者，有岱岳以生五谷桑麻，鱼盐出焉⑨。

【注释】

① 医毋闾：在今辽宁北镇市北，或称广宁山，主峰名望海山。并见《周礼·夏官·职方氏》《尔雅·释地》等。 珣玗琪：高诱注："玉名也。"按：《说文》："珣，医无闾珣玗琪，《周书》所谓夷玉也。"玗，《道藏》本、刘绩《补注》本、《尔雅·释地》作"玗"。② 竹箭：又叫箭竹。一种坚硬的竹子，可为箭。③ 梁山：在今湖南湘南。④ 华山：即今华山。 金石：金，美金。石，含玉之石。⑤ 霍山：今山西霍州东南。 珠玉：高诱注："出夜光之珠，五色之玉也。"⑥ 球琳、琅玕：高诱注："皆美玉也。"按：《尔雅·释地》："有昆仑虚之璆琳琅玕焉。"⑦"有幽都"句：高诱注："古之幽都，在雁门以北，其畜宜牛羊马，出好筋角，可以为弓弩。"⑧ 东北方：《尔雅·释地》作"东北"。斥山：在山东荣成石岛。因海滨广斥而得名。 文皮：指虎豹之皮。⑨ 岱岳：即泰山。《风俗通义·山泽》："尊曰岱宗。岱者，长也。"

【细读】

古代对经济地理的研究，十分重视。它关系到国家的经济、军事、贸易、农业和民生。《淮南子》中对八方出产的珍贵之物，做了研究和记载：

东方出产的珍贵物产，有辽东医巫闾山的美玉珣玗琪；东南方出产的珍贵的物产，有会稽山的坚硬的竹箭；南方出产的贵重的物产，有湘南出产的犀角和象牙；西南方出产的宝贵的东西，有华山出产的黄金、美石；西方出产的宝贵的物产，有霍山的珍珠、宝玉；西北方出产的美好物产，有昆仑山的球琳、琅玕；北方出产的美好的物产，有雁门关以北的筋角做成的硬弓；东北方出产的珍贵的物产，有斥山的虎豹五彩之皮；中央出产的美好的物产，有泰山一带出产的五谷、桑麻，鱼类和食盐也出产在这里。

环境与人生

土地各以其类生。是故山气多男，泽气多女①；障气多喑，风气多聋②；林气多癃，木气多伛③；岸下气多肿，石气多力④；险阻气多瘿⑤；暑气多夭，寒气多寿⑥；谷气多痹，丘气多狂⑦；衍气多仁，陵气多贪⑧。轻土多利，重土多迟⑨；清水音小，浊水音大；湍水人轻，迟水人重⑩；中土多圣人。皆象其气，皆应其类。

【注释】

① 山气：指山中云气。 泽气：水泽雾气。② 障气：我国南方丛林中的湿热之气。障，同

“瘴”。 喑（yīn）：哑。《说文》：“瘖，不能言也。” 风气：风邪之气。③ 林气：森林中散发出来的湿润而寒凉的气体。 癃（lóng）：一种类似瘫痪的疾病。 木气：不详。《史记·天官书·正义》引此，作“水气多伛”。 伛：驼背。④ 岸下气：指岸边潮湿之气。 肿：王念孙《读书杂志》云：《太平御览·天部》十五引作“尰（zhǒng）”。又引高诱注云：“岸下下湿，肿足曰尰。”按：即脚肿之类的疾病。 石气：大山区的一种气体。⑤ 瘿（yǐng）：类似粗脖子病。《说文》：“瘿，颈瘤也。”《玉篇》：“瘿，颈肿也。”⑥ 暑气：暑热之气。 夭：夭折。《玉篇》：“短折曰殀，亦作夭。”⑦ 谷气：深山峡谷中阴冷的气体。 痹（bì）：一种类似风湿麻木的病，《说文》：“痹，湿病也。” 丘气：丘陵地带的气体。 狂：王念孙《读书杂志》：“狂”当作“尪（wāng）”。《吕氏春秋·尽数篇》：“苦水所多尪与伛人。”高诱注：“尪，突胸仰向疾也。”陈奇猷《吕氏春秋校释》按：即今所谓鸡胸。⑧ 衍气：高诱注：“下而污者为衍也。”按：指平原洼地一种气体。 陵气：山陵之气。⑨ 轻土：质地疏松的土壤。 利：敏捷。 重土：质地板结的土壤。⑩ 湍水：急流。 迟水：水流平缓。

【细读】

自然环境与人类的生存发展关系极为密切。人类的有些疾病，往往跟土壤、水源、空气、植物、动物等有关。但是，环境同生男生女，应该关系不大。《淮南子》特别关注环境与人类的关系，书中这样写道：

土地各自按照不同的种类，产生特性不同的人。所以山中云雾之气大多使人生男子，水泽之气多使人生女子；南方瘴疠之气使人变哑，风邪之气使人变聋；森林中寒湿之气使人软瘫，朽木之气使人驼背；岸边湿气使人脚肿大，石气使人多勇力，深山峡谷之气使人得粗脖子类病；酷热之气使人早死，寒冷之气使人长寿；空谷阴冷之气使人手脚麻木，丘陵地带的气体使人得鸡胸；平原之气使人仁慈，山陵之气使人贪婪；生活在质地疏松土地上的人行动迅速，生活在板结土地上的人行动迟缓；生活在清水边的人声音小，生活在浑水边的人声音大；生活在湍急水边的人身体轻，生活在水流缓慢水边的人身体重。在中央土地上生活的多出圣贤之人。以上这些人大多和他们所处环境相像，都和各自的类别相应。

水质与物产

是故白水宜玉，黑水宜砥，青水宜碧，赤水宜丹，黄水宜金，清水宜龟①。汾水濛浊而宜麻，济水通和而宜麦，河水中浊而宜菽，雒水轻利而宜禾，渭水多力而宜黍，汉水重安而宜竹，江水肥仁而宜稻②。平（大）[土] 之人慧而宜五谷③。

【注释】

① 砥（dǐ）：质地细的磨刀石。《说文》："厎，柔石也。砥，厎或从石。" 丹：丹砂。《神农本草经》："丹砂，味甘微寒。主身体五藏百病，养精神，安魂魄，益气明目。久服通神明不老。" ② 汾水：源于山西管涔山，入黄河。 中浊：王念孙《读书杂志》云：《太平御览·百谷部》五引此作"中调"。 济（jǐ）：古济水源于王屋山，经大野泽，入渤海。雒（luò）：即洛水。 渭水：源出甘肃鸟鼠山，进入陕西，入黄河。③ "大"：《道藏》本、刘绩《补注》本、《四库全书》本作"土"。平土，平原。指中原。

【细读】

水质与物产，关系密切。《淮南子》中这样记载：

因此白水适宜产美玉，黑水适宜产细石，青水适宜产青绿色美玉，赤水适宜产丹砂，黄水适宜产黄金，清水适宜产龟类。汾河水混浊而适宜麻类生长，济水平和而适宜麦类作物生长，黄河水适中平和而适合豆类生长，洛河水轻流畅而适宜谷类生长，渭水汹涌多力而适宜黍子生长，汉水质重安流而适合竹子生长，江水肥厚仁慈而适宜稻子生长。平原之人聪慧而适宜五谷生长。

海外三十六国

凡海外三十六国：自西北至西南方，有修股民、天民、肃慎民、白民、沃民、女子民、丈夫民、奇股民、一臂民、三身民①。自西南至东南方，结胸民、羽民、讙头国民、裸国民、三苗民、交股民、不死民、穿胸民、反舌民、豕喙民、凿齿民、三头民、脩臂民②。自东南至东北方，有大人国、君子国、黑齿民、玄股民、毛民、劳民③。自东北至西北方，有跂踵民、句婴民、深目民、无肠民、柔利民、一目民、无继民④。

【注释】

① 修股民：《说文》："股，髀（bì）也。"指大腿。高诱注："股，脚也。"注稍异。《山海经·海外西经》："长股之国，在雄常北，被发。一曰长脚。" 天民：《山海经·大荒西经》："西北海之外，赤水之西，有先民之国，食谷，使四鸟。"郝懿行《山海经笺疏》云："先"当为"天"，字之讹也。 肃慎民：《山海经·海外西经》："肃慎之国，在白民北，有树名曰雄常，先入伐帝，于此取之。"诸书言

肃慎在东北。《左传·昭公九年》:“肃慎、燕、亳，吾北土也。”杜预注:“肃慎北夷，在玄菟北三千馀里。” 白民：高诱注:“白身民。被发，发亦白。”按:《山海经·海外西经》:“白民之国，白身被发。” 沃民:《山海经·大荒西经》:“有沃之国，沃民是处。沃之野，凤鸟之卵是食，甘露是饮。”其国土地肥沃。 女子民:《山海经·海外西经》:“女子国在巫咸北，两女子居，水周之。”郭璞注:“有黄池。妇人入浴，出即怀妊矣。若生男子，三岁辄死。” 丈夫民:《山海经·海外西经》:“丈夫国，其为人衣冠带剑。”《山海经·大荒西经》:“有丈夫之国。”郭璞注:“其国无妇人也。” 奇股民：高诱注:“奇，只也。股，脚也。”按:《山海经·海外西经》:“奇肱之国在其北，其人一臂三目，有阴有阳，乘文马。”股，与“肱”异。 一臂民：高诱注:“其人一臂一手一鼻孔也。”按:《山海经·海外西经》:“一臂国在其北，一臂一目一鼻孔。有黄马虎文，一目而一手。” 三身民：高诱注:“盖一头有三身。”按:《山海经·海外西经》:“三身国，一首而三身。”② 结胸民:《山海经·海外南经》:“结匈国，其为人结匈。”指胸部突起。 羽民:《山海经·海外南经》:“其为人长头，身生羽。” 讙（huān）头国民:《山海经·海外南经》:“其为人，人面有翼，鸟喙，方捕鱼。” 裸国民:《吕氏春秋·求人》高诱注:“裸民，不衣衣裳也。” 三苗民：高诱注:“三苗，国名也。在豫章之彭蠡（lí)。”按：在今江西鄱阳湖一带。 交股民:《山海经·海外南经》作:“交胫国，其为人交胫。”郭璞注:“言脚胫曲戾相交，所谓雕题、交趾者也。” 不死民:《山海经·海外南经》:“不死民在其东，其为人黑色，寿，不死。” 穿胸民：高诱注:“胸前穿孔，达背。” 反舌民：高诱注:“语不可知，而自相晓。一说：舌本在前，不向喉，故曰反舌也。”按:《吕氏春秋·功名》高诱注:“一说南方有反舌国，舌本在前，末倒向喉，故曰反舌。” 豕喙（huì）民：高诱注:“其喙如豕。” 凿齿民：高诱注:“吐一齿出口下，长三尺也。” 三头民：高诱注:“身有三头也。” 脩臂民：高诱注:“一国民皆长臂，臂长于身也。”按:《山海经·海外南经》:“长臂国在其东，捕鱼水中，两手各操一鱼。”③ 大人国：高诱注:“东南垆土，故大人也。”按:《山海经·海外东经》:“大人国在其北，为人大，坐而削船。” 君子国:《山海经·大荒东经》:“有君子之国，其人衣冠带剑。” 黑齿民：高诱注:“其人黑齿，食稻，啖蛇，在汤谷上。”按:《山海经·海外东经》“黑齿国”郭璞注引《东夷传》:“倭（wō）国东四十［千］馀里有裸国，裸国东南有黑齿国，船行一年可至。” 玄股民：高诱注:“其股黑，两鸟夹之，见《山海经》也。”按:《山海经·海外东经》:“玄股之国，其为人衣鱼，食鸥，使两鸟夹之。”郭璞注:“髀以下尽黑，故云。” 毛民：高诱注:“其人体半生毛，若矢镞也。”按:《山海经·海外东经》:“毛民之国，为人身生毛。” 劳民:《山海经·海外东经》:“劳民国在其北，其为人黑。或曰教民。”④ 跂踵（qí zhǒng）民：高诱注:“民踵不至地，以五指行也。”按:《山海经·海外北经》:“跂踵国，其为人大，两足亦大。一曰大踵。” 句（jiū）婴民:《山海经·海外北经》:“拘缨之国在其东，一手把缨。” 深目民:《山海经·大荒北经》:“有人方食鱼，名曰深目民之国。”郭璞注:“亦胡类，但眼绝深。” 无肠民:《山海经·海外北经》:“无肠之国，其为人长而无肠。”郭璞注:“为人长大，腹内无肠，所食之物直通过。” 柔利民:

《山海经·海外北经》:“柔利国，为人一手一足，反膝，曲足居上。”郭璞注:“一脚一手反卷曲也。”一目民：高诱注:“目在面中央。”按:《山海经·海外北经》:“一目民，一目中其面而居。” 无继民：高诱注:“其民盖无嗣也。”按:《山海经·海外北经》:“无继之国在长股东，为人无继。”

【细读】

当今地球上的人类，有白种人、黑种人、黄种人、棕种人等。世界上的民族，中国有 56 个民族，俄罗斯有 176 个民族，印度有近 200 个，世界上共有民族 2000 多个。那么在二千年前的先秦和西汉时期，天下的民族和人种情况是怎样的呢？《淮南子》中就留下了十分有趣的记载：

海外共有三十六国：从西北至西南方，有修股民、天民、肃慎民、白民、沃民、女子民、丈夫民、奇股民、一臂民、三身民。从西南至东南方，有结胸民、羽民、讙头国民、裸国民、三苗民、交股民、不死民、穿胸民、反舌民、豕喙民、凿齿民、三头民、脩臂民。从东南至东北方，有大人国、君子国、黑齿民、玄股民、毛民、劳民。从东北到西北方，有跂踵民、句婴民、深目民、无肠民、柔利民、一目民、无继民。

卷五　时则训

【题解】

人类是大自然的骄子，在自然规律的支配和制约下，生存、繁衍和发展。高诱注中说："则，法也。四时、寒暑、十二月之常法也。"

本训记载了十二个月中的节气、农事、政事、物候、星宿、音律、祭祀、官制等的不同变化，它是古代人民适应自然变化，利用自然规律为人类服务的基本准则，也是长期以来同大自然进行斗争的智慧结晶。它也是天子、国君治理天下的主要依据。文末提出"五位""六合""六度"之说，对天道规律作了进一步的概括。强调只有顺应自然规律，"听政施教"，才能成功。

《时则训》的部分内容，尚见于《吕氏春秋》之十二纪、《礼记·月令》《逸周书·时训解》，其雏形当源于《大戴礼记·夏小正》及《管子·五行》。可知关于"时则"的规定，被历代统治阶层和劳动人民所重视。

孟春和立春

孟春之月，招摇指寅，昏参中，旦尾中①。其位东方，其日甲乙，盛德在木②。其虫鳞，其音角，律中太蔟，其数八，其味酸，其臭羶，其祀户，祭先脾③。东风解冻，蛰虫始振苏④。鱼上负冰，獭祭鱼，候雁北⑤。

天子衣青衣，乘苍龙，服苍玉，建青旗，食麦与羊，服八风水，爨萁燧火⑥。东宫御女青色衣，青采，鼓琴瑟[⑦]。其兵矛，其畜羊。朝于青阳左个，以出春令[⑧]。布德施惠，行庆赏，省徭赋[⑨]。

立春之日，天子亲率三公、九卿、大夫，以迎岁于东郊[⑩]。修除祠位[⑪]，币祷鬼神，牺牲用牡。禁伐木，毋覆巢杀胎夭，毋麛毋卵，毋聚众置城郭，掩骼薶骴[⑫]。

孟春行夏令，则风雨不时[⑬]，草木早落，国乃有恐；行秋令，则其民大疫[⑭]，飘风暴雨总至，黎莠蓬蒿并兴；行冬令，则水潦为败，雨霜大雹，首稼不入[⑮]。

正月，官司空，其树杨[⑯]。

【注释】

① 招摇：星名，北斗杓端第七星。　寅：十二地支第三位。　昏：黄昏。　参：西方白虎七宿之一。　中：正中南天。　尾：东方苍龙七宿之一。②“其位”句：指主宰东方之神太皞之位。③ 鳞：指鳞虫。鱼龙之属。　角：五音之一，属木。　律：律管。　中：应。　太蔟（còu）：高诱注：“阴衰阳发，万物太蔟地而生，故曰太蔟。”按：其管长八寸。并见《天文训》。“其数”句：高诱注：“五行数五，木第三，故曰八也。”　酸：木味酸。　臭（xiù）：气味。《说文》段玉裁注：“臭者，气之通于鼻者也。”　膻（shān）：五臭之一，羊的气味。“其祀户”句：高诱注：“蛰伏之类始动生，出由户，故祀户。”按：五祀之一。“祭先脾”句：高诱注：“脾属土，陈设俎豆，脾在前也。”④ 蛰虫：冬眠的动物。　振：振动。　苏：苏醒。⑤ 獭（tǎ）：水獭。　祭鱼：高诱注：“是月之时，獭祭鲤鱼于水边，四面陈之，谓之祭鱼也。”　候雁：大雁。　北：向北。⑥ 苍龙：指八尺以上青色的马。　服：佩带。“服八风水”句：高诱注：“取铜木（盘）中露水服之，八方风所吹也。”　爨（cuàn）：烧火做饭。　萁：豆秸。　燧：古代取火的工具。即阳燧。⑦ 东宫：指东向的宫室。　御女：宫中侍女。⑧ 青阳：即明堂。是一种中方外圆，通达四出的建筑。向东出的叫青阳。　个：隔。左个，东向堂的北头室。　春令：宽和的命令。⑨ 布：布施。　庆：赏赐。⑩ 率：使。　三公：周代以太师、太傅、太保为三公。西汉以丞相、太尉、御史大夫为三公。　九卿：秦汉时以奉常、郎中令、卫尉、太仆、廷尉、典客、宗正、治粟内史、少府为九卿。　迎岁：指迎春。　东郊：郭外八里之地。⑪ 祠位：神位。　币：圭璧。　祷：向鬼神求福。　牺牲：古代用于祭祀的牲畜。　牡：雄性。⑫ 毋：《道藏》本、刘绩《补注》本作“毋”。毋，同“毋”。　夭：高诱注：“麋子曰夭。”按：通“麇（yǎo）”。《尔雅·释兽》：“麋，其子麇。”　麛（mí）：高诱注：“鹿子曰麛。”　聚众：聚合大众。　骼（gé）：骨枯曰骼。　薶（mái）：《玉篇》：“与埋同。”　骴（cī）：《广韵》“支”韵：“残骨。”⑬ 时：按时。⑭ 大疫：指大规模的流行病。　飘风：疾风。　总：多次。　黎：通“藜”。一种野草。　莠（yǒu）：狗尾草。　蓬：蓬草。　蒿：野蒿。⑮ 潦（lǎo）：雨水大。“雨霜”句：郑良树《淮南子斠理》云：“雨霜大雹”义不可通。《礼记·月令》《吕氏春秋·孟春》并作“雪霜大挚”。挚（zhì），至也。　首稼：

即越冬作物。如麦类。《礼记·月令》《吕氏春秋·孟春》作“首种”。⑯司空：掌管土木工程的官。

【细读】

一年之计在于春。孟春正月，古代对于北斗斗柄、二十八宿、方位、五行、代表动物、代表音、十二律、代表数字、代表味道及气味、祭祀、风向、物候、反常天象、季节树，天子系列礼节、发布春令、迎春、环保、官府主要职责等，都有详细规定。可以知道，这是顺应自然规律，安排政事、农事、民生等的春季工作纲要。《淮南子》中说得明白：

孟春正月，斗柄招摇指向寅位，黄昏时参星位于南天正中，黎明时尾星位于南天正中。木神太皞的神位在东方，它的天干是甲乙，美盛的德泽属于木。它的代表虫是鱼类，代表音是角，律管由太蔟与之相应。它的序数排列是八，主味是酸，气味是膻气，它祭祀的是“户”神，祭祀时把脾放在前面。这个月里东风吹来，冰冻解开，冬眠的动物开始苏醒活动。鱼儿向上靠着冰游弋，水獭开始捕杀鱼类，大雁随着季节向北飞去。

天子身穿青色衣裳，驾着青色骏马，佩带青色宝玉，竖起绣有龙虎的青色旗帜，吃麦类和羊肉，饮用八方之风吹来的露水，用燧取火，燃烧的是豆萁。东宫的侍女们身穿青色衣服，佩戴青色彩饰，弹奏起琴和瑟。这个月里使用的兵器是矛，畜养的动物是羊。天子月初在明堂东向堂北头室召见群臣，并发出春天宽和的政令。布施恩德，施行庆善赏赐，减省徭役和赋税。

立春的时候，天子亲自率领三公、九卿、文武百官，到东郊八里迎接春天的来临。修整清扫祭坛祭神牌位，用圭璧祈祷鬼神赐福。祭祀用的牺牲都用雄性。禁止砍伐正在生长的树木，不能捣毁鸟巢，不能捕杀怀胎的麋子，不要捕捉幼鹿和产卵的动物。不要聚集大众修筑城郭，要掩埋裸露在外的尸骨。

孟春时施行夏季的政令，那么风雨就不能按时到来，草木提早枯落，国家便出现恐慌；孟春时施行秋季的政令，那么百姓中会发生大的瘟疫，狂风暴雨会一起来临，藜莠蓬蒿等杂草繁茂生长；孟春时施行冬季的政令，那么雨水过量，就会造成大的灾害，寒霜、冰雹降落，越冬作物就会没有收成。

正月，官府要管好土地，它的代表树是杨树。

立夏政事

立夏之日，天子亲率三公、九卿、大夫，以迎岁于南郊①。还乃赏赐，封诸侯，修礼乐，飨左右②。命太尉，赞杰俊，选贤良，举孝悌，行爵出禄③。佐天长养，继修增高，无有隳坏。毋兴土功，毋伐大树④。令野虞，行田原，劝农事，驱兽畜，勿令害谷。天子以彘尝麦，先荐寝庙。聚畜百药，靡草死，麦秋至，决小罪，断薄刑⑤。

【注释】

① 迎岁：迎夏。　南郊：七里之郊。② 修：修治；演奏。　飨（xiǎng）：用酒食招待。③ 太尉：秦、西汉时军队首脑。　赞：选拔。《礼记·月令》郑玄注："赞，出也。"　爵：爵位。④ 隳（huī）：毁坏。⑤ 靡（mí）草：亭历之类。"麦秋"句：蔡邕《月令章句》云："百谷各以其初生为春，熟为秋，故麦以孟夏为秋。"

【细读】

立夏节到了。天子的政事很多，《淮南子》中记载得非常详细：

立夏那一天，天子亲自率领三公、九卿、文武百官，到南郊七里迎接夏天的来临。回朝以后，赏赐有功者，割土分封诸侯。行大礼，奏雅乐，宴飨群臣。命令太尉，选拔有才能的杰出人才，推举品行优良贤德之人，举用孝悌之士，授给爵位，赐予俸禄。帮助物类生长繁衍，继续使之增长，不要有所损害。不要兴建土木工程，不要砍伐大的树木。命令管理山野之官，巡行田野，劝勉农民努力耕作，驱逐田里的野兽家畜，不让践踏庄稼。天子让猪先尝将成熟的麦子，然后首先进献给祖宗寝庙。采集各种成熟的药物，亭历开始枯死，春麦成熟。判决轻罪之人，施行轻的刑法。

立秋政事

立秋之日，天子亲率三公、九卿、大夫，以迎秋于西郊①。还，乃赏军率武人于朝②。命将率选卒厉兵，简练桀俊，专任有功，以征不义，诘诛暴慢，顺彼四方③。命有司，修法制，缮图圄，禁奸塞邪，审决狱，平词讼④。天地始肃，不可以赢⑤。是月农始升谷，天子尝新，先荐寝庙⑥。命百官，始收敛，完堤防，谨障塞，以备水潦，修城郭，缮宫室。毋以封侯、立大官、行重币、出大使。行是月令，凉风至三旬。

【注释】

① 西郊：郊外八里之地。② 军率：军将。率，通“帅”。　武人：勇武立功名之人。③ 厉：磨砺。　简练：精心训练。　桀：通“杰”。　诘（jié）：查办。《说文》：“诘，问也。”　暴慢：残暴傲慢。　顺：循。④ 缮：修治。　决：断。　平：处理。⑤ 肃：杀气。　羸（yíng）：高诱注：“盛也。”按：即昌盛、兴盛义。⑥ 升：进献。

【细读】

立秋节的政事，其中的军事活动有：赏赐军将和有功人员，军将选拔士卒，磨砺各种兵器，训练有才能之人，任用作战有功人员，征讨不义的国家。其他修法、治狱、断案等各项政事，都要进行。《淮南子》中说：

立秋的那一天，天子亲自率领三公、九卿、文武百官，到西郊九里迎接秋天的到来。归来后，在朝廷上赏赐军将以及武勇立功之人。命令军将挑选士卒，磨砺兵器，精心训练具有杰出才能的人，专门任用作战有功人员，来征讨不义的国家。查办诛杀那些暴虐傲慢的人，从而顺应天下人的愿望。命令法律主管部门，修订法规，整治监狱，禁止奸人，堵塞邪路，判决案件，决裁官司。天地间开始充满肃杀之气，万物不再兴盛。这个月里，农民开始进献谷物，天子要先加以品尝，首先奉献给祖先的宗庙。命令百官，开始收敛赋税，修筑堤坝，谨防障碍阻塞，防备水患到来，修葺城郭，整治宫室。在这个月里，不要封侯，不立高官，不赐予黄金丝帛，不派出大使。实行这个月的节令，凉风三旬之中各来一次。

立冬政事

立冬之日，天子亲率三公、九卿、大夫以迎岁于北郊①。还，乃赏死事，存孤寡②。是月命太祝祷祀神位，占龟策，审卦兆，以察吉凶③。于是天子始裘④。命百官，谨盖藏⑤；命司徒，行积聚，修城郭，警门闾，修楗闭，慎管籥，固封玺，修边境，完要塞，绝蹊径⑥；饬丧纪，审棺椁衣衾之薄厚，营丘垅之小大高庳，使贵贱卑尊，各有等级⑦。是月也，工师效功，陈祭器，案度呈，坚致为上⑧。工事苦慢，作为淫巧，必行其罪⑨。是月也，大饮蒸，天子祈来年于天宗，大祷祭于公社，毕，飨先祖⑩。劳农夫⑪，以休息之。命将率讲武⑫，律射御，角力劲。乃命水虞渔师，收水泉池泽之赋，毋或侵牟⑬。

【注释】

①北郊：都城六里的北部郊外。②死事：为国而牺牲的人。③太祝：掌管祭祀之事。《礼记·月令》作“太史”，《吕氏春秋·孟冬》作“太卜”。　龟策：龟甲、蓍草，皆用以占卜吉凶。　卦：占卜用的符号，即卦象。　兆：烧灼龟甲而形成的裂纹。④裘：皮衣。⑤盖藏：指掩盖好贮藏的菜蔬果品粮食等冬用之物。⑥楗：门上的木闩。《礼记·月令》作“键”。　闭：穿门闩之孔。　管：籥(yuè)。　封玺：印封。　绝：《礼记·月令》、《吕氏春秋·孟冬》作“塞”，即断绝义。　蹊径：小路。⑦饬(chì)：治理。徐锴《说文系传》：“饬，修整之也。”　丧纪：指二十五月所服丧的规定礼数。　椁：棺材外面的套棺。　衾(qīn)：被子。　营：度量。　丘：坟墓。　垅：即“垄”。垄，冢。　高庳(bēi)：按照规定，尊贵的人坟墓高大，卑贱的人坟墓低小。《广韵》“纸”韵：“庳，下也。”⑧工师：掌管百工和官营手工业之官。　效：献出。　案：察看。　呈：《道藏》本、刘绩《补注》本同。黄锡禧本作“程”。朱骏声《说文通训定声》：“呈，叚借为程。”程，法式。　坚致：坚固细密。⑨苦(gǔ)：粗陋。高诱注：“苦，恶也。”　慢：不牢固。　淫巧：过分奇巧。⑩蒸：冬祭。　天宗：高诱注：“凡属天上之神，日月星辰皆为天宗也。”　祷：祈祷，祈求。　公社：高诱注：“公社，国社也，后土之祭也。生为上公，死为贵神，故曰公也。”⑪劳：慰劳。　休息：使农夫休养生息。⑫讲：训练。“律”：《道藏》本、《四库全书》本同。刘绩《补注》本改作“肄”。《吕氏春秋·孟冬》亦作“肄(yì)”，高诱注：“习也。”《礼记·月令》作“习”。“律”字误。　角力：比武。角，试。⑬水虞：管理水泽之官。　渔师：管理渔业之官。　牟(móu)：多取。与“侵”义同。

【细读】

进入天寒地冻的冬季，政事活动也很多。其中两项很重要：第一，让辛劳一年的农夫休息，不再从事任何劳作。第二，军事训练如火如荼，将帅习武，研习射术和抵御侵略，举行比武大赛，等等。《淮南子》中说：

立冬这一天，天子亲自率领三公、九卿、文武百官，在北郊六里迎接冬季的到来。返回后，赏赐为国捐躯的人的后代，抚恤孤寡之人。在这个月里，命令太祝向神灵祈祷祭祀，用龟甲、蓍草占卜，审查八卦和龟兆的迹象，以便考察吉凶之事。在这个月里，天子开始穿上皮衣。命令百官贮藏好过冬的食物。命令司徒巡视积聚人力财力的情况，修筑城郭，警戒城门和闾巷，修理好开关城门的门闩，谨慎地管好钥匙，牢固地加好印封。整治边境，修缮险要关隘，堵塞蹊径小路。制定服丧的礼数规定，审核内、外棺及随葬衣物的厚薄等级，度量坟墓的大小高下尺寸，使贵贱、尊卑的人各自符合等级规定。在这个月里，工师献出自己的产品，排列起各种祭器，察看式样规格，以坚固精细作为上等。如果工匠制出的产品粗劣易破，或者制作过分奇巧，必定追究他们的罪过。在这个月里，天子举行盛大的宴飨冬祭，向上天日月星辰祈求来年赐福。在后土的公社里举行大祭，结束以后，把牺牲奉献给先祖。使辛勤劳作的农夫得以休息。命令将领习武，演习射术和抵御，并进行比武。命令管理水泽和渔业的官员，收纳赋税，不准多取于民。

卷六　览冥训

【题解】

"览冥"的含义，就是"览观幽冥变化之端"。它所探究的是自然界和人类以及万事万物之间的关系。

"物类之相应"，"同气之应，阴阳之合"，揭示了万物之间互相影响而又相互制约的一些关系。如阳燧取火、磁石引铁、葵之向日等，有的至今也不得其解。自然规律对人类的影响也是巨大的。

"夫道者，无私就也，无私去也。""顺之则利，逆之则凶"。黄帝、女娲功烈被后世，而不居功。"以从天地之固然。"夏桀暴政和七国纷争，背离天道，而导致失败。

自然界和人类的关系确实是千丝万缕的。对许多无法解释的现象，便用"至精感天，通达无极"来诠释，如"庶女叫天""撝戈反日"等，当然是不科学的。

只有"行自然无为之道"，即按自然规律办事，"使万物各复归其根"，"全性保真"，"至虚无纯一"，才能促进人类社会的安定和发展。

黄帝治天下

昔者黄帝治天下，而力牧、太山稽辅之，以治日月之行律，治阴阳之气①；节四时之度，正律历之数；别男女，异雌雄②；明上下，等贵贱；使强不掩弱，众不暴寡；人民保命而不夭，岁时熟而不凶③；百官正而无私，上下调而无尤④；法令明而不暗，辅佐公而不阿⑤；田者不侵畔，渔者不争隈⑥；道不拾遗，市不豫贾⑦；城郭不关，邑无盗贼；鄙旅之人，相让以财⑧；狗彘吐菽粟于路，而无忿争之心。于是日月精明，星辰不失其行；风雨时节，五谷登熟；虎狼不妄噬，鸷鸟不妄搏⑨；凤皇翔于庭，麒麟游于郊⑩；青龙进驾，飞黄伏皂⑪；诸北、儋耳之国，莫不献其贡职，然犹未及虙戏氏之道也⑫。

【注释】

① 黄帝：传说中中原各族人民的共同祖先。事载《史记·五帝本纪》等。　力牧：黄帝臣。黄帝梦人执千钧之弩，驱牛万群，寤而求之，得力牧于大泽。敦煌汉简作“力墨”，马王堆汉墓帛书《十六经》作“力黑”。　太山稽：黄帝臣。“以治”二句：于大成《淮南杂志补正》：许慎作“律日月之行，治阴阳之气”，高诱作“理日月之行，治阴阳之气”。其“律，度也”之注，校者以许本“律”字并注写于高本“治日月之行”旁，（以成今本之误）。按：律，即法度义。《文子·精诚篇》作“调日月之行，治阴阳之气”。无“律”字。② “别男女”句：废除男女杂居。原始社会有过群婚制，男女杂处。《庄子·盗跖》：“神农之世，民知其母，不知其父。” ③ 凶：年成坏。④ 尤：责怪，怨恨。⑤ 阿（ē）：曲从。⑥ 畔：田界。　隈（wēi）：河道弯曲之处。⑦ 豫：欺骗。王引之撰《经义述闻·周礼·诳豫》：“豫，亦诳也。” ⑧ 鄙旅：边鄙的行旅之人。⑨ 噬（shì）：咬。　鸷（xhì）鸟：凶猛的鸟。如鹰、鹯（zhān）之类。⑩ 翔：止。⑪ 青龙：一作苍龙，东方之神。　驾：古代帝王车乘。　飞黄：传说中神马名。高诱注：“飞黄，乘黄也。出西方，状如狐，背上有角，寿千岁。” 皂（zào）：皁，马槽。《庄子·马蹄》陆德明释文：“皂，一云槽也。” ⑫ 诸北：北极国名。　儋（dān）耳：《山海经·大荒北经》：“有儋耳之国，任姓，禺号子，食谷。”《地形训》有“耽耳”，疑即此国。

【细读】

传说炎、黄二帝，是同母异父兄弟。炎帝是太阳神，也就是神农氏，他不但带来温暖，而且第一次把五谷送到人间。而黄帝则是天上、人间至高无上的主宰者，他是人和神的共同祖先。有许多发明创造，比如养蚕、舟车、文字、音乐、医学、算数，乃至日常生活器用如衣裳、冠冕、鼓镜等，都是黄帝和臣子们发明的。所以人们对他充满了无比的崇敬和爱戴。特别是汉代史学家司马迁在《史记》第一篇《五帝本纪》中把黄帝列为五帝之首以来，他的绝对权威形象就再也没有动摇过。我们常说五千年中华文化，就是从“黄帝”开始算起的。那么，黄帝统治天下的时候到底是什么样子呢？这里描绘的就是我们的老祖先黄帝时期社会政治生活的一幅画卷。

在黄帝统治天下的时候，特别重视选用有才德的人来治理国家。力牧就是黄帝亲自挑选的。这个力牧的来历很奇特。一天，黄帝做了一个奇怪的梦，梦见一个力大无穷的人手执千钧之弩，正在驱赶数万群羊。黄帝醒来以后，暗自私忖：这个大力士既然能放牧数万群羊，大约也能管理好老百姓的。难道真有一个叫“力牧”的人不成？黄帝求贤心切，派人四处查访，在一个大湖边竟然真的找到了一个叫力牧的人，就任他为大将，并担任相国。力牧和太山稽、风后、常先、大鸿等一批贤臣辅佐黄帝治国，他们按照日、月、五星等自然界的运行规律和阴阳变化的特点安排农时，按时播种、收割、贮存。他们还依照四季的气候变化规律，制定出了律历的法则。在原始社会母系氏族时代，有过男女杂处的群婚制，黄帝把这种制度废除了，确定了新的婚姻制度。他们规定了上下的不同权限，不分贵贱一律平等。强健有力的人，不能欺负体弱病残的；人多势众的，不能压迫势单力孤的。人民都善于养生而长寿，庄稼都按时收获而没有灾祸。各级官吏奉公守法正直无私，上下协调和睦相处。法令制度清楚明白，左右大臣公而不阿。种田的人不去多占他人一寸田地，打鱼的人不去争夺多鱼的港湾。路上丢了东西没有人拾了藏起来，市场上自由经商的人不诈取别人钱财。森严的城门无须关闭，偏僻的村镇也无盗贼。在边鄙之地羁留的旅人，也争着把财物相让。猪狗之类也不抢着吃路上的食物。在这种天下太平的情况下，日月运行非常正常，星辰也按照轨道行驶，凶灾殃祸没有一次发生过。风雨按照季节需要，蕴育五谷年年丰收。虎狼像被驯服了一样，听从指挥，不再咬人。凶鸟也不侵犯其他鸟类。吉祥的凤凰落在院子里，稀罕的麒麟在郊外漫步。东方神龙来为黄帝驾驶车马，西方神马也来供他驱使奔走。遥远的国度纷纷献上贡品，黄帝的德泽遍布四方。

这是一幅没有剥削、没有压迫、没有欺诈、没有赋税，丰衣足食，政治清明，人人平等，天下太平的美好图景，具有原始共产主义社会的光辉色彩。

女娲补天

往古之时，四极废，九州裂，天下兼覆，地不周载[①]；火爁炎而不灭，水浩洋而不息[②]；猛兽食颛民，鸷鸟攫老弱[③]。于是女娲炼五色石以补苍天，断鳌足以立四极，杀黑龙以济冀州，积芦灰以止淫水[④]。苍天补，四极正；淫水涸，冀州平；狡虫死，颛民生[⑤]；背方州，抱员天[⑥]；和春阳夏，杀秋约冬，（枕）[枕]方寝绳[⑦]。阴阳之所壅沈不通者，窍理之[⑧]；逆气戾物、伤民厚积者，绝止之[⑨]。当此之时，卧倨倨，兴眄眄，一自以为马，一自以为牛[⑩]；其行蹎蹎，其视瞑瞑[⑪]；侗然皆得其和[⑫]，莫知所由生；浮游不知所求，魍魉不知所往[⑬]。当此之时，禽兽蝮蛇[⑭]，无不匿其爪牙，藏其螯毒，无有攫噬之心。考其功烈，上际九天，下契黄垆[15]；名声被后世，光晖重万物[16]。乘雷车，服驾应龙，骖青虬，援绝瑞，席萝图，黄云络，前白螭，后奔蛇，浮游消摇，道鬼神，登九天，朝帝于灵门，宓穆休于太祖之下[17]。然而不彰其功，不杨其声，隐真人之道，以从天地之固然[18]。何则？道德上通，而智故消灭也[19]。

【注释】

①四极：四方撑天的柱子。　兼：尽。　周：遍。②爁（làn）炎：大火延烧的样子。《广韵》"艳"韵："爁焱，火延。"王筠《说文句读》："焱，与炎同义。"　浩洋：浩瀚无涯。③颛（zhuān）民：善良的人民。高诱注："颛，善。"攫（jué）：抓取。④女娲：传说中的人类始祖。《说文》："娲，古之神圣女，化万物者也。"　鳌（áo）：大龟。　黑龙：水怪。能兴水危害人。　芦灰：芦草烧成的灰。　淫水：平地生水。⑤狡虫：指毒虫猛兽。⑥方州：指大地。此为"天圆地方"说。⑦阳：马宗霍《淮南旧注参正》：通"炀"。火炽热。"枕"[枕]：《道藏》本同，刘绩《补注》本作"枕"。当正。　方：指矩。　绳：绳墨。⑧壅沈：壅滞。　窍理：贯通。⑨逆气：逆乱之气。　戾：违背。⑩倨倨（jù）：无思无虑的样子。　眄眄（miǎn）：眼睛斜视的样子。《庄子·应帝王》作"于于"。一：有时。以上化自《庄子·应帝王》。⑪瞋瞋（diān）：安详缓慢的样子。　瞑瞑：似明未明的样子。⑫侗（tóng）然：无知的样子。《庄子·山木》陆德明释文："侗乎，无知貌。"⑬浮游：任意游玩。　魍魉（wǎng liǎng）：《庄子·在宥》作"猖狂"，恣意妄行的样子。⑭蝮蛇：毒蛇。噬（shì）：咬。⑮考：考察。　功烈：功业。　契：刻。　黄垆：黄泉下的垆土。⑯"重"：《道藏》本、刘绩《补注》本同。王念孙《读书杂志》："重"字义不可通。《尔雅·释鱼》疏引此作"光辉熏万物"，是也。熏，犹熏炙也。⑰"服驾"：《道藏》本、刘绩《补注》本同。王念孙《读书杂志》："服"下不当有"驾"字。　应龙：有翼之龙。　骖（cān）：在两旁驾车。援：持、执。　绝瑞：高诱注："殊绝之瑞应。"　萝图：高诱注："罗列图籍，以为席蓐。一说：萝图，车上席也。"陶方琦《淮南许注异同诂》九百三十引许注："萝图，车上席也。"　黄云：黄色云气。络：缠绕。　白螭（chī）：白色的龙。　奔蛇：能腾云驾雾的蛇。　消摇：《礼记·檀弓上》陆德明释文："本又作逍遥。"即自由自在义。　道：通"导"，引导。　宓穆：安定，平和。　太祖：道之大宗。⑱杨：《道藏》本、刘绩《补注》本作"扬"。《广雅·释言》："杨，扬也。"　真人：修真得道之人。　固然：自然。⑲智故：巧诈。

【细读】

女娲是我国古代神话中最伟大的女神，她创造了人世间万事万物。有关女娲的传说是丰富多彩的。我们生活在地球上的人类，是怎样来的呢？我国神话传说是女娲创造的。天地开辟之后，大地上有了山川草木，鸟兽鱼虫，但是还没有人类，女娲本人也是人首蛇身。她感到孤独寂寞，就在池塘边用泥土和水捏成许多小娃娃，这些小东西居然有了生命，她就给他们取名叫“人”。他们歌唱着、蹦跳着奔向四方。但是世界毕竟太大了，她做的人太少。于是她就用一根藤条在黄泥中搅拌，然后蘸着向四方投去，竟然也能成人。这些人怎么发展繁殖呢？女娲就让他们男女婚配，传种接代。所以后代把女娲氏奉为“神媒”“高媒”，就是来源于此。

人类是女娲创造的，那么女娲自己又是从何产生的呢？在屈原的《天问》中第一次提出“女娲有体，孰制匠之”的问题。这个问题谁也回答不清。《淮南子·说林训》中答复说：女娲一天有七十种变化，她依靠的是三位天神的帮助：黄帝产生出男女性别，上骈生出耳鼻口目眉五官，桑林生出手足四肢。天神们的女儿女娲氏就这样被创造出来了。

女娲氏在天地之间生活了许多年，都太平无事。不料水神共工和火神祝融打仗，破坏了人世间的安宁，各种灾难接踵而至。宇宙崩摧，天塌地陷；烈火不熄，洪水涌流；猛兽横行，毒虫遍地。下民饥寒哀号，九死一生。女娲见天地被破坏成这个样子，忧心如焚。她运用神力，炼就了许多五颜六色的石子，补缀天穹。这样就现出蔚蓝的天，白色的云，红彤彤的晚霞。女娲斩断巨鳌的腿，支撑四极，天地间才得以保持平衡。又杀死了作恶多端的黑龙，解救了中原人民；并把神奇的芦灰积聚起来，堵塞住了汹涌的洪水。她还赶走了许多猛兽、恶鸟，使它们不敢再来危害人类。这样，险恶的自然灾害总算平定了，人民又可以安居乐业地生活了。人们歌颂女娲的功绩，就像日月经天、江河行地一样，万世不灭。

古代生产力极其低下，根本没有力量抵御自然灾害的威胁。因此人们就幻想能够征服和驾驭自然，使自然为人类造福。女娲补天的神话就是在这种情况下产生的。千百年来，女娲这一伟大形象，一直深深地活在人们的心目之中。

夏桀之时

逮至夏桀之时，主暗晦而不明，道澜漫而不修①；弃捐五帝之恩刑，推蹶三王之法籍②；是以至德灭而不扬，帝道掩而不兴③；举事戾苍天，发号逆四时④；春秋缩其和，天地除其德⑤；仁君处位而不安，大夫隐道而不言⑥；群臣准上意而怀当，疏骨肉而自容⑦；邪人参耦比周而阴谋，居君臣父子之间而竞载⑧；骄主而像其意，乱人以成其事⑨。是故君臣乖而不亲，骨肉疏而不附⑩；植社槁而墆裂，容台振而掩覆⑪；犬群嗥而入渊，豕衔蓐而席澳⑫；美人挐首墨面而不容，曼声吞炭内闭而不歌⑬；丧不尽其哀，猎不听其乐；西老折胜，黄神啸吟[14]；飞鸟铩翼，走兽废脚[15]；山无峻干，泽无洼水[16]；狐狸首穴，马牛放失[17]；田无立禾，路无莎薠[18]；金积折廉，璧袭无理[19]；磬龟无腹，蓍策日施[20]。

【注释】

①暗晦：昏暗。 澜漫：杂乱，混乱。《文选·王褒〈洞箫赋〉》李善注："澜漫，分散也。"②弃捐：丢弃。《说文》："捐，弃也。" 五帝：诸说不一。《史记·五帝本纪》以黄帝、颛顼、帝喾、尧、舜为五帝。 恩刑：恩化及刑罚。 推蹶（jué）：推倒、践踏。 三王：指夏禹、商汤、周文王。③帝道：指五帝之道。 掩：掩盖、遮蔽。 兴：举兴。④戾：违反。⑤缩：藏匿。 和：平和之气。 除：解除。 德：恩德。⑥"仁君"：《文子·上礼篇》作"人君"。⑦准：望。亦有揣度义。 怀：思念。 当：适当。 自容：自求逢迎献媚。⑧参（cān）：三人为参。耦（ǒu）：二人。《广雅·释诂四》："耦，二也。" 比周：结党营私。 竞载：争逐。⑨骄主：使君主放纵。 像：随。⑩乖：背戾，不合。《说文》："乖，戾也。"⑪植社：杨树达《淮南子证闻》：《礼记·祭法》云："大夫以下成群立社曰置社。"植社与置社同。按：即大夫以下按居住地立社，叫置社。 槁（gǎo）：枯坏。"墣（yú）"：《道藏》本、刘绩《补注》本同。王念孙《读书杂志》："墣"当为"墷（xià）"，隶书之误也。《说文》："罅，裂也。"又"墷，坼也。"按：即裂缝义。 容台：行礼容之台。⑫嗥（háo）：野兽吼叫。 蓐（rù）：草垫子。 澳：水边。⑬挐（rú）首：头发与乱草糅合在一起。《集韵》"祃"韵："挐，乱也。" 墨面：用墨色涂面。 不容：即不修饰面容。 曼声：善唱歌。 吞炭：食炭可以使声音变哑。⑭西老：指西王母。孙诒让《札迻》："老，当作姥。"按：《广韵》"姥"韵："姥，老母也。" 胜：女人头上的首饰。《山海经·西山经》郭璞注："胜，玉胜也。" 黄神：指黄帝之神。 啸吟：长啸而哀叹。⑮铩（shā）翼：指羽毛伤残。 废脚：指脚残。⑯峻干：即高材。 洼水：水坑。⑰首穴：传说狐狸死时，头朝着巢穴。又作"首丘"。《楚辞·哀郢》："狐死必首丘。" 放失：逃逸。⑱莎（suō）：野草名，俗名"香附子"。 薠（fán）：草名。⑲廉：侧边，棱角。《广雅·释言》："廉，棱也。" 袭：积聚。《广韵》"缉"韵："袭，重也。" 理：《文子·上礼篇》作"羸"。通"羸（luǒ）"。指羸形纹理。⑳磬：通"罄（qìng）"，空。《说文》："罄，器中空也。" 蓍（shī）策：古人用来占卜的蓍草茎。

【细读】

夏桀（？—前1600年）是夏朝末代之君。夏桀文武双全，但是他的统治最终被推翻了，《淮南子》中对灭亡的原因，进行了详尽的分析，足以成为后世之戒：

等到暴君夏桀统治之时，帝王昏庸不明国情，道德混乱而不加整肃；抛弃五帝有效的治政措施，推倒三王有利的法规；因此最好的德性泯灭而无人宣扬，五帝之道藏匿而无人举兴；行事背戾上天意志，命令违背四时的规律；春光秋色隐藏起了平和之气，上天大地解除了赐给人类的恩德；贤明君主在位而心中不安，大夫深藏隐忧而不愿说话；群臣看着帝王的脸色行事，挑拨亲属关系而自求逢迎；奸佞小人结党营私而施展阴谋，竞相奔走于君臣父子之间；使君主骄奢淫逸放纵不法，而奸人则从中渔利。因此朝野上下互相背离怒目而视，骨肉离散而各行其是。于是天下出现了反常现象，祭祀用的神社破败而裂开，行礼的容台震动而彻底倒塌；成群野狗吼叫着跳进了深渊，头头蠢猪衔草移居水边；美女蓬头垢面而不加修饰，歌女吞炭哑声而不再放歌；丧葬不能抒尽悲哀之情，田猎不能得到应有的快乐；西王母折断了头上的玉簪，黄帝之神不时咆哮哀鸣；天上的飞鸟折断了双翼，山中的野兽伤残了双腿；青山变成秃岭，沼泽干涸见底；狐狸头朝洞穴而死去，马牛狂奔乱跑；田野里没有禾苗，道路边没有野草；金银堆积磨掉了棱角，璧玉积久玷污了纹理。占卜的龟板钻空了，求神的蓍草用个不停。

嫦娥奔月

譬若羿请不死之药于西王母，恒娥窃以奔月，怅然有丧，无以续之①。何则？不知不死之药所由生也。是故乞火不若取燧，寄汲不若凿井②。

【注释】

① 羿（yì）：即后羿。古代善射者。 恒娥：《初学记》引许慎注作“常娥”。奔月为月精。 怅（chàng）然：失意的样子。② 乞火：求取火种。

【细读】

蔚蓝的太空，金黄的圆月，闪烁的群星，无穷的天际。每当皓月当空，人们翘首而望的时候，就会想到“嫦娥奔月”这个古老而美丽的神话。这个神话故事的较早记载，当数《 淮南子》了。

嫦娥的丈夫羿，从西王母那里得到了一葫芦长生不老之药，被嫦娥寻到了，吃不吃呢？她犹豫了很久，决定去找当时最有名望的大巫师有黄探问吉凶。有黄摆开蓍草与龟甲，摇动了一番，他笑着把占卜结果报告给嫦娥：“大吉大利呀，美丽俊俏的姑娘，你将来到西方。天道昏暗迷茫，不要惊恐慌张，日后将会盛昌。”嫦娥听了，忐忑不安的心情才稍稍安定了下来。于是，她决定把这一葫芦不老之药独自享用，也不再顾及自己的丈夫了。接着，她几口把灵药吞吃完毕，又把葫芦放回原处。不一会儿，她觉得自己身子轻飘飘的，不由自主地离开了房舍，山川、河流都在自己脚下，白云在自己身旁浮动，还不时有闪光的石块飞过。凉风习习，罗裙婆娑，她飘然起舞，引吭高歌。这么广阔的天际，多么美妙的太空，她舒服痛快极了。她飞呀飞呀，径直朝灰蒙蒙的月宫奔去。哎呀！总算到了月宫了！从此，她就是这里的主人了。可是过了不久，她发现自己变了形：头缩了进去，四肢又笨又粗，腰部又短又粗，身上长出了疙瘩，这不就是一只令人讨厌的癞蛤蟆吗？她捶胸顿足，痛苦失望极了，泪水如涌泉一样汩汩奔流。

羿狩猎归来，发现自己的妻子嫦娥不见了，找遍了左邻右舍，问过了家丁仆人，没有一个人知道。羿认为美貌的妻子心眼小，同自己呕气，就没有再去寻找。又过几天，羿拿起装药的葫芦儿，左倒右倒，里面的药儿一丁点都没有了。他这才恍然大悟，原来是妻子偷吃仙药，升入月宫，独享富贵去了。他痛苦、悲哀、愤怒极了，失神地望着茫茫的苍穹，诅咒自己的妻子。

这就是有关“嫦娥奔月”的神话。在1973年长沙马王堆一号汉墓出土的珍贵帛画中，月宫里就画着一只蟾蜍，可见这个故事在汉代是广为流传的。古代这个故事是有批评和谴责嫦娥的意思。批评她自私贪心，不忠于自己的丈夫；批评她想入非非，背离现实。总之是违背封建人伦道德，最后事与愿违，自食其果。这当然是封建社会中对女性存在的偏见。

从六朝以后，人们对嫦娥独栖广寒、形影相吊的凄苦境遇，同情的人多了，责难的人少了，她的地位也逐渐升高，由一个被谴责的女性，变成令人同情的孤女。如唐代大诗人李白《把酒问月》诗中写道：“白兔捣药秋复春，姮娥孤栖与谁邻？”大诗人杜甫也写有《月》诗，咏道：“斟酌姮娥寡，天寒耐九秋。”李商隐《常娥》诗中也说：“常娥应悔偷灵药，碧海青天夜夜心。”后来人们还为娇美的嫦娥鸣不平，进而把她当作可爱的月亮神的化身。那些“蟾蜍”“月精”之类的说法逐渐失去阵地，而代之以“玉兔捣药”的神话广传人间。

两千多年前我国人民“奔月”的美丽幻想，今天终于变成了现实。2007年10月24日18时05分，搭载着我国首颗探月卫星嫦娥一号的长征三号甲运载火箭，在西昌卫星发射中心三号塔架点火发射。航天飞船不但可以到达月宫，而且可以飞升到更遥远的火星等星球。这样，月宫里的嫦娥没有必要愁眉不展，可以回到人间，欢欢喜喜同家人团聚了。

卷七　精神训

【题解】

何谓“精”“神”？高诱题解中说：“精者，人之气；神者，人之守也。”“精气”，是构成人体的基本物质，是人的生命活动的原始动力。《黄帝内经·素问·金匮真言论》说：“夫精者身之本也。”而“神”是人体生命活动总的外在表现，也指精神意识活动；“神”是以精气、气血为物质基础的，对人体起到守护的作用。本训的主旨，“所以使人爱养其精神，抚静其魂魄，不以物易己，而坚守虚无之宅者也”。本篇为《淮南子》养生论的核心。

本训研究了精神和形体的关系。指出“夫精神者，所受于天也；而形体者，所禀于地也”。就是说，人的精神和形体各有其自己的来源，而精神对形体的生命活动有主宰作用。“心者形之主也，而神者心之宝也。”心与神是人的精神，形与气是人的肉体。人的形体、精神、血气是互相依赖、密不可分的。

在精神与外物关系上，《精神训》继承了老庄豁达和豪放的气魄，强调要以无为处世，不以外物累身，要养生以和，理性命之情，返太素而入于大通。指出要“轻天下，细万物，齐生死，同变化”。只有这样，才是“无累之人”，才是懂得了人生的真谛。

六禽戏

若吹呴呼吸，吐故内新，熊经鸟伸，凫浴猿躩，鸱视虎顾，是养形之人也，不以滑心[①]。

【注释】

① 吹呴（xǔ）：张口出气。《庄子·刻意》："吹呴呼吸，吐故纳新，熊经鸟申，为寿而已矣。" 吐故：吐出体内混浊的空气。 内（nà）新：吸进新鲜的空气。 熊经：像熊一样悬吊在树上。《后汉书·华佗传》李贤注："熊经，若熊之攀枝自悬也。" 鸟伸：像鸟一样伸展身体。 凫（fú）浴：像野鸭浴水一样。 猿躩（jué）：像猿猴一样跳跃。 鸱（chī）视：像鸱鸟一样环视。 虎顾：像虎一样回头看。

【细读】

《淮南子》的养生论，对后代产生了很大的影响。吐纳和导引，沿袭至今。"吐纳"就是呼吸功；"导引"就是模仿六种动物的动作。其中的导引，源于战国《庄子》的"熊经鸟申"。东汉华佗继承了《淮南子》，演变成了五禽戏。不过，《淮南子·泰族训》中主张"治身，太上养神，其次养形。治国，太上养化，其次正法"。《淮南子》中六禽戏的记载是：

至于像张口呼吸，排出污浊的气体，吸进新鲜的空气，像熊一样攀援，像鸟一样伸展双翅，如鸭子浴水，似猿猴那样跳跃，若鸱鸟一样观察，像老虎一样回顾，这是养形之人的举动，不是真人之道，不能够扰乱真人之心。

尧轻天下

人之所以乐为人主者，以其穷耳目之欲，而适躬体之便也[①]。今高台层榭，人之所丽也，而尧朴桷不斫，素题不枅[②]；珍怪奇味，人之所美也，而尧粝粢之饭，藜藿之羹[③]；文绣狐白，人之所好也，而尧布衣掩形，鹿裘御寒[④]。养性之具不加厚，而增之以任重之忧，故举天下而传之于舜，若解重负然，非直辞让，诚无以为也[⑤]。此轻天下之具也。

【注释】

① 人主：指国君。 穷：穷尽。 适：适合。 躬体：自己身体。② 台榭（xiè）：四方而高为台，台上亭阁为榭。 朴：未加工的木材。 桷（jué）：方椽子。斫（zhuó）：砍削。 素题：不加彩饰。题，端。 枅（jī）：柱上横木。③ 粝（lì）：粗米。 粢（zī）：谷物。 藜（lí）：一种草本植物。 藿：豆叶。④ 文绣：绣画的锦帛。 狐白：狐腋下之皮，其毛纯白色。布衣：指藤、麻、葛纤维织成的布。 鹿裘：鹿皮制的皮衣。⑤ 养性：保养其生命。 具：指衣食之物。《广雅·释诂二》："具，备也。" 任重：指国家大事。 传：禅（shàn）让。 直：只。 辞让：谦让。

【细读】

上古时代华夏族部落联盟领袖尧（？前2377—前2259年），是个著名的贤君。尧年纪大了，选择了舜来继位，这就是古代的"禅让制"。《淮南子》中记载尧特别节俭，把天子的权势看得很轻，而把一心为民，看得很重。《淮南子》中说：

人们之所以向往当国君的原因，是因为它能使人满足耳目的欲望，而可以得到适合自己的任何需要。当今之人，对于楼台亭阁，都是认为美丽的，但是尧的住房用作椽子的木头不做加工，梁上柱子也不加修饰；珍奇的美味佳肴，人人都是向往的，但是尧吃的是糙米饭，喝的是野菜汤；鲜艳的彩帛，昂贵的狐白，是人人都喜爱的，但是尧用布衣遮蔽身体，用低劣的鹿皮御寒。用来养生的东西一点也不增多，而日益增加的是对于国家大事的忧虑，因此把天子之位禅让给舜，就像解除了沉重的负担。不是尧仅仅具有谦让的美德，君主之位实在是没有什么值得贪恋的。这就是看轻天子权势的事例。

穷鄙之社

今夫穷鄙之社也，叩盆拊瓴，相和而歌，自以为乐矣[①]。尝试为之击建鼓，撞巨钟，乃性仍仍然知其盆瓴之足羞也[②]。藏《诗》《书》，脩文学，而不知至论之旨，则拊盆叩瓴之徒也[③]。夫以天下为者，学之建鼓也[④]。

【注释】

① 穷鄙：穷巷。 社：《说文》："地主也。"即土地之神的神主。 拊（fǔ）：拍，敲。 瓴（líng）：一种盛水罐子。 和：应和。② 建鼓：古代大型乐器。流行于战国初期。"乃性"：《道藏》本、刘绩《补注》本同。王念孙《读书杂志》云："性"字义不可通，"性"当为"始"。"乃始"犹言

然后也。 仍仍然：不得志的样子。③《诗》:《汉书·艺文志》有“《诗经》二十八卷”，三百零五篇。孔子整理。《书》:《汉书·艺文志》有“《尚书古文经》四十六卷”。孔子编撰。至论：最精深的道理。④ 夫:《道藏》本、刘绩《补注》本同。《文子·九守篇》作“夫无以天下为者”。疑脱“无”字。

【细读】

《淮南子》指出，那些只知藏《诗》《书》，不知精深大道的人，不过是穷乡僻壤，举行社祭，敲打瓦罐，唱歌跳舞，自以为乐，不过是“拊盆叩瓴之徒”。比喻深刻，耐人寻味：

现在穷乡僻巷社祭时，敲打瓦盆瓦罐，跟着应和唱起歌来，自己认为是十分快乐的了。试着为他们擂起建鼓，撞响巨钟，然后他们才不好意思地知道敲打盆罐作乐是多么地羞愧。珍藏《诗》《书》，修治文学，而不知道最深刻真实的道理，那么也不过是敲打盆罐之类的人物而已。只有不把天下权势当作一回事的人，才是学问中的建鼓。

贪欲乱国

夫人主之所以残亡其国家，损弃其社稷，身死于人手，为天下笑，未尝非为非欲也①。夫仇由贪大钟之赂，而亡其国②；虞君利垂棘之璧，而擒其身③；献公艳骊姬之美，而乱四世④；桓公甘易牙之和，而不以时葬⑤；胡王淫女乐之娱，而亡上地⑥。使此五君者，适情辞馀，以己为度，不随物而动，岂有此大患哉？

【注释】

①“损”:《道藏》本、刘绩《补注》本同。王念孙《读书杂志》：社稷可言弃，不可言损，“损”当为“捐”字之误。按：捐弃，抛弃。② 仇由（qiú yú）：春秋时狄国国君。高诱注：“仇由，近晋之狄国也。晋智襄子伐之，先赂以大钟，仇由之君贪，开道来受钟，为和亲。智伯因是以兵灭取其国也。”按：事见《战国策·西周策》《韩非子·说林下》等。③ 虞君：春秋时虞国之君。高诱注：“晋大夫荀息谋于献公，以屈产之马、垂棘之璧假道于虞以伐虢。虞公贪璧、马，假晋道。既灭虢，还馆于虞，遂袭虞，灭之。”按：见于《左传·僖公五年》《韩非子·十过》等。④ 献公：晋献公（？—前651 年），春秋晋君。在位 26 年。骊姬：春秋骊戎氏之女，献公夺而立为夫人。高诱注：“晋献公伐骊戎，得骊姬及其娣。献公嬖之而生奚齐，其娣生卓子。遂为杀太子申生而立奚齐。杀适立庶，故曰乱。四世者，奚齐、卓子、惠公夷吾、怀公圉也。”按：事见《左传》庄公二十八年、宣公二年

等。⑤ 桓公：齐桓公（？—前 643 年），春秋齐君，在位 42 年，为春秋五霸之一。 易牙：桓公宠幸近臣，善调味，以其子为肉羹献桓公。高诱注：“齐桓好味，易牙蒸其首子而进之，遂见信用，专任国政，乱嫡庶。桓公卒，五公子争立，六十日而殡，虫流出户，五月不葬。”按：载《韩非子·十过》《吕氏春秋·贵公》等。源于《左传》僖公十七年、十八年。⑥ 胡王：春秋时西戎之君。高诱注：“胡，盖西戎之君也。秦穆公欲伐之，先遗女乐以淫其志。其臣由余谏，不从。去戎来适秦。秦伐，得其上地。”按：事见《韩非子·十过》《吕氏春秋·不苟》等。

【细读】

唐代诗人李商隐《咏史》中说：“历览前贤国与家，成由勤俭败由奢。”奢侈，败国败家。贪欲，亡国亡家。《淮南子》中列举了五位君主的例子，他们是：狄君仇由、虞君、晋献公、齐桓公、西戎胡王。

一些国君之所以使国家残破，抛弃社稷，身死在别人之手，而被天下之人所取笑，究其原因，未尝不是因为有不正常的贪欲。狄君仇由贪爱大钟的贿赂，国家被智襄子灭掉；虞君贪图晋国的垂棘之宝玉，而自己被晋献公活捉；晋献公贪恋骊姬的美色，而使国家乱了四代；齐桓公酷爱易牙送来的人肉汤，而被佞臣专权，自己死了身上生蛆；西戎胡王沉迷于秦穆公赠送的美女，而失去了大片沃土。假使这五个国君，控制自己的情欲，抛开多余的外物，以适宜为节度，不随奢欲而受惑，难道会有这样的大难吗？

卷八　本经训

【题解】

高诱解题云："本，始也。经，常也。天经造化出于道，治乱之由，得失有常，故曰本经。"本经，即根本常法的意思。治理国家要解决根本常法的问题。

全篇用太清之治、至人以及容成氏、尧舜治世与衰世、晚世、桀纣治世作对比研究，说明只有掌握根本大道，按照自然和社会规律行事，天下才能得到治理。而仁义、礼乐、孝悌是不能解决根本问题的。

文中指出造成天下混乱，民怨沸腾的根本原因，是统治者追求无穷的嗜欲即"五遁"所产生的。强调统治者要爱惜民力，清静无为。充分说明了刘安作为学者和诸侯王的远见卓识。

羿射十日

逮至尧之时，十日并出，焦禾稼，杀草木，而民无所食①；猰貐、凿齿、九婴、大风、封豨、修蛇，皆为民害②。尧乃使羿诛凿齿于畴华之野，杀九婴于凶水之上，缴大风于青丘之泽，上射十日而下杀猰貐，断脩蛇于洞庭，禽封豨于桑林，万民皆喜，置尧以为天子③。于是天下广陕、险易、远近，始有道里④。

【注释】

① 十日：传说中十个太阳轮流出现。其记载见于《山海经·大荒南经》《楚辞·天问》《庄子·齐物论》及马王堆汉墓帛画等。② 猰貐（yá yǔ）：传说中一种食人凶兽。 凿齿：半人半兽的怪物，齿长三尺，其状如齿。 九婴：一种有九个脑袋的水火之怪。 大风：一种凶猛的大鸟，飞后能兴起大风，又叫风伯。 封豨（xī）：大野猪。《方言》卷八："猪，南楚谓之豨。"修蛇：大而长的蟒蛇，能把象吞掉，三年才吐骨头。《楚辞·天问》："一蛇吞象，厥大何如？"③ 畴华：南方大泽名。 凶水：北狄之地有凶水。 缴（zhuó）：一种带绳的箭。 青丘：东方之泽名。 洞庭：南方泽名，即今洞庭湖。 禽：通"擒"。 桑林：高诱注："汤所祷旱桑山之林。"④ 陕：同"狭"。狭窄。《说文》"陕，隘也。"

【细读】

太阳同人类的关系太密切了，每天东升西落，给人温暖，给人光明，促使万物生长，人类才能够靠它发展生存。但是每当烈日炎炎，久旱不雨，土地开裂，江河断流的时候，人们也要怨恨它。因此，古代流行过"十日"的传说。《庄子·齐物论》中说，从前有十个太阳一起出来，万物都晒焦了。战国时期楚国大诗人屈原在《招魂》中写道："十个太阳轮流照耀大地，把金属和石头都烤焦了。"1937 年 12 月从长沙马王堆汉墓中出土的帛画中，也清楚地出现了九个太阳。我国古代南方燥湿炎热，人民无法维持正常生活，这大约是产生十个太阳照射的传说的原因吧。但是也不能排斥一种可能性，就是古代太阳系中也可能有九个与太阳相似的行星在运动，也能发光发热。后来因为本身和相互间的运动，使九个"太阳"发生变化，逐渐失去光和热，或者是离地球越来越远。近来西方学者认为太阳曾有四个卫星，即四个月亮。当然，这是一个天地、自然界的起源问题。这个问题终究可以得到满意的解释。

十个太阳从何而生？古人的想象很奇特，说是天神帝俊和他的妻子羲和所生。他们每天有一个去轮流值班。从居住处扶桑枝头掠过，就开始了一天的工作。他们的行程是：从东方的旸谷出发，经过曲阿、曾泉、桑野、衡阳、昆吾、鸟次、悲谷、女纪、渊虞、连石、悲泉，就到达西方的蒙谷。每次上班，都由太阳妈妈用车子伴送。工作了一天，就在"咸池"那里痛痛快快地洗个澡。在这里，古人把太阳完全人格化了。太阳所经过的十二个地方，就是后来十二地支记时的依据之一。

十个太阳孩子年复一年地这样轮流运行，未免有点枯燥乏味。在尧统治天下的时候，顽皮的十个太阳竟不守妈妈的规矩，一起溜了出来。这样一来可闯下了大祸。炎热把土地烤焦了，把禾苗晒干了，连铜铁砂石也熔化了。没有了黑夜，只有光明的白昼。饥饿而又郁热的人们，实在忍受不了太阳的烘烤，悲惨地热死、闷死、饿死。各种毒虫猛兽从山林、江河、洞穴中逃了出来，在灼热的大地上狂啸奔跑，这又给无法生活下去的人们带来无穷的灾难。

下情被上帝得知，于是派神箭手羿下凡到人间，并且赐给他一张红色的弓，一口袋白色的箭。奄奄一息的人们，一片欢呼。尧命羿先除去太阳，再对付猛兽。羿拈弓搭箭，对准火球，“嗖”的一声，火球迸裂。羿连续射出九支神箭，那九个火红的太阳顿时失去了光辉。这时人们感到冷风习习，牙齿打战。尧看见天上只有一轮骄阳，连忙制止羿。否则，十个太阳全部射落，大地将是一片黑暗。接着羿又到中原一带杀死为害最烈的猰貐，到畴华之野射死横行无忌的凿齿。又到北方的凶水杀掉九个脑袋的九婴。在东方的青邱之泽，射死巨鸟“大风”。又到洞庭湖射死巨蟒，这个巨蟒的骨头，可以堆成一座山丘。最后又在桑林活捉了大野猪。七个大害都消灭了，人民得以安居乐业，世世代代感谢尧和羿的功德。

大禹治水

舜之时，共工振滔洪水，以薄空桑①。龙门未开，吕梁未发，江、淮通流，四海溟涬，民皆上丘陵，赴树木②。舜乃使禹疏三江五湖，辟伊阙，导瀍、涧，平通沟陆，流注东海③。鸿水漏，九州干，万民皆宁其性④。是以称尧、舜以为圣。

禹沐浴霪雨，栉扶风，决江疏河，凿龙门，辟伊阙⑤；脩彭蠡之防，乘四载，随山栞木，平治水土，定千八百国⑥。（《脩务训》）

墨子学儒者之业，受孔子之术，以为其礼烦扰而不悦，厚葬靡财而贫民，服伤生而害事⑦。故背周道而用夏政。禹之时，天下大水，禹身执虆臿，以为民先，剔河而道九岐，凿江而通九路，辟五湖而定东海⑧。当此之时，烧不暇攇，濡不给扢，死陵者葬陵，死泽者葬泽，故节财、薄葬、间服生焉⑨。（《要略》）

【注释】

① 滔：激荡。薄：迫近。空桑：古山名，在鲁国。传为孔子出生地。今名空窦，在曲阜南。② 龙门：山名，在今山西、陕西境内，跨黄河两岸，形如门阙。 吕梁：高诱注：“在彭城吕县，石生水中，禹决而通之，民所由得度也。故曰吕梁也。”按：在今江苏铜山境，已湮。 通流：贯通混流。 四海：指天下各地。 溟涬（míng xìng）：水势盛大，混混茫茫没有边界。③ 三江：三江所指，分歧颇多。这里指长江流域众多的水道。 五湖：指江淮流域五大湖泊。 辟：开通。 伊阙：

古山名，在洛阳西南九十里。 瀍（chán）、涧：二水名。 沟陆：水沟、道路。④ 鸿水：即洪水。鸿：通“洪”。 漏：排泄。以上化自《吕氏春秋·爱类》。⑤ 扶风：疾风。二句见于《庄子·天下》。“决江疏河”二句：高诱注：“决巫山，令江水得东过，故曰‘决’。疏道东注于海，故言‘疏’。龙门本有水门，鳎（dié）鱼游其中，上行得上过者，便为龙，故曰‘龙门’。禹辟而大之，故言‘凿’。伊阙，山名，禹开截山体，令伊水得北过，入雒（luò）水，故言‘阙’也。”⑥ 彭蠡（lí）：即今洞庭湖。 四载：高诱注：“山行用蔂（léi），水行用舟，陆行为车，泽行用蕝（jué）。”按：已见《齐俗训》。 栞：斩除。载《尚书·咎繇谟》《禹贡》。栞木，即表木。刊木立为表记。⑦ 悦：许慎注：“易也。”王念孙《读书杂志》：“悦”当为“侻（tuò）”。《本经篇》彼注云：“侻，简易也。”义与此注同。“服”:《道藏》本、刘绩《补注》本同。王念孙《读书杂志》：“服”上当有“久”字，厚葬、久服相对为文。⑧ 虆（léi）：同“蔂”。盛土笼。 臿（chā）：铁锹。《道藏》本、刘绩《补注》本作“垂”，误。 劚：许慎注：“泄去也。” 九岐：许慎注：“河水播岐为九，以入海也。” 九路：许慎注：“江水通别为九。” 辟五湖：许慎注：“使水辟人而相从也。”按：许注“辟”通“避”，有避开义。本文当为：辟，开通。⑨ 擴（guì）：许慎注：“排去也。”按：有清除义。给（jǐ）：及。 扢（gǔ）：许慎注：“拭也。”按：即擦拭义。 间（jiǎn）服：《文选·潘岳〈夏侯常侍诔〉》李善注：《淮南子》曰：“节财薄葬，简服生焉。”即简易之服丧制度。

【细读】

在尧当政的时候，面临了两次大的考验。一次是旱灾，十日并出，晒得大地都要熔化了；另一次是水灾，遍地洪水，连续二十余年。

这次洪水，使人民陷于饥寒交迫悲惨绝望的境地。有说这次洪水是水神共工作怪兴起的，实际上，洪水为患，是由天时、人为和地势造成的。为什么说是水神造成的呢？因为人民看到天作淫雨，泛滥成灾，百川灌河，危害人类；看到自然界的变幻无常，就幻想有一个水神在作怪。

尧命令鲧治理洪水，他采取“堵”的办法，九年也没有止住洪水。尧就把他杀了。百官又推荐鲧的儿子禹治水。这时候，北方高大的吕梁山和龙门山相连，挡住了黄河的去路。禹运用神力把龙门山劈为两半，河水从峭壁之间奔流而下。相传龙门下游的三门峡就是禹开凿的：禹把一座山破为几段，使水分流而过，这就是“鬼门”“神门”“人门”三峡。这样，危害最大的黄河就能够顺利入海了。

然后禹又去治理四渎之一的淮水。他来到了淮河的源头桐柏山。这个地方经常是狂风暴雨，使治水工作无法顺利进行。原来这里有一个名叫无支祁的水怪在兴风作浪。禹召集群神在禹会村开会，讨论治服无支祁的办法。众神各逞神威，终于在淮水和涡水汇合处擒住了水怪无支祁，并用大铁锁锁住，镇压在龟山之下，治淮工作才得以顺利进行。宋代大文学家苏轼游历此地，作《涂山》诗以志之："川锁支祁水尚浑，地埋汪罔骨应存。樵苏已入黄熊庙，乌鹊犹朝禹会村。"

禹在捉拿无支祁的过程中，来到了淮水之畔的涂山国。涂山氏姑娘仪态端庄，性情娴雅，两人情投意合，就在山南的台桑之地结婚了。他们结婚仅仅四天，禹便离开了新婚的妻子，匆忙到别处治水去了。后来涂山氏姑娘还为禹生了一个宝贝儿子启。禹治水十三年，多次路过家门，听到儿子呱呱的哭声，也没有工夫去看他。《孟子·滕文公上》中说，"禹疏九河……八年于外，三过家门而不入"。

禹率领诸神和万国人民治水可够辛苦了。他亲自背着畚箕，手执铲子，顶风冒雨，走在队伍的前面。手上生了厚厚的老茧，指甲磨得光秃秃的，小腿上的毛发都被磨光了。因为经常在风里雨里奔波，以致最后半身不遂。由于常年累月顶骄阳，冒严寒，皮肤又黑又粗糙，脸上颧骨突出，嘴巴显得特别尖。经过长期的不苦奋斗，天下的洪水总算退尽了，人们又可以在大地上休养生息了。老百姓们交口称赞说："没有禹，我们恐怕就要变成鱼虾了。"长期以来，人们对禹为天下人民公而忘私的牺牲精神，无不讴歌赞颂，至今还留下了"三过家门而不入""手足胼胝""栉风沐雨"的熟语和成语。宋代著名文学家苏辙有诗赞道："娶妇山中不肯留，会盟天下万诸侯。古人辛苦今谁信，唯见清淮入海流。"

舞乐缘起

凡人之性，心和欲得则乐，乐斯动，动斯蹈，蹈斯荡，荡斯歌，歌斯舞，歌舞节则禽兽跳矣①。人之性，心有忧丧则悲，悲则哀，哀斯愤，愤斯怒，怒斯动，动则手足不静。人之性，有浸犯则怒，怒则血充，血充则气激，气激则发怒，发怒则有所释憾矣②。故钟鼓管箫，干戚羽旄，所以饰喜也③；衰绖苴杖，哭踊有节，所以饰哀也④；兵革羽旄，金鼓斧钺，所以饰怒也⑤。必有其质，乃为之文。

【注释】

① 心和：心中平和。　荡：摇动。《礼记·乐记》《史记·乐书》可与此相参。② 浸：《道藏》本、刘绩《补注》本作"侵"。《汉书·薛宣传》颜师古注："浸，字或作侵。侵，犯也。"侵犯，侵凌，冒犯。　释：高诱注："解也。"按：即解除、消释义。　憾：恨。③ 干戚：斧钺。④ 衰：通"缞(cuī)"。《广韵》"灰"韵："缞，丧衣。"古代丧服，用麻布制成，披在胸前。　绖(dié)：用麻做的

丧带，系在腰或头上。《说文》:“绖，丧首戴也。” 苴（jū）杖:《仪记·丧服传》:“苴杖，竹也。”即古代居父母丧时所用的竹杖。 哭踊：丧礼的仪式。踊，跳。⑤ 钺（yuè）：古代兵器，形如斧。

【细读】

《淮南子》中认为，音乐、歌唱、舞蹈等艺术形式，都是源于人的自然天性。这种观点，在《礼记·乐记》《史记·乐书》等著作中，都有相似的见解，代表着古代乐论的主流。其中说：

大凡人的天性，心境平和，欲望得到满足，就能感到快乐，快乐就要冲动，冲动就要顿足动手，顿足就要全身动荡，动荡就要唱歌，唱歌就要舞蹈，有歌有舞符合节拍就会像禽兽一样跳跃起来。大凡人的性情，心中有忧愁、亡失就要悲痛，悲痛就要伤心，伤心就要悲愤，悲愤就要发怒，发怒就要行动，行动就使手、脚不得安静了。大凡人的天性，被人侵凌冒犯就会动怒，动怒就会血气上充，血气上充则脾气激动，脾气激动就要发出怒火，怒火爆发愤恨就释放了。钟鼓、管箫、干戚、羽旄，是用来文饰喜悦之情的；缞绖、苴杖，丧礼的仪式，是用来文饰悲哀之情的；兵革、羽旄，金鼓、斧钺，是用来文饰愤怒之情的。只有它的朴实之性存在，才有可能对它进行文饰。

卷九　主术训

【题解】

高诱解题云："主，君也。术，道也。君之宰国，统御臣下，五帝三王以来，无不用道而兴，故曰主术也。"主术，就是国君统治天下之道。

治国要实行"无为而治"，就是要按照自然和社会规律办事。治国之本在于安民，"民者，国之本也"。要减轻赋税，爱惜民力，富裕民生。治国要依靠大众，人尽其才，物尽其用。即"乘众人之智，用众人之力"。治国要任人唯贤。"所任者得其人，则国家治，百姓附；所任者非其人，则国家危，百姓乱。"治国要用法制，"法者，天下之度量"。法律面前人人平等，同时要"立法禁君"。对国君自身，要"诚正""无私""先自为检式仪表"。国君治国要正确运用"权""势"的力量，"循名责实"，就能达到"天下尽力"的要求。

《史记·太史公自序》中说："道家使人精神专一，动合无形，赡足万物。其为术也，因阴阳之大顺，采儒、墨之善，撮名、法之要，与时迁移，应物变化，立俗施事，无所不宜，指约而易操，事少而功多。"本训与司马谈所言相合，是研究汉代黄老道家治国理念和方略的重要文献。

神农之治

昔者神农之治天下也，神不驰于胸中，智不出于四域，怀其仁成之心[①]；甘雨时降，五谷蕃植[②]；春生夏长，秋收冬藏；月省时考，岁终献功[③]；以时尝谷，祀于明堂。明堂之制，有盖而无四方；风雨不能袭，寒暑不能伤；迁延而入之，养民以公[④]。其民朴重端悫，不忿争而财足，不劳形而功成，因天地之资，而与之和同[⑤]。是故威厉而不杀，刑错而不用，法省而不烦，故其化如神[⑥]。其地南至交阯，北至幽都，东至汤谷，西至三危，莫不听从[⑦]。当此之时，法宽刑缓，囹圄空虚，而天下一俗，莫怀奸心[⑧]。

古者民茹草饮水，采树木之实，食蠃蛖之肉，时多疾病毒伤之害[⑨]。于是神农乃（如）［始］教民播种五谷，相土地宜燥湿肥墝高下[⑩]；尝百草之滋味，水泉之甘苦，令民知所避就。当此之时，一日而遇七十毒。（《脩务训》）

【注释】

① 神农：上古部落领袖，主南方，又称炎帝。“神不”句：高诱注：“言释神安静，不躁动也。”黄锡禧本注文无“释”字。　成：《道藏》本同，刘绩《补注》本作“诚”。《诗·小雅·我行其野》马瑞辰传笺通释：“成，即诚之叚借。” ②“甘雨时降”句：《文子·精诚篇》作“甘雨以时”。甘雨，适宜农事的雨水。　植：生长。③ 月省时考：每月按时查看考察。《说文》：“省，视也。”　献功：奉献收成。《尔雅·释诂下》：“功，成也。” ④ 迁延：逍遥自在。⑤ 朴重：敦厚，庄重。　端悫（què）：端正，诚笃。《吕氏春秋·去宥》高诱注：“悫，诚也。”　资：资助，供给。“功成”：杨树达《淮南子证闻》：“功成”当作“成功”。“功”字与上文“公”，下文“同”字为韵，作“功成”则失其韵矣。和同：见于《老子》五十六章：“和其光，同其尘。”即混同他们的品德光彩，统一他们的行动尘迹。⑥“不杀”：《道藏》本、刘绩《补注》本、《四库全书》本同。王念孙《读书杂志》：“杀”本作“试”。不试，犹不用也。《太平御览·皇王部》三引此，正作“不试”。《文子·精诚篇》同。　刑错：指无人犯法，刑法搁置不用。错，通“措”，放置。　烦：繁多。“其化如神”：《文子·精诚篇》作“教化如神”。⑦ 交阯（zhǐ）：泛指两广以南和越南北部一带。《脩务训》作“交趾”。古人认为其民足趾相交，与中原不同，故名。　幽都：指北方山名。《淮南子》中凡五见。　汤谷：日出之处。《淮南子》中凡四见。　三危：山名。在甘肃敦煌南。《淮南子》中凡六见。⑧ 一俗：习俗一同。⑨ 茹：《尔雅·释诂》：“食也。”有吞咽义。⑩“如”：《道藏》本、刘绩《补注》本作“始”。当正。　五谷：菽、麦、黍、稷、稻。　相：省视。　墝（qiāo）：土壤坚硬贫瘠。

【细读】

一个人从降生到衰老，要经过幼年、童年、少年、青年、壮年、老年等不同时期。人类社会发展的过程，也是如此。传说中的神农时代，是距今五六万年以前，那是人类原始社会的母系氏族时期。那个时期男女还没有固定的配偶，常常是一群女子和一群男子互相配合，这种制度现在叫“群婚”。因此人们“只知其母，不知其父”。一群子女，都跟母亲的姓，成为母系氏族。所以就留下“姬”“姚”“姜”“姒”“娲”“妫”等从“女”的姓。这个时期，经济上妇女占支配地位，男子主要出外渔猎。这个时期人类生活异常艰苦，基本上是“茹草饮水”。吃的是野果、野菜和河中的蛤蜊、蚌、鱼类以及一些小动物。疾病、死亡时刻威胁着每一个人。自从有巢氏发明巢垒而居，燧人氏发明用火以后，人类生活稍有改善。到了神农氏时，人类社会从渔猎进入农耕时期。这是人类发展史上第一次大飞跃，它标志着人类已经摆脱愚昧、原始状态，向文明社会开始迈进。与这个时期生活相适应的农业生产和医药就发展起来了。

神农是农业之神，他首先发现五谷，教民播种。远古时代的人民，是靠渔猎为生的。到了神农氏时代，人口越来越多，捕到的禽兽却越来越少，大家经常吃不饱。这时神农氏便教人民播种五谷，老百姓才解决了吃饭的问题。所以人们便尊称他为“神农氏”。随后神农氏又发明了斧、耒、耜等农具，教会了人们使用。这使农业生产发展了，人类的生活有了保障。因为神农氏对农业生产的发展贡献特别大，后人就尊他为“农神”。

神农还是中草药的发明者。为了解除人类的疾病之苦，他遍尝百草，即使一天中毒几十次，也不停止。但可惜的是，神农在尝一种有巨毒的“百足虫”时，无药可以解救，烂肠而死。他的为民牺牲精神，得到后人垂念。

神农治政的时代，人民用结绳来记事，有甜美的饮食，美观的衣服，欢乐的习俗，安适的居所，邻国相互可以看得见，鸡鸣狗吠的声音可以互相听得到，人民从生到死互相不往来。连人们睡卧起身都安然恬静，宽舒自适；人民只知道母亲，不知道父亲，和麋鹿生活在一起，耕田而食，织布而衣，没有相害的意念。在这样的美好生活下，人们都自觉地按照自然规律去办事，春天播种五谷，秋天收获。五谷丰收，衣食充足。……人们每年还定期在议事厅讨论国家大事，首领们广泛听取下民的意见。这时的民风比较朴实，互相诚挚相待，不争斗，不欺诈。国家虽有刑法，但是搁置不用。法令条文也明白易行。监狱里空空的。神农主要用“德政”来统治人民，因此四方的百姓纷纷归化。他的统治区域东方到太阳升起的旸谷，南方到遥远的交趾国，北面到冰封的幽都，西边到干旱的三危山，各族人民都来归附。这就是神农治政的业绩。

这种天下太平，国家统一，民族融洽的理想社会图景，今天仍然不失其思想光辉。

众志成城

汤、武圣主也，而不能与越人乘幹舟而浮于江湖①。伊尹贤相也，而不能与胡人骑騵［马］而服騊駼②。孔、墨博通，而不能与山居者入榛薄险阻也③。由此观之，则人知之于物也，浅矣；而欲以偏照海内，存万方，不因道之数，而专己之能，则其穷不达矣④。故智不足以治天下也。桀之力，别觡（仲）［伸］钩，索铁歙金，椎移大牺，水杀鼋鼍，陆捕熊罴⑤。然汤革车三百乘，（因）［困］之鸣条，擒之焦门⑥。由此观之，勇力不足以持天下矣⑦。智不足以为治，勇不足以为强，则人材不足任，明也。而君人者，不下庙堂之上，而知四海之外者，因物以识物，因人以知人也⑧。故积力之所举，则无不胜也；众智之所为，则无不成也。（埳）［埳］井之无鼋鼍，隘也⑨；园中之无脩木，小也。夫举重鼎者，少力而不能胜也⑩。及至其移徙之，不待其多力者。故千人之群无绝梁，万人之聚无废功⑪。

【注释】

①“汤、武”二句：高诱注：“幹舟，小船也，危险，越人习水，自能乘之，故汤、武不能也。一曰：大舟也。”王念孙《读书杂志》：“幹”当为“舲”，字之误也。“舲”与“艅”同。《俶真篇》：“越艅蜀艇，不能无水而浮。”高注曰：“艅，小船也。越人所便习。”按：幹，《道藏》本、刘绩《补注》本、《四库全书》本同。《群书治要》引作“艆（qióng）”。② 騵（yuán）：《道藏》本、刘绩《补注》本有“马”字，当脱。黄马白腹曰騵。《群书治要》作“原马”。騊駼（táo tú）：野马。③ 榛（zhēn）薄：聚木曰榛，深草为薄。本书凡四见。 险阻：王念孙《读书杂志》：“险阻”上脱“出”字。《群书治要》引此有“出”字。④ 偏：《道藏》本、刘绩《补注》本作“徧”。徧，即遍字。朱骏声《说文通训定声》：“偏，假借为徧。”“道之数”：王念孙《读书杂志》曰：本作“道理之数”。《群书治要》引此正作“道理之数”，《文子·下德篇》同。 达：王念孙《读书杂志》：“达”当为“远”，字之误也。其穷不远，谓其穷可立而待也。《文子·下德篇》正作“远”。⑤ 别：《道藏》本、刘绩《补注》本同。《集韵》“薛”韵引《说文》：“别，分解也。”《广韵》“薛”韵：“别，解也。”《四库全

书》本作“制”。 觡（gé）：高诱注：“角也。”“仲”：《道藏》本、刘绩《补注》本作“伸”，当正。伸钩，使钩伸直。 索：绞。 歙（xī）：合。 椎移、大牺：《墨子·明鬼》：“禽推哆、大戏。”《吕氏春秋·简选》：“遂禽推移、大牺。”当是人名，不合本文之意。 大牺：大的牺尊。古代大型类似牺牛的酒器。⑥“因”：《道藏》本、刘绩《补注》本作“困”。当正。 鸣条：在今山西运城市盐湖区安邑镇北。 焦门：即巢门、南巢。今安徽巢湖西南。⑦“勇力”：《道藏》本、刘绩《补注》本同。王念孙《读书杂志》：“力”字因“勇”字而衍。“勇不足以持天下”，与上文“智不足以治天下”相对为文。《太平御览·人事部》七十（六）[八]引此皆无“力”字。⑧庙堂：宗庙和明堂。代指朝廷。⑨“埳”：刘绩《补注》本、《四库全书》本同。《道藏》本作“埳（kǎn）”。《庄子·秋水》陆德明释文引司马云：“埳井，坏井也。”成玄英疏：“犹浅井也。”“埳”为形讹。⑩“少力”：《道藏》本、刘绩《补注》本作“力少”。⑪“绝梁”：《吕氏春秋·用众》高诱注：“《淮南记》曰：‘万人之众无废功，千人之众无绝良’。”而《文子·下德篇》作“千人之众无绝粮”。《春秋左传异文释》卷一：“梁、良同音，古通用。”

【细读】

《国语·周语下》：“众心成城。”个人的力量，总是有限的；只有依靠大众，才能把事业干成功。《淮南子》说得好：

商汤、周武王是英明的君主，但是却不能和越人一样乘着小船在长江湖泽中遨游；伊尹是商汤时著名的贤相，但是却不能和北方胡人比赛骑马及驯服野马。孔子、墨翟是一代博学通达之人，但不能够和山里人一样穿越草木树丛和高山险阻。从这里可以看出，人们对于万物的了解是肤浅的，却想凭着这点肤浅的东西，遍照海内，存恤万国，不按照“道”的规律，而专靠自己的才能，那么将会步入穷途而不能通达了。因此光凭着智慧是不能够治理天下的。夏桀的勇力，可以分解牛角，拉直铁钩，把生铁扭成绞索，歙合金属，推移大的牺尊，在水中能杀死鼋鼍，在陆上可以捕捉熊罴。然而商汤用兵车三百辆，把夏桀围困在鸣条，在南巢活捉。从这里可以看出，光凭匹夫之勇是不能够完全掌握天下的。光凭个人的智慧不能够治理国家，单靠个人的勇力不能够成为强人，那么光凭个人的才力不能完成重任，这是很明显的。而作为统治人民的国君，身不下庙堂之上，而能够知道天下的事情，是凭借外物而认识外物，依靠人而知道人。所以积聚众人的力量，那么没有什么不能战胜；集中大众的智慧，那么没有什么事情不能成功。在浅井里生长不出鼋鼍来，是因为狭小的缘故；庭园中长不出参天大树，是因为环境狭隘的缘故。要举起重鼎，力气小了是不能够胜任的。等到把它平行移动位置，不需要大力之人，可以使用众人，就能办到了。因此上千人聚集在一起，就不会缺少优秀人才；上万人的力量汇聚到一起，就没有什么功劳不能建立。

文王、武王

夫人主之听治也，虚心而弱意，清明而不暗。是故群臣辐凑并进，无愚智贤不肖，莫不尽其能者，则君得所以制臣，臣得所以事君，治国之道明矣。文王智而好问，故圣[①]；武王勇而好问，故胜[②]。夫乘众人之智，则无不（仕）［任］矣[③]；用众人之力，则无不胜也。千钧之重，乌获不能举也[④]；众人相一，则百人有馀力矣。是故任一人之力者，则乌获不足恃；乘众人之制者，则天下不足有也[⑤]。

【注释】

①“文王”句：高诱注：“好问，欲与人同其功。”②“武王”句：高诱注：“胜殷。”③“仕”：《道藏》本、刘绩《补注》本作“任”。当正。《说文》：“胜，任也。”④乌获：秦武王时大力士。⑤制：《道藏》本、《四库全书》本同。《文子·自然篇》作“势”，刘绩《补注》本改从之。刘家立《淮南内篇集证》作“智”。

【细读】

周文王姬昌（前1152年—前1056年）、周武王姬发（？—前1043年）是周朝传世791年历史的开创者。作为西方边鄙的小国，由弱变强，终于推翻享国646年的商朝，文王、武王具备哪些素质，怎样得到人民拥护，完成了伟大的历史变革，《淮南子》中这样加以评价：

人主治理国家，虚怀若谷而不断减少自己的志趣，清静明朗而不昏暗。因此群臣像车辐条聚集中心一样，一起前进，无论愚蠢、智慧，贤良、不肖，没有人不奉献出自己的全部才能，那么国君得以制服臣下，臣下也能够得以侍奉国君，这样治国的道理便明确了。周文王富有智慧而勤学好问，所以无所不通；周武王勇敢而勤于学问，所以战无不胜。依靠众人的智慧，那么没有什么不能取胜的。三万斤的重量，大力士乌获不能够举起来；众人帮助一个人，那么一百个人的力量都有剩余。因此任用一个人的力量，那么乌获也不能够依靠；凭借着大众的力量，那么天下也不够被占有。

人主贵正

人主贵正而尚忠，忠正在上位，执正营事，则谗佞奸邪无由进矣①。譬犹方员之不相盖，而曲直之不相入。夫鸟兽之不可同（详）［群］者，其类异也②；虎鹿之不同游者，力不敌也。是故圣人得志而在上位，谗佞奸邪而欲犯主者，譬犹雀之见鹯而鼠之遇狸也，亦必无馀命矣③。是故人主之一举也，不可不慎也。所任者得其人，则国家治，上下和，群臣亲，百姓附；所任非其人，则国家危，上下乖，群臣怨，百姓乱。故一举而不当，终身伤④。得失之道，权要在主。是故绳正于上，木直于下，非有事焉，所缘以修者然也⑤。

【注释】

① 营：《道藏》本、刘绩《补注》本同。高诱注："营，典也。"按：即主管义。王念孙《读书杂志》引之云："营"当为"管"，字之误也。《战国策·秦策》高诱注："管，典也。"正与此注同。② "详"：《道藏》本、刘绩《补注》本作"群"。当正。③ 鹯（zhān）：一种似鹞鹰的猛禽。④ 伤：创伤；失败。⑤ 修：《道藏》本同，刘绩《补注》本作"脩"。向宗鲁《淮南校文》："修"疑"循"。

【细读】

《淮南子》认为，作为国君，"贵正"而"尚忠"，这是必须具有的素质。只有这样，"谗佞奸邪"之辈，才能无机可乘。《淮南子》中说：

国君珍视正直而崇尚忠诚，忠正之士在高位，执掌大政，主管事务，那么谗佞奸邪之人便没有办法向上爬了。比如就像方、圆不能互相覆盖，而曲、直不能互相嵌入一样。飞鸟、走兽不能够合群的原因，是因为它们的种类是不同的；老虎、麋鹿不能够在一起游玩的原因，是因为麋鹿的力量抵挡不过。因此圣人得其心愿而执掌高位，谗佞奸邪之人要想冒犯主上，比如就像麻雀见到鹯，老鼠遇到狸子，也必定没有小命了。所以国君的每一个举动，不能够不慎重。所任用的人是合适的，那么国家便得到治理，上下和洽，群臣亲近，百姓归附；所任用的不是合适的人，那么国家发生危险，上下相互背离，群臣互相怨恨，百姓造成混乱。所以一个举动不适当，终身受到损害。得到和失去的途径，关键在于国君。因此在上面绳墨拉得正直，那么下面的木料也就能取直，不是有心去修整，只是依照绳墨修整造成了这个样子。

尧之节俭

君人之道，处静以修身，俭约以率下，静则下不扰矣，俭则民不怨矣。下扰则政乱，民怨则德薄。政乱则贤者不为谋，德薄则勇者不为死。是故人主好鸷鸟猛兽，珍怪奇物，狡躁康荒，不爱民力，驰骋田猎，出入不时，如此，则百官务乱，事勤财匮，万民愁苦，生业不修矣①。人主好高台深池，雕琢刻镂，黼黻文章，絺绤绮绣，宝玩珠玉，则赋敛无度，而万民力竭矣②。

尧之有天下也，非贪万民之富，而安人主之位也，以为百姓力征，强凌弱，众暴寡③。于是尧乃身服节俭之行，而明相爱之仁，以和辑之④。是故茅茨不翦，采椽不斫，大路不画，越席不缘，大羹不和，粢食不毇，巡狩行教，勤劳天下，周流五岳，岂其奉养不足乐哉⑤？举天下而以为社稷，非有利焉⑥。年衰志悯，举天下而传之舜，犹却行而脱（蹤）[蹝]也⑦。

【注释】

① 狡躁：凶暴。 康荒：淫乐，荒乱。康、荒古字通。 务：杨树达《淮南子证闻》："务"假为"瞀"。《说文》："瞀，乱驰也。" 勤：劳。 匮：缺乏。② 絺绤（chī xì）：指葛织品。精细的叫絺，粗疏的叫绤。③ 征：用武力征服。④ 和辑：谐和。⑤ 茅茨：用茅草盖的房子。 采：《史记·李斯列传》司马贞索隐："木名，即今之栎（lì）木。" 椽：房梁上承屋顶的木头。 大路：高诱注："上路，四马车也。天子驾六马。"按：《礼记·月令》陆德明释文："路，本又作辂。" 画：文饰。 越席：结蒲草为席。朱骏声《说文通训定声》："越，叚借为括。"《左传·桓公二年》杜预注："越席，结草。" 大羹（gēng）：不和五味的汁。《礼记·郊特牲》："大羹不和，贵其质也。" 粢（zī）食：用以祭神的黍稷。 毇（huǐ）：高诱注："细也。"按：指舂细。 五岳：指古代五大名山。《尚书·禹贡》孔颖达疏："谓嵩、岱、衡、华、恒也。"⑥"举天下而"二句：何宁《淮南子集释》：此"社稷"二字乃尊礼之义，犹言举天下而尊事之，尧不以为利也。《庄子·庚桑楚》："子胡不相与尸而祝之，社而稷之乎？"即此"社稷"二字之义。⑦ 悯（mǐn）：忧虑。杨树达《淮南子证闻》："悯"当读为"惛"。《说文》："惛，不憭也。"文谓尧年衰老，神志惛忘。 却行：退却而行。"蹤（zōng）"：《道藏》本同。刘绩《补注》本、《四库全书》本作"蹝（zōng）"。当正。蹝，鞋。《孟子·尽心上》赵岐注："蹝，草履也。"

【细读】

《淮南子》中认为，作为统治天下的国君，"处静以修身，俭约以率下"，自己成为天下的表率，这样才能具有号召力。而古代贤君“尧”，亲自提倡节俭。《淮南子》中说：

国君统治人民的方法，自己处于静虚状态来修养身心，勤俭节约来率领百官。静虚，臣下就不受扰乱；节俭，百姓就没有怨恨了，臣下扰乱，那么政治就会混乱；人民怨恨，那么恩德就变得淡薄。政治混乱，那么贤人就不为你出谋划策；恩德淡薄，那么勇敢的人不为国君去死。因此国君喜好凶鸟猛兽，金玉奇异之物，就会凶暴急躁，政事混乱，不爱惜百姓力量；奔驰打猎，出入不按照季节，像这样下去，那么百官务必混乱，事力辛劳而财力匮乏，万民愁苦不堪，产业得不到修治了。国君爱好高耸的亭台，深深的沟池，雕琢金玉，刻镂柱石，白黑青赤，色彩灿烂，衣饰华美，五彩缤纷；搜罗珍宝珠玉玩好，那么就会搜刮无度，而百姓的财力就会枯竭了。

尧在执掌天下的时候，不贪图占有天下人民的财富，而安享国君之位，认为百姓常以武力相争，强大的欺凌弱小的，人多的损害人少的。在这个时候，尧便亲自提倡节俭的办法，来表明爱民的仁慈之心，而使天下人民和睦相处。因此，所住的茅草房不加修剪，栎树椽子不加砍削，大车不用文饰，蒲草席连边也不剪掉，汤汁不调五味，主食中的谷米也不舂，巡察天下，推行教化，为天下辛勤劳作，踏遍了五岳，难道是奉养不能够供他享乐吗？让整个天下来敬奉他，那种做法是不利的。尧年老体衰，忧心忡忡，把整个天下禅让给了舜，就像退却行走、脱去鞋子一样轻松。

贤主用人

人主之居也，如日月之明也，天下之所同侧目而视，侧耳而听，延颈举踵而望也①。是故非澹漠无以明德，非宁静无以致远，非宽大无以兼覆，非慈厚无以怀众，非平正无以制断②。

是故贤主之用人也，犹巧工之制木也，大者以为舟航柱梁，小者以为（揖）［楫］楔，脩者以为櫊榱，短者以为朱儒枅栌③。无大小修短，各得其所宜。规矩方员，各有所施④。天下之物，莫凶于鸡毒，然而良医橐而臧之，有所用也⑤。是故林莽之材，犹无可弃者，而况人乎？今夫朝（延）［廷］之所不举，乡曲之所不誉，非其人不肖也，其所以官之者非其职也⑥。鹿之上山，獐不能跂也⑦。及其下，牧竖能追之，才有所脩短也⑧。是故有大略者，不可责以捷巧；有小智者，不可任以大功。人有其才，物有其形，有任一而太重，或任百而尚轻。是故审毫厘之计者，必遗天下之大数；不失小物之选者，或于大事之举⑨。譬犹狸之不可使搏牛，虎之不可使搏鼠也⑩。今人之才，或欲平九州，并方外，存危国，继绝世，志在直道正邪，决烦理挐，而乃责之以闺閤之礼、陕窔之间⑪；或佞巧小具，谄近愉说，随乡曲之俗，卑下众人之耳目，而乃任之以天下之权，治乱之机，是犹以斧劗毛，以刀抵木也，皆失其宜矣⑫。

【注释】

①居：指处在天子之位。《广雅·释言》："居，据也。""侧耳"：《道藏》本、刘绩《补注》本同。刘文典《淮南鸿烈集解》：《太平御览》七十七引作"倾耳"。②澹（dàn）漠：恬淡寡欲。《文子·上仁篇》作"淡漠"。诸葛亮《诫子书》作"澹泊"。 明德：使德性完美。 制断：裁断。③"揖"：《道藏》本、刘绩《补注》本作"楫"。楫，船桨。 楔（xiē）：木楔。王念孙《读书杂志》："楫楔"本作"椄槢（jiē）"。"椄槢"为梁之小者，对上文大者为柱梁而言。《庄子·在宥》释文："《淮南》曰：'大者为柱梁，小者为椄槢'。"《集韵》："椄槢，梁也。《淮南子》：'大者为柱梁，小者为椄槢'。" 櫚（yán）：高诱注："屋垂。"按：即屋檐。今同"檐"。 榱（cuī）：椽子。 朱儒：梁上短柱。 枅（jī）：柱上的方木。 栌（lú）：大柱柱头承托栋梁的方木。即斗拱。④"各有所施"句：王念孙《读书杂志》：《群书治要》引此，下有"殊形异材，莫不可得而用也"二句。⑤鸡毒：即乌头。一种有毒的药物。《本草经》："乌头，味辛，大热，有大毒。" 橐（tuó）：口袋。⑥"延"：《道藏》本、刘绩《补注》本作"廷"。当正。⑦跂（qì）：踮起脚后跟远望。《广韵》"寘"韵："跂，举足望也。"⑧牧竖：牧童。⑨选：杨树达《淮南子证闻》："选"字义不可通，字假为"算"。算亦计也。⑩"搏鼠"：刘文典《淮南鸿烈集解》：《群书治要》引作"捕鼠"，当从之。⑪并：王念孙《读书杂志》王引之曰：《群书治要》引此作"从方外"。"从"犹"服"也。言使方外之国服从也。"直道"：蒋礼鸿《淮南子校文》："直道"当作"直施"。施者，邪曲也。《要略》："接径直施。"许注："施，衺。" 理挐（rú）：整理纷乱。《文选·左思〈吴都赋〉》李善注引《淮南子注》："挐，乱也。" 闺：《玉篇》："宫中门小者曰闺。" 閤（gé）：《说文》："门旁户也。"《尔雅·释宫》："小闺谓之閤。"指内室。 陕窔（yù yào）：指内室。室之东南隅曰窔，西南隅曰陕。⑫佞巧：逢迎讨好，奸诈机巧。 小具：小的才能。 谄（chǎn）：献媚。 愉说（yuè）：欢喜。 乡曲：乡里。 机：高诱注："理。"按：指枢机。 劗（zuān）：剪断。《广韵》"桓"韵："劗 ，剃发也。" 刀：《道藏》本、《四库全书》本同。刘绩《补注》本作"刃"。 抵：《道藏》本、刘绩《补注》本同。《类篇》："抵，侧击也。"王念孙《读书杂志》："木"当言"伐"，不当言"抵"。《群书治要》引此，正作"以刀伐木"。

【细读】

治国安邦，选贤用能，不拘一格，知人善任，这是中国古代国君治理国家取得成功，所面临的第一要务。《淮南子》中具有独到的见解：

国君处在高位，就像日月的光辉一样。天下的人一起侧着眼睛注视，斜着耳朵而倾听，伸长脖子、抬起脚后跟而仰望。因此国君不恬淡寡欲，就不能具有完美的德性；不安宁静寂，就不能到达远方；不宽宏大量，就不能够包容天下；不慈爱厚道，就不能安抚大众；不公平正直，就不能裁决判断。

因此贤明君主的用人，就像灵巧的工匠裁制木头一样，大的作为舟船、柱子、房梁，小的用作船桨、木楔，长的作为屋檐、椽子，短的作为梁上短柱和斗拱。不论大小长短，各自都得到合适的用场。规矩方圆，各自都有施与的地方。天下的万物中，没有什么比鸡毒毒性更大了，然而良医放在袋子里珍藏起来，有使用它的地方。因此草木之材，还不能够抛弃它，更何况是人呢？现在朝廷里没有举荐，乡间不去赞誉的人，不是那些人不好，而是他们所被授予的官职不合适。鹿儿上山，獐子踮起四腿也赶不上它；等到它下山，牧童便能追上它。这是因为特性有长、短的不同。因此有雄才大略的人，不能够要求他干轻便、小巧的事情；有小聪明的人，也不能够把大事委任给他。每个人有自己的特殊才能，万物有不同的形体。有人负担一事而觉得太重，有的负担百事而反觉太轻。因此只注重审查毫厘之数的人，必定失去天下的大数；对于细小事物的计算不差分毫，对于干大事就会糊涂了。比如狸猫不能让它同牛搏斗，老虎不能让它捕老鼠。现在有才能的人，有的能够平定九州，招徕方外，保存危险的国家，继续灭绝了的世族，志向在于推行直道，改正邪气，解决烦难，整理纷乱，而却要求他掌握皇帝内室的礼节，或者隩、窔神位摆放之事；有的佞人善于逢迎讨好，具有小的才能，献媚取悦于上，追随乡间的卑俗，惯于低三下四哗众取宠，而却任命他执掌天下的权力，掌握治乱的机枢，这就像拿斧头来砍毛发，用小刀来砍伐大树，都失去了适宜的特性。

法者准绳

法者，天下之度量，而人主之准绳也。县法者，法不法也；设赏者，赏当赏也。法定之后，中程者赏，缺绳者诛[①]。尊贵者，不轻其罚；而卑贱者，不重其刑。犯法者，虽贤必诛；中度者，虽不肖者必无罪。是故公道通而私道塞矣。

古之置有司也，所以禁民，使不得自恣也[②]；其立君也，所以剬有司，使无专行[③]。法籍礼义者，所以禁君，使无擅断也。人莫得自恣，则道胜[④]；道胜而理达矣，故反于无为。无为者，非谓其凝滞而不动也，以其言莫从己出也[⑤]。

【注释】

① 程：法规。《吕氏春秋·孟冬》高诱注："程，法也。""鈌（jué）"：《道藏》本、刘绩《补注》本作"缺"。《玉篇》："鈌与缺通。"以上见于《韩非子·难一》。② 有司：古代设官分职，各有专司，故称有司。此指理官，主狱。 恣：放纵。③ 剬（duān）：同"制"。制约，节制。 专：擅自。④"人"：《道藏》本、刘绩《补注》本、《文子·上义篇》同。陶鸿庆《读淮南子札记》："人"下当有"主"字。⑤ 无为：指顺应自然和社会规律。《老子》五十七章："我无为而民自化。"三十七章："道常无为而无不为。"与《淮南子》相合。 凝滞：凝结、停滞之义。"其言"：王念孙《读书杂志》：今本"言其"二字误倒，文不成义。《文子·上义篇》正作"言其"。

【细读】

《淮南子》的法律思想，是黄老道家治国论的重要组成部分。它有三个特点：其一，认为法律源于自然天道。其二，法律面前人人平等。其三，法律首先是"禁君"的，"使无擅断"。这是同法家思想根本不同的地方。《淮南子》中说得好：

法律是天下的度量标准，也是国君执政的准则。悬挂法律条文，是为了惩罚不守法的人；设置赏赐，是为了奖赏应该赏赐的人。法律确定之后，符合法规的给予赏赐，破坏法规的人要被杀死。尊贵的人，不使他们的处罚减轻；而地位卑贱的人，也不能加重他的刑罚。触犯法律的人，即使是贤德之人，也必须加以惩处；符合法度的，即使是不肖之人，也必定没有罪过。这样正道通达而邪道便被堵塞了。

古代设立有司之官，是用来控制老百姓的，使他们不能放任自流；拥立国君，是用来控制有司，使他们不能专断行事。法典和礼义，是用来约束国君，使他们不能擅自决断。人君不能够放肆，那么正道便能胜利了；正道胜利，那么公理便通达了，因此可以返回到"无为"的境界中去。"无为"，不是指凝固、停滞而不动，而说的是那些法规不是从自己随意发出的。

身正令行

法者非天堕，非地生，发于人间，而反以自正。是故有诸己，不非诸人①；无诸己，不求诸人②。所立于下者，不废于上；所禁于民者，不行于身。所谓亡国，非无君也，无法也。变法者，非无法也，有法者而不与用，无法等③。是故人主之立法，先自为检式仪表，故令行于天下④。孔子曰："其身正，不令而行；其身不正，虽令不从⑤。"故禁胜于身，则令行于民矣⑥。

【注释】

①“是故有诸已”二句：高诱注：“有诸己，己有聪明也。不非诸人，恕人行也。”②“无诸己”二句：高诱注：“言己虽无独见之明，不求加罪于人也。”按：以上见于《墨子·小取》。③“有法者”：《道藏》本、刘绩《补注》本同。陈昌齐《淮南子正误》：“者”字疑衍。“与用”：《道藏》本同。刘绩《补注》本、《四库全书》本、《道藏辑要》本作“用与”。当正。④检式：法度、标准。《文选·曹丕〈典论论文〉》吕延济注：“检，法也。”⑤“孔子曰”几句：见于《论语·子路》。⑥“故禁”二句：化自《管子·法法》。

【细读】

《淮南子》中提出一个重要的观点，就是：国君所设立的法律制度，必须自己作为“检式仪表”，法令才能在天下通行。《淮南子》中这样说：

法律从道义中产生，道义从大众适宜的事理中产生，大众适宜的事理同人心相合，这是治政的关键。所以通达根本的人，不会在末节上混乱；对于要领考察清楚的人，不会在细节上受迷惑。法律不是从天下掉下来的，也不是从土地里产生的，它是从人世间产生，而反过来要求人民自己走正道。因此，对于自己所据有的，不把别人没有的作为不是；对于自己所没有的，也不强求别人没有。国君针对臣民所建立的法律，不应该对上面废除；国君要求禁止人民去做的事，自身首先不去做。所说的国家的灭亡，不是指没有国君，是指没有法律。改变法律，不是因为没有法律，而是有法却不执行，它与没有法律是相同的。所以国君的立法，首先要以自己作为标准规范，因此法令才能在天下通行。孔子说：“他的身子端正了，不下命令就能行得通；他的身子不端正，即使有命令人民也不听从。”所以禁令在自己身上能实行，那么法令便可以在人民中实行了。

同甘共苦

人主租敛于民也，必先计岁收，量民积聚，知饶馑有馀不足之数，然后取车舆衣食供养其欲[①]。高台层榭，接屋连阁，非不丽也，然民无掘穴狭庐所以托身者，明主弗乐[②]。肥醲甘脆，非不美也，然民有糟糠菽粟不接于口者，则明主弗甘也[③]。匡床蒻席，非不宁，然民有处边城、犯危难、泽死暴骸者，明主弗安也[④]。故古之君人者，其惨怛于民也，国有饥者食不重味，民有寒者而冬不被裘[⑤]。岁登民丰，乃始县钟鼓，陈干戚，君臣上下，同心而乐之，国无哀人。

【注释】

① 饶（ráo）：剩余。馑（jǐn）：饥馑。② 掘穴：土室。《群书治要》作“窟室”。注：“窟室，土室。”《墨子·节用》有“堀穴”。掘，借为堀。③ 醲（nóng）：浓烈的酒。④ 匡：安。蒻（ruò）：高诱注：“细也。”按：《说文》：“蒻，蒲子，可以为平席。”许慎注义甚明。“非不宁”：《道藏》本同。刘绩《补注》本“宁”下有“也”字。⑤ 惨怛（cǎn dá）：忧伤，悲痛。

【细读】

《淮南子》中认为，国君应该把人民的利益，看得高于一切，时时刻刻与人民同甘共苦。《淮南子》中说得好：

国君从百姓那里收取赋税，必须首先考虑一年的收成，计量人民积蓄的多少，知道富裕、饥饿，有馀、不足的数量，然后才收取车马、衣食的租税，来供给他们的生活需求。高台亭榭，宫室相连，不是不壮丽，然而老百姓连土室、草棚这样简陋的遮蔽身体的地方都没有，英明的君主是不能快乐的。美酒佳肴，香甜脆酥，不是不美好，然而百姓中有连糟糠豆谷也吃不饱，那么英明的君主吃饭是不甜的。平稳的床，细软的席子，不是不安宁，然而百姓中有处在边鄙城邑、冒着危险死难、死于大泽、暴尸原野的，英明的君主是不能安享平静生活的。因此古代的国君，他们对百姓十分忧虑，国家有饥饿的人，他们的食物便不再增加花样；百姓中有人寒冷，君主冬天就不穿皮裘。年岁收成好，百姓丰足，于是便开始悬挂钟鼓，排列干戚，君臣上下，一国同庆丰收的喜悦，国中没有悲哀之人。

粮食储备

夫民之为生也，一人跖耒而耕①，不过十亩；中田之获，卒岁之收，不过亩四石②。妻子老弱，仰而食之。时有涔旱灾害之患，有以给上之征赋车马兵革之费③。由此观之，则人之生闵矣④。夫天地之大计，三年耕而馀一年之食，率九年而有三年之畜，十八年而有六年之积，二十七年而有九年之储⑤。虽涔旱灾害之殃，民莫困穷流亡也。故国无九年之畜，谓之不足⑥；无六年之积，谓之闵急；无三年之畜，谓之穷乏。故有仁君明主，其取下有节，自养有度，则得承受于天地，而不离饥寒之患矣⑦。若得贪主暴君，挠于其下，侵渔其民，以适无穷之欲，则百姓无以被天和而履地德矣⑧。

【注释】

①跖（zhí）：踩，踏。②石（shí）：《吕氏春秋·仲春》高诱注："石，百二十斤。"《天文训》："四钧为一石。"③涔（cén）：涝灾。《说林训》高诱注："涔，多水也。" 有：王念孙《读书杂志》："有"读为"又"。④闵（mǐn）：忧愁。⑤率：一般。以上见于《礼记·王制》、贾谊《新书》。⑥畜：通"蓄"，积累。于大成《主术校释》："畜"字当依"九年之储"作"储"。⑦离：马宗霍《淮南旧注参正》："离"读为"罹"，义犹遭也，被也。⑧桡（ráo）：《道藏》本、刘绩《补注》本作"挠"。《礼记·月令》陆德明释文："桡，《字林》作挠。"即扰乱义。侵渔：侵吞夺没，像渔人捕鱼一样。天和：自然祥和之气。本书五见。

【细读】

国家的粮食储备，至关重要。《淮南子》中第一次规定了国家3年、9年、18年、27年的粮食储备的要求：

老百姓所用来维持生活的，一个人踩着耒耕田，不超过十亩；中等田地一年的收获，不过一亩四石。妻子老弱，都要依赖它而生活。此外，时常有水旱自然灾害，又要用来供给国君征收的车马、兵革的费用。从这里可以看出，人民的生活真是值得怜悯的。从国家的土地收成来考虑，三年耕种必须剩下一年的粮食，大约九年耕种要有三年的积蓄，十八年要有六年积蓄，二十七年要九年的储备。即使遇到水旱等自然灾害，百姓也没有人因困窘到外地流亡的。所以国家没有九年的积蓄，叫作不足；没有六年的积蓄，叫作闵急；没有三年的积蓄，叫作穷乏。因此有的爱民之君和英明的君王，他们向下征收赋税，有一定的节制，用来养活自己的，有一定的标准，那么这就能合理接受天地给予的财富，就不会遭受饥饿、寒冷的祸患了。至于像贪婪的君主和残暴的国君，对人民大肆骚扰，侵吞人民的财富，用来适应无穷的贪欲，那么百姓便没有办法享受自然祥和之气并得到大地的恩赐了。

食者民之本

食者民之本也，民者国之本也，国者君之本也。是故人君者，上因天时，下尽地财，中用人力，是以群生遂长，五谷蕃植①；教民养育六畜，以时种树②；务脩田畴，滋植桑麻，肥墝高下，各因其宜③；丘陵阪险不生五谷者，以树竹木，春伐枯槁，夏取果蓏，秋畜疏食，冬伐薪蒸，以为民资④。是故生无乏用，死无转尸⑤。故先王之法，畋不掩群，不取麛夭⑥；不涸泽而渔，不焚林而猎；豺未祭兽，罝罘不得布于野⑦；獭未祭鱼，网罟不得入于水⑧；鹰隼未挚，罗网不得张于溪谷⑨；草木未落，斤斧不得入山林；昆虫未蛰，不得以火烧田⑩；孕育不得杀，鷇卵不得探，鱼不长尺不得取，彘不期年不得食⑪。是故草木之发若烝气，禽兽归之若流原，飞鸟归之若烟云，有所以致之也⑫。

【注释】

①“人君”：王念孙《读书杂志》：“君”字当在“人”字上，《群书治要》引此，正作“君人者”。②畜：高诱注：“玄田为畜。”按：《说文》：“畜，田畜也。《淮南子》曰：‘玄田为畜。’”今本无，疑为佚文。③田畴（chóu）：田地。④阪（bǎn）：山坡。　果蓏（luǒ）：高诱注：“有核曰果，无核曰蓏。”　疏食：高诱注：“菜疏曰疏，谷食曰食。”　薪蒸：高诱注：“大者曰薪，小者曰蒸。”　资：用度。⑤转尸：尸体弃置转徙。即死无葬身之地。⑥掩：尽，遍及。　麛（mí）夭：高诱注：“鹿子曰麛，麋子曰夭。”⑦“豺未祭兽”二句：高诱注：“十月之时，豺杀兽，四面陈之，世谓之‘祭兽’也。‘未祭兽’，罝（jū）罘不得施也。”罘（fú）：一种装有机关的鸟网。⑧“獭（tǎ）未祭鱼”二句：高诱注：“獭，獱（bīn）也。《明堂月令》：‘孟春之月，獭祭鱼。’獭取鲤，四面陈之水边，世谓之‘祭鱼’。未祭不得捕也。”按：以上二条，并见本书《时则训》《礼记·月令》《吕氏春秋·孟春》。⑨挚：通“鸷”。《说文》：“鸷，击杀鸟也。”⑩“烧田”：王念孙《读书杂志》：正文“烧”字，因注内“烧田”而衍。《文子·上仁篇》作“不得以火田”。⑪鷇（kòu）：《说文》：“鸟子生哺者。”指初生之雏鸟。　长：疑作“脩”，字当避淮南王父讳。《文子·上仁篇》亦作“长”。⑫烝：《道藏》本、刘绩《补注》本作“蒸”，《文子·上仁篇》同。烝，《说文》：“火气上行也。”烝，通作“蒸”。以上内容，尚见于《礼记·王制》、贾谊《新书》。

【细读】

《淮南子》中的名言：“食者民之本也，民者国之本也，国者君之本也。”食与民，民与国，国与君，组成一个完整的关系链。《淮南子》对于他们之间的逻辑关系，作了非常细致的阐述：

食粮是百姓的根本，百姓是国家的根本，国家是国君的根本。因此作为一个统治天下的国君，上要按照天时的情况，下要发挥土地的财力，中间要合理使用人力，因此各种生物才顺利生长，五谷繁殖；教导百姓养育六畜，按季节种植树木，务求整治好田地，种植好桑树、麻类，按照土地肥瘠、高下，各自种植适宜的植物；丘陵山坡不能生长五谷杂粮的地方，用来种植竹类树木。春季砍伐枯木，夏季收获瓜果，秋季积聚菜蔬谷物，冬季砍伐大木和小枝，用来作为民生的资用。因此人民活着的时候不缺乏用物，死了的时候也不会无葬身之地。所以先王的法规，打猎的时候不捕尽群兽，不捕杀小鹿、幼麋；不放干水泽来捕鱼，不允许烧毁山林去打猎；十月之时，豺没有祭兽时，捕鸟兽之网不能安置在田野上；孟春之月，水獭没有杀鱼时，渔网不能放入水中；立秋之时，鹰隼没有捕杀鸟类，鸟网不能张在溪谷之处；九月之时，草木没有落叶之时，斧斤不能够进入山林；十月之时，昆虫没有蛰伏之时，不能够用火来田猎。孕期的动物不能够杀死，幼鸟、鸟卵不能够掏取。鱼不满一尺不能捕食，猪不过一年不能够宰杀。这样草木就像蒸汽一样蓬勃生长，禽兽就像涌泉一样归往，飞鸟就像烟云一样来临，这是因为有用来招致它们的办法。

卷十 缪称训

【题解】

本训解题中说："缪异之论，称物假类，同之神明，以知所贵。"缪，通"谬"。《广雅·释诂三》："谬，误也。"即称引物证，借助同类事物，来摈除谬误异说，而合同到神明的道德之中。

文中首先论述了道、儒两家的道、德、仁、义之关系："道者，物之所导也；德者，性之所扶也；仁者，积恩之见证也；义者，比于人心，而合于众适者也。"指出儒家思想核心的"仁义"只是"道德"衰落的产物。认为世界可知，天、地、人都有规律可循。

"欲知天道察其数，欲知地道物其树，欲知人道从其欲。"文中特别强调把握事物之间如祸福、轻重、德怨等的相互转化关系，"福之萌也绵绵，祸之生也分分"。圣人治政，要"制其剟材，无所不用"。君子治国，要"举贤"，要抛弃偏见、私好，广选人才。本训亦为弘扬道旨的重要文献。

圣人无所不用

物莫无所不用①。天雄乌（啄）[喙]，药之凶毒也，良医以活人②。侏儒瞽师，人之困慰者也，人主以备乐③。是故圣人制其剟材，无所不用矣④。

【注释】

①“物莫”句：郑良树《淮南子斠理》云：当作“物无所不用”。② 天雄：中药名。《神农本草经》：“天雄，主大风……强筋骨，轻身健行。”“啄”：《道藏》本、刘绩《补注》本作“喙”。当正。乌喙（huì），即乌头，毒药名。③ 困慰：困窘，怨恨。《说文》：“慰，一曰恚（huì）怒也。”又《诗·小雅·车舝》陆德明释文引王注：“慰，怨恨之义。”④ 制：处理。剟（duō）：《说文》：“剟，刊也。”《广韵》“末”韵：“剟，削也。”《汉书·贾谊传》颜师古注：“剟，谓割取之也。”许慎注：“剟，疏杀也”，与“割取”义同。

【细读】

圣人的用人，与平常人有所不同。《老子》第三十一篇中说：“是以圣人恒善救人，故无弃人；恒善救物，故无弃物。”《淮南子》中发挥了《老子》的观点：

万物中没有什么是不能被利用的。天雄、乌喙，是药物中毒性最大的，但是高明的医生却用它来治病救人。矮子、盲人，是人类中困窘到极点的人，但是国君用他们来演奏音乐。因此圣人用人，就像处理那些砍割剩下来的木材，没有什么用不上的。

成国之道

成国之道，工无伪事，农无遗力，（土）［士］无隐行，官无失法①。譬若设网者，引其（网）［纲］而万目开矣②。舜、禹不再受命，尧、舜传大焉，先形乎小也③。刑于寡妻，至于兄弟，禅于家国，而天下从风④。故（戒）［戎］兵以大知小，人以小知大⑤。

【注释】

①“土”：《道藏》本、刘绩《补注》本作“士”。当正。 隐行：隐蔽的行为。②“网”：《道藏》本、刘绩《补注》本作“纲”。当正。③ 不再受命：说尧传位于舜，舜传于禹，不再受“天命”。传：禅让。④ 刑：《诗·大雅·思齐》毛亨传：“法也。”通“型”。《说文》：“型，铸器之法也。”即仪法、示范义。寡妻：国君对正妻的谦称。禅（shàn）：传。⑤“戒”：《道藏》本、刘绩《补注》本作“戎”。当正。

【细读】

国家得到治理，工匠、农民、士人、官吏，要达到怎样的精神境界？舜、禹又是怎么做的？《淮南子》中这样说：

实现治国的措施，使工匠没有巧诈的事情，农民没有废弃的力量，士人没有隐蔽的行为，官吏没有犯法的过错。就像撒网的人，牵引纲绳而万个网眼一起都张开了。舜、禹受命于人，不会再次受命于天，尧、舜禅让帝位是重大的举动，首先表现在微小方面，而后才知舜能成就大业。先对自己的嫡妻做出示范，而后推行到自己的兄弟，再传给诸侯和大夫，而天下人民就像随风一样跟随。因此战争，以大义伐不义，凭借大的可以知道小的。从天下人民风俗来看，人可以从小的方面知道大的方面。

卫武侯有过

卫武侯谓其臣曰："小子无谓我老而羸我，有过必谒之①。"是武侯如弗羸之，必得羸，故老而弗舍，通乎存亡之论者也②。

【注释】

① 卫武侯：春秋卫君，前 812—前 748 年在位。时年 95 岁。 小子：长辈、老师对后辈或学生的称呼。 羸（léi）：许慎注："劣。"按：有疲弱、衰老之义。《说文》："羸，瘦也。" 谒（yè）：陈述，告诉。《说文》："谒，白也。"②"如"：陶鸿庆《读淮南子札记》："如"当为"知"，字之误也。

【细读】

春秋晚期的卫武公，是一个勤劳国事、德高望重的国君。虚心纳谏，是他执政成功的要诀。《淮南子》中记载这样一个故事：

卫武公对他的臣下说："你们不要认为我年高，而以为我衰老不堪了，有过错一定给我指出来。"这说明卫武公知道即使不说自己衰老，别人也一定认为他衰老了，因此虽然年老而不停止修身，可以说是通达存亡的变化道理了。

根本与枝叶

君，根本也；臣，枝叶也。根本不美，枝叶茂者，未之闻也①。

【注释】

①“君，根本”以下数句：于大成《缪称校释》:《意林》引《子思子》云:“君，本也。臣，枝叶也。本美而叶茂，木枯则叶凋。”

【细读】

国君与臣下的关系，《淮南子》中这样比喻：

国君，是国家的根本；臣下，则是国家的枝叶。根本不壮美，而枝叶却茂盛的，还没有听说过。

祸福萌生

福之萌也绵绵，祸之生也分分[①]。福祸之始萌微，故民嫚之，唯圣人见其始而知其终[②]。故《传》曰：“鲁酒薄而邯郸围，羊羹不斟而宋国危[③]。”

【注释】

① 绵绵：细微的样子。分分：通“纷纷”，杂乱义。② 嫚（màn）：轻慢。③《传》：即《庄子·胠箧》。“鲁酒薄”句：许慎注：“鲁与赵俱朝楚，献酒于楚，鲁酒薄而赵酒厚，楚之主酒吏求酒于赵，不与，楚吏怒，以赵所献酒于楚王，易鲁薄酒，楚王以为赵酒薄而围邯郸。一曰：赵、鲁献酒于周也。事见《庄子》。”“羊羹”句：许慎注：“宋将华元与郑战，杀羊食士，不及其御。及战，御驰马入郑军，华元以获也。”按：并见《左传·宣公二年》《吕氏春秋·察微》。御者，《左传》中为春秋宋国人，名叫羊斟。斟：舀，倒。

【细读】

《老子》五十八章：“祸兮福之所倚，福兮祸之所伏。”《淮南子》中继承了《老子》的祸福观，论述得极为清楚：

福气产生的时候是极其微小的，祸害产生的时候是很杂乱的。福气、灾祸开始的时候是那么细微，因此老百姓轻视它，只有圣人能够见到它的开始，而知道它的终结。所以《传》中记载说：“鲁国的酒味淡，而引起楚宣王包围赵都邯郸；因为羊肉汤不曾给御者品尝一点，致使宋军主帅华元被俘。”

把握机遇

召公以桑蚕耕种之时，弛狱出拘，使百姓皆得反业脩职①；文王辞千里之地，而请去炮烙之刑②。故圣人之举事也，进退不失时，若夏就絺（纮）[绤]，上车授绥之谓也③。

【注释】

① 召（shào）公：姬姓，名奭（shì）。又作邵公、召康公。因采邑在召（今陕西岐山西南）而称召公。周代燕国始祖。《史记》有《燕召公世家》。弛：放松。② "文王" 二句：许慎注："纣拘文王，文王献宝于纣，纣赏以千里之地，文王不受，愿去炮烙之刑。" 按：事见《吕氏春秋 · 顺民》《韩非子 · 难二》。③ "纮"：《道藏》本同。刘绩《补注》本作 "绤"。当是。絺：《说文》："细葛也。" 即细葛布。绤（ruí），《说文》："粗葛也。" 即粗葛布。绥：《道藏》本同。《说文》"绥，系冠缨也。" 刘绩《补注》本作 "绥"。绥（suí），《说文》："车中把也。" 即登车时用以拉手的绳索。《尔雅 · 释诂上》郝懿行义疏："绥，又通作绥。"

【细读】

《淮南子》中认为，作为执政者，要抓住机遇，体恤民情。特地举出周朝执政者召康公、周文王执政为民的例子：

召康公在蚕桑和春播的大忙季节，放出监狱关押的罪犯，使百姓都能够返回修治本业；周文王请求商纣王收回给自己的千里封地，来请求废除炮烙之刑。因此圣人的行事，进退不失去时机，就像夏天穿上细葛布，上车抓住拉手绳索一样。

后者居上

老子学商容，见舌而知守柔矣①。列子学壶子，观景柱而知持后矣②。故圣人不为物先，而常制之其类。若积薪樵，后者在上。

【注释】

① 商容：老子之师。《说苑 · 敬慎》作 "常枞"。"老子" 二句：许慎注："商容，神人也。商容吐舌示老子，老子知舌柔齿刚。" ② 列子：战国初期道家学者，郑国人。《汉书 · 艺文志》"道家"

有《列子》八篇。班固注：“名圄寇，先庄子，庄子称之。”今《庄子》有《列御寇》篇。壶子：列子之师，即壶丘子林。“列子”二句：许慎注：“先有形而后有影，形可亡而影不可伤。”按：见《列子·说符》。

【细读】

中国道家主张柔弱胜刚强。《老子》七十八章：“弱之胜强，柔之胜刚。”又主张后发制人、后者居上。《老子》六十七章：“不敢为天下先。”《淮南子》中继承了《老子》的观点：

老子向商容求学，见到商容吐舌，而知道持守柔弱的道理。列子向壶子学习，见到影柱而懂得后而不先的道理。因此圣人不在万物到来之前行事，但是能常常制服它的同类。这就像堆聚柴草一样，后放的常常堆在上面。

见始知终

纣为象箸而箕子叽，鲁以偶人葬而孔子叹，见所始则知所终①。故水出于山，入于海；稼生乎野，而藏乎仓。圣人见其所生，则知其所归矣。

【注释】

① 象箸（zhù）：象牙制的筷子。箕（jī）子：纣王叔父，封于箕（今山西太谷东北）。谏纣不听，被囚禁。武王灭商，被释放。《尚书·洪范》即为其所作。《后汉书·东夷列传》：“昔箕子违衰殷之运，避地朝鲜。” 叽：悲叹。朱骏声《说文通训定声》：“叽，假借为唏，实为欷。”《说山训》作“唏”。“纣为”句：并见《说山训》，当出于《韩非子》之《喻老》《说林上》。“鲁以”句：许慎注：“偶人，桐人也。叹其象人而用之也。”按：事载《孟子·梁惠王上》。桐人，即木偶人。

【细读】

商朝著名政治家箕子、春秋儒家创始人孔子，都是当时的政治精英。他们见微知著、见始知终的洞察力，显示了他们高超的政治智慧。《淮南子》中说：

商纣王命人制造了象牙筷子，而箕子悲叹。有了象牙筷子，必须有玉杯才能相配。鲁国用土木偶人殉葬，而孔子哀叹。殉葬之风还没有断绝。看见开始就知道它的终结。因此水从山涧流出，向东注入到东海；庄稼生在野外，而果实贮藏在粮仓。圣人看到它的发生的地方，就知道它的最后归向了。

小善积为大善

君子不谓小善不足为也而舍之，小善积而为大善；不为小不善为无伤也而为之，小不善积而为大不善[①]。是故积羽沉舟，群轻折轴，故君子禁于微。壹快不足以成善，积快而为德[②]；壹恨不足以成非，积恨而成怨。故三代之善，千岁之积誉也；桀、纣之谤，千岁之积毁也[③]。

【注释】

①“不为”:《道藏》本同，刘绩《补注》本作“不谓”。伤：危害，伤害义。② 壹快：一次痛快。《说文》:“快，喜也。”③ 谤:《文选·李萧远〈运命论〉》李善注引:《淮南子》曰:“桀、纣之恶，千载之积毁也。”与此异。

【细读】

在先秦、两汉道家学派中，《淮南子》中旗帜鲜明地提出要提高道德修养，需要长期积累，就能发生质的变化。本文中第一次提出了流传千古的名言：

君子不能够认为小的好事不值得干而舍弃它，小的好事积累多了也可以成为大的好事；君子不认为小的坏事情没有损害而去干，小的坏事积累多了也可以成为大的坏事。因此说羽毛积累多了可以使舟下沉；许多轻的东西堆聚在车上，可以折断车轴，因此君子对微小的坏事也要禁止。干一件痛快的事情不能够成为善事，积累很多快事便可以成为大德；一次遗憾的事不能够成为大错，积累很多遗憾就成为终身怨恨。因此称颂夏、商、周三代的善政，是千年的称誉积累而成的；对夏桀、商纣的指责，是千年的毁谤集中而成的。

至贵、至富、至寿

天下有至贵而非势位也，有至富而非金玉也，有至寿而非千岁也。原心反性，则贵矣[①]；适情知足，则富矣；明死生之分，则寿矣。

【注释】

① 原心：使心回到本原。反性：返回自己的天性。

【细读】

《淮南子》中认为，天下最珍贵的、最富有的、最长寿的，不是权势地位，不是黄金美玉，不是享年千岁，而是：

天下有最珍贵的东西，不是权势地位；有最宝贵的财富，不是黄金美玉；有最长的寿命，不是享有千岁。使心回到本原，返回自己的天性，那么这便是最尊贵的；适合自己的性情，知道已得到的满足，那么就是最大的富足；明确死生的区别，那么就会长寿了。

卷十一　齐俗训

【题解】

本训题解中说："齐，一也。四宇之风，世之众理，皆混其俗，令为一道也。故曰《齐俗》。"

"俗"是不同时代、社会、制度遗留下来的礼俗制度。古今、南北、华夷各不相同，而成为"一世之迹"。

本篇首先对道、德给予了合理的解释，"率性而行谓之道，得其天性谓之德"。接着指出，万物各有长短，要承认事物的多样性，要"各便其性""各有所宜，而人性齐矣"。最终以"道"齐"俗"。

文中认为人性至善，要注重教化。"人之性无邪，久湛于俗则易。"对民族、民俗问题，要承认差别，以不齐为齐，统而包之。

作者主张适应社会发展变化，反对拘泥僵化。"是故世异即事变，时移则俗易。故圣人论世而立法，随时而举事。"

文中强调指出，真理是有客观性、具体性和针对性的，"至是之是无非，至非之非无是，此真是非也"。反对以"我"作为判断是非的标准。

本训发挥了《庄子·齐物论》的思想，用以处理人世间各种复杂的社会问题，充分显示了黄老道家开放、发展、变化、包容而博大的精神境界。

太公、周公相见

昔太公望、周公旦受封而相见，太公问周公曰："何以治鲁？"周公曰："尊尊亲亲[①]。"太公曰："鲁从此弱矣。"周公问太公曰："何以治齐？"太公曰："举贤而上功[②]。"周公曰："后世必有劫杀之君。"其后齐日以大，至于霸，二十四世而田氏代之[③]。鲁日以削，至三十二世而亡[④]。故《易》曰："履霜，坚冰至[⑤]。"圣人之见，终始微言[⑥]。

【注释】

① 尊尊：尊敬尊贵者。亲亲：亲近亲爱者。指周朝以血缘关系为基础的封建宗法制度。② 上功：崇尚功勋。"举贤"句：许慎注："举贤上功，则民竞，故劫杀。"③"二十四世"：从齐太公姜尚到战国齐康公，二十四代。"田氏代之"：许慎注："齐臣田氏夺其君位而代之。"按：田氏，指田成子。春秋齐国贵族。齐简公四年，杀简公，任相国，从此由陈氏专政。④ 三十二世"：指鲁伯禽到鲁顷公，共三十二世，《氾论训》作"三十六"，应作"三十四"。《吕氏春秋·长见》高诱注、《史记·鲁周公世家》《韩诗外传》卷十皆作"三十四"。⑤"故《易》曰"句：引文见《周易·坤卦》。⑥"言"：《道藏》本、刘绩《补注》本同。孙诒让《札迻》："言"当作"矣"。按：以上见于《吕氏春秋·长见》，并载于《韩诗外传》卷十、《史记·鲁周公世家》。

【细读】

《淮南子》的记载，体现了中国古代两种不同的用人制度。周公旦的叫宗法制，以周朝天子血缘关系为纽带的用人制度。姜太公的叫举贤制，指举荐贤才的用人制度。两种制度，各有利弊，《淮南子》的分析非常准确：

从前太公望、周公旦受封之后，在宫廷相见。太公问周公说："用什么办法治理鲁国？"周公说："尊敬尊贵者，亲近亲爱者。"太公说："鲁国从此就要削弱下去了。"周公问太公说："怎样治理齐国？"太公说："举用贤才，而崇尚功德。"周公说："后代必定有弑君夺权的人出现。"以后齐国一天天强大，一直到称霸诸侯，但是二十四代之后，大臣田常弑君取而代之。鲁国一天天削弱，到了三十二代时终于灭亡。因此《易》中说："踏着寒霜，冰雪时节就要到来。"圣人的观察，由开始时的微小变化，而知道最后的终结。

物无贵贱

故愚者有所脩，智者有所不足。柱不可以摘齿，筐不可以持屋，马不可以服重，牛不可以追速，铅不可以为刀，铜不可以为弩，铁不可以为舟，木不可以为釜，各用之于其所适，施之于其所宜，即万物一齐，而无由相过①。夫明镜便于照形，其于以函食不如箪②；牺牛粹毛，宜于庙牲，其于以致雨，不若黑蜧③。由此观之，物无贵贱，因其所贵而贵之，物无不贵也；因其所贱而贱之，物无不贱也④。

夫玉璞不厌厚，角觽不厌薄，漆不厌黑，粉不厌白，此四者相反也⑤。所急则均，其用一也。今之裘与蓑孰急？见雨则裘不用，升堂则蓑不御。此代为常者也⑥。譬若舟、车、楯、肆、穷庐，故有所宜也⑦。故《老子》曰："不上贤"者⑧。言不致鱼于（水）[木]，沉鸟于渊⑨。

【注释】

① 摘（dí）:《道藏》本同。刘绩《补注》本作"擿"。王念孙《读书杂志》:"擿"读若"剔"。"筐"：许慎注："小簪（zān）也。"按:《道藏》本、刘绩《补注》本同。王念孙《读书杂志》:"筐"皆"筳"字之误也。《玉篇》:"筳（tíng），小簪也。" 持：支撑。② 函：包容，盛。箪（dān）：古代盛饭食的圆形竹器。《国语·吴语》韦昭注："箪，饭器。"王念孙《读书杂志》:"函食不如箪"，本作"承食不如竹箅（bì）"。今本"承"误为"函"，"箅"误为"箪"，又脱去"竹"字耳。③ 牺牛：用作祭祀的毛色纯一的牛。粹：纯粹。刘文典《淮南鸿烈集解》作"粹毛"，《文选·张景阳〈杂诗〉》注、《太平御览》九百三十三引，并作"骍毛"。知今本作"粹"者，误字也。按:《礼记·郊特牲》:"牲用骍，尚赤也。"亦通。然《时则训》高诱注："粹，毛色纯也。""全粹"为仲秋选牺牲重要标准，知"粹"字不误。黑蜧（lì）：许慎注："神蛇也。潜于神渊，盖能兴云雨。"④"由此观之"以下六句：化自《庄子·秋水》。⑤ 角觽（jiǎo）：覆盖刀剑外表的角饰。杨树达《淮南子证闻》：疑"觽"当读为"觿（xí）"。《说文》"觿，杖耑（duān）角也。《玉篇》"觿，以角饰策本末也"。厌：嫌。⑥"常"：《道藏》本、刘绩《补注》本同。陈昌齐《淮南子正误》:"常"当为"帝"，字之误也。"代为帝"，谓裘与蓑迭为主也。⑦ 楯：许慎注："泥地宜楯。"按：通"輴（chún）"。《广韵》"谆"韵："輴，载柩车也。" 肆：许慎注："沙地宜四。"按:《道藏》本作"肆"。刘绩《补注》本作"䟫（niǎo）"。《文子·自然篇》同。即沙中乘行的一种运输工具。"四载"之说，载于《吕氏春秋·慎势》《尚书·益稷》，亦见于《说文》《史记·夏本纪》等。穷庐：古代游牧民族居徙用的毡帐。穷，通"穹"。许慎注："草野宜穷庐。"⑧"故《老子》曰"句：见于《老子》三章。⑨"水"：《道藏》本、刘

绩《补注》本作“木”。当正。

【细读】

中国战国时代著名文学家屈原（？前340年—前278年）在《楚辞·卜居》中说：“夫尺有所短，寸有所长；物有所不足，智有所不明；数有所不逮，神有所不通。”

人世间万事万物，本来就没有长短、高低、贵贱、优劣之分。《淮南子》中列举了丰富的例证，非常透彻地说明了这个问题：

因此愚笨的人有他擅长的地方，聪明的人有他所不足的地方。木柱不能够剔牙齿，小簪子不能够支撑大屋，马儿不能够负载重物，牛儿不能够奔驰，铅不可以制成刀，铜不可以制成弩，铁不可以制船，木头不能够制成锅，各自使用在适合自己特性的地方，施用在适合发挥作用的环境中，那么万物的功用便可以整齐划一，而不存在相互指责的地方。明镜是便于照形的，用它来蒸食物，就不如竹箅；毛色纯一的牛，对于宗庙祭祀是适宜的，用它来求雨，就不如黑蜧了。从这里可以看出，万物中没有贵贱之分，按照它的长处而珍视它，万物中没有不是可贵的；依据它的短处而认为它下贱，万物中没有不是低贱的。

对于玉石人们是不嫌它厚的，对于角觿不会嫌它薄，漆不嫌它黑，铅粉不嫌它白，这四种东西用处是相反的，但所急需都是相同的，它们的作用是一样的。现在使用的皮裘和蓑衣哪一个更急切？看到天下雨那么皮裘就用不上了，登入殿堂那么蓑衣就不能侍奉国君了。这就是互相更替当主宰者。比如，水乡适宜舟，陆地宜车，泥地用楯，沙地乘隶，草地用穷庐，因此各种环境都有适宜的交通工具。所以《老子》中说：“不崇尚有贤才的人。”说的是不把鱼送到木头上去，不把飞鸟沉到深渊中去。

尧治天下

故尧之治天下也，舜为司徒，契为司马，禹为司空，后稷为大田师，奚仲为工①。其导万民也，水处者渔，山处者木，谷处者牧，陆处者农。地宜其事，事宜其械，械宜其用，用宜其人。泽皋织冈［网］，陵阪耕田，得以所有易所无，以所工易所拙②。是故离叛者寡，而听从者众。譬若播棋丸于地，员者走泽，方者处高，各从其所安，夫有何上下焉③？若风之过箫也，忽然感之，各以清浊应矣④。

【注释】

①司徒：官名，西周始置，掌管土地和人民。契（xiè）：传说中商的始祖，其母简狄，吞燕卵而生。司马：掌军政、军赋。司空：掌管工程。后稷：周朝始祖，其母姜嫄，踏巨人迹而生。大田师：《道藏》本、刘绩《补注》本、《四库全书》本同。王念孙《读书杂志》："师"字当在"工"字下。大田，田官之长也。奚仲：古代传说中车的发明者，黄帝之后，曾为夏代车正。工：《文子·自然篇》作"工师"。掌管百工和官营手工业。②皋（gāo）：沼泽。《文选·屈原〈湘夫人〉》吕延济注："泽畔曰皋。""罔"：《道藏》本同。刘绩《补注》本作"网"。阪（bǎn）：山坡。"得以所有"句：《文子·自然篇》作："如是则民得以所有易所无。"③播：散。棋丸：即棋子。④箫：许慎注："籁。"按：《说文》："箫，参差，管乐。象凤之翼。"即为排箫。湖北随州曾侯乙墓出土有排箫。籁，《说文》："三孔龠（yuè）也。大者谓之笙，其中谓之籁，小者谓之箹。""箫"也指"籁"。《广雅·释乐》："籁谓之箫。"

【细读】

古代明君尧治理天下，"用宜其人"，人才济济，各显其能，天下大治，万邦和谐。《淮南子》中加以赞美：

从前尧治理天下的时候，任命舜担任掌管土地之官，契担任军政主管之官，禹掌管工程建设，后稷为农业主管，奚仲为百工之长。他们引导万民的方法，让居住在水边的人以打鱼为主，生活在山林中的人以采木为主，活动在山谷地区的人以牧业为主，生活在平原地区的人以农业为生。土地上要种植适宜的作物，不同的农作物要用适宜的器械，不同的器械要有合适的用途，使用器械要有适宜的人。河泽地区要织网捕捞，山陵坡地可以用来耕田，人民能够用他们所有的交换所没有的，用他们制作精巧的产品交换他们不善制作的产品。因此离叛的人少，而听从王命的人多。就像把棋子撒在地上，圆的滚向洼处，方者停留高处，各自随所处而安身，又有什么上下之别呢？就像风声遇到排箫的孔，忽然受到感触，风声、箫声凭着清浊之声相应和。

斗、极指向

夫素之质白，染之以涅则黑[①]；缣之性黄，染之以丹则赤[②]。人之性无邪，久湛于俗则易[③]。易而忘其本，合于若性[④]。故日月欲明，浮云盖之；河水欲清，沙石濊之[⑤]；人性欲平，嗜欲害之，唯圣人能遗物而反己[⑥]。夫乘舟而惑者，不知东西，见斗、极则寤矣[⑦]。夫性亦人之斗、极矣，以有自见也，则不失物之情[⑧]；无以自见，则动而惑营，譬若陇西之遊，愈躁愈沉[9]。孔子谓颜回曰："吾服汝也忘，而汝服于我也亦忘[10]。虽然，汝虽忘乎，吾犹有不忘者存。"孔子知其本也。

【注释】

① 涅（niè）:《说文》:"黑土在水中也。"作为矿物，可作黑色染料。② 缣（jiān）：细绢。《说文》:"并丝缯也。" 丹：即丹砂。③ 无邪：即淳朴无邪。《荀子·性恶》主"性恶",《孟子·告子上》主"性善"。《淮南子》与两家不同。湛（jiàn）：浸渍。《礼记·月令》郑玄注:"湛，渍也。"④ 若：此。⑤ 濊（huì）:《广雅·释诂三》:"浊也。"《文子·上德篇》《文子·道原篇》作"秽"。即污秽义。⑥ 遗物：抛弃外物。⑦ 斗、极：北斗星、北极星。寤：通"悟"。⑧"以有":《道藏》本同。刘绩《补注》本作"有以"。《文子·下德篇》作"有以自鉴"。⑨ 惑营：昏惑、迷乱。 陇西：在今甘肃天水以西。《说文》:"陇，天水大阪也。"⑩ 服：思存。此数句出于《庄子·田子方》。

【细读】

《淮南子》中认为，人类社会的文化、环境、习俗、教育、情欲、家庭等，随时随地都会影响每一个人。因此，人生特别需要北斗星、北极星指引，才不会迷失方向。否则，洁白的素丝，就会变成黑色。《淮南子》作为西汉鸿文的代表作，善用使用修辞手法，本文中巧设系列比喻：

素丝的特性是白色的，用黑色的涅加以染制，就会变黑；细绢的特性是黄色的，用红色的丹砂染制它，就会变红。人的天性是淳朴无邪的，长久时间浸渍在流俗中，就会发生变化。变化之后就会忘记根本，而趋合于其他的特性。因此日月要放光明，而浮云来掩盖它；黄河水要变清，而沙石来搅浑它；人的本性要平静，嗜欲便来危害它。只有圣人能够抛弃外物，而回到自己本性上去。乘船航行迷失了方向，辨不清东西，看到北斗星、北极星就醒悟了。人的本性也是人的北斗星、北极星，用它来自我考察，那么就不会失去万物的情理；如果不用它来自我照察，那么行动起来就会迷惑。比如，到西北陇西去游历，心情越烦躁，负担就越沉重。孔子对颜回说："我对你的存念，很快就会忘记，而你对我的存念，也很快就会忘记。虽然这样，你即使忘记了，我还有不能被遗忘的根本存留着。"孔子是懂得它的根本的人。

胶柱调琴

义者循理而行宜也，礼者体情制文者也[1]。义者，宜也；礼者，体也。昔有扈氏为义而亡，知义而不知宜也[②]；鲁治礼而削，知礼而不知体也[③]。有虞氏之祀，其社用土，祀中霤，葬成亩[④]；其乐《咸池》《承云》《九韶》[⑤]；其服尚黄。夏后氏其社用松，（祝）［祀］户，葬墙置翣[⑥]；其乐《夏籥》九成，《六佾》《六列》《六英》[⑦]；其服尚青。殷人之礼，其社用石，祀门，葬树松；其乐《大護》、《晨露》[⑧]；其服尚白。周人之礼，其社用（粟）［栗］，祀灶，葬树柏[⑨]；其乐《大武》《三象》《棘下》[⑩]；其服尚赤。礼乐相诡，服制相反，然而皆不失亲疏之恩、上下之伦。今握一君之法籍，以非传代之俗，譬由胶柱而调琴也[⑪]。

【注释】

① 义：《释名·释言语》："义者，宜也。" 循理：按照道理。体情：体察情理。制文：节制文饰。②"昔有扈（hù）氏"二句：许慎注："有扈，夏启之庶兄也，以尧、舜举贤，禹独与子，故伐启，启亡之。"③ 体：事体，主体。④"祀"：《道藏》本、刘绩《补注》本同。于鬯（chàng）《校淮南子》："祀"盖"礼"字形近而误。以下为五德转移说。舜（土、黄）→夏（木、青）→殷（金、白）→周（火、赤）。社：即土地神。中霤（liù）：室中央。古代五祀之一，也叫宅神。"葬成亩"句：许慎注："田亩而葬。"⑤"其乐"句：许慎注："舜兼用黄帝乐。《九韶》，舜所作也。"⑥ 夏后氏：古部落名，禹为其领袖，并建立中国历史上第一个朝代。"祝"：《道藏》本、刘绩《补注》本作"祀"。当正。墙：古代柩车四周的帷幔。《仪礼·既夕礼》郑玄注："墙，饰柩也。" 翣（shà）：许慎注："棺衣饰也。"按：棺饰，形似扇，在路以障车，入椁以障柩。⑦《夏籥》：又叫大夏。相传是歌颂大禹治水功绩的乐舞。乐曲共九段。九成：九变，即九段。《六佾》：古代乐舞行列，一行八人叫一佾（yì），六佾为四十八人。《六列》：三十六人排列的一种乐舞。《六英》：颛顼之乐，禹用之。⑧《大護》《晨露》：许慎注："汤所作乐。"按：《大護》《道藏》本同，刘绩《补注》本作"大濩"。商代著名乐舞。《晨露》，汤时乐舞，伊尹所作。⑨"粟"：《道藏》本、刘绩《补注》本作"栗"。当是。⑩《大武》：西周建国初年乐舞，歌颂武王伐纣。《三象》：周初乐舞。《棘下》：周代之乐。⑪"琴"：《道藏》本、《四库全书》本同。刘绩《补注》本作"瑟"。胶柱调瑟，鼓瑟时转动弦柱，以调节音调之高低。如胶其柱，则无法调节音的高下。比喻拘泥而不知变通。

【细读】

《淮南子》认为，时代在发展，社会在进步，治国的理论，也要适应时代的变化，不能保守僵化。虞舜、夏禹、商朝、周朝的礼节、祭祀、音乐、服饰、习俗等制度，各不相同，但是社会都得到治理，获得民众的拥护。如果拘泥固化于一个朝代的典章制度，而指责批判其他朝代的制度，就像胶柱调琴一样可笑。《淮南子》中说得明白：

义，是按照道理而实行合宜的事情的意思；礼，是体察情理节制文饰的意思。

义，就是合宜的意思；礼，就是得体的意思。从前有扈氏为了道义而灭亡，他知道义而不知道合时宜；鲁国修治礼义而土地被削弱，只懂得礼节而不知道得体。有虞氏的礼节，祭祀土神，采用封土的办法，祭祀的地方在室中央，埋葬在田亩之中；他的音乐用《咸池》《承云》《九韶》，他的服饰崇尚黄色。夏后氏的礼节，祭祀土神采用种植松树的办法，祭祀的地方在户内，安葬在墙角，放置棺衣；他的音乐用《夏籥》九成，《六佾》《六列》《六英》；他的服饰崇尚青色。殷朝人的礼节，祭祀土神用石头，祭祀的地方在门内，安葬时种植松树；他的音乐用《大濩》《晨露》；他的服饰崇尚白色。周朝人的礼节，祭祀土神用栗树，祭祀的地方在灶间，安葬时种植柏树；他的音乐用《大武》《三象》《棘下》；他的服饰崇尚红色。历代的礼节、音乐相背离，服饰制度相反，虽然如此，但是仍不失去亲疏之间的恩惠和君臣之间的道德关系。现在仅仅掌握了一代国君的制度，而指责历代相传的习俗，就像胶住弦柱，而调节音调高低一样。

天下之是非

天下是非无所定，世各是其所是，而非其所非。所谓是与非各异，皆自是而非人。由此观之，事有合于己者，而未始有是也；有忤于心者，而未始有非也①。故求是者，非求道理也，求合于己者也；去非者，非批邪施，去忤于心者也②。忤于我，未必不合于人也；合于我，未必不非于俗也。至是之是无非，之非至非无是，此真是非也③。若夫是于此而非于彼，非于此而是于彼者，此之谓一是一非也。此一是非，隅曲也④；夫一是非，宇宙也。今吾欲择是而居之，择非而去之，不知世之所谓是非者，不知孰是孰非⑤？

【注释】

①忤（wǔ）：违反，抵触。②批：排除。施：通“迤（yǐ）”，斜行。许慎注：“施，微曲也。”③“之非至非”：《道藏》本同。刘绩《补注》本“之”“至”倒，当是。④隅（yú）曲：角落，局部。此文可与《庄子·齐物论》《秋水》《至乐》《天下》《寓言》相参。⑤“不知”：《道藏》本、刘绩《补注》本同。王念孙《读书杂志》：《群书治要》引此，无“不知”二字。

【细读】

在两千多年前，《淮南子》中就旗帜鲜明地指出，真理是有客观性、具体性和针对性的，“至是之是无非，至非之非无是，此真是非也”。否定以“我”作为判断是非的标准，寻求适用于整个宇宙的是非观。《淮南子》的精辟之言是：

天下的是非没有办法确定，世上的人各自认为他们的“是”才是正确的，而认为别人的“非”是不正确的。他们所说的“是”和“非”各不相同，都是自以为“是”而以别人为“非”。从这里可以看出，事情有合乎自己心意的，而不一定是正确的；有背离自己心意的，但不一定是错误的。因此寻求“是”的人，不是寻求正确的道理，是寻求符合自己心意的东西；抛弃“非”的人，不是排除不正之术，而是抛弃背离自己心愿的东西。同自己相背离的，不一定不合乎别人的要求；符合我的心意，不一定不被世俗所非议。最高的“是”，是没有不正确的东西存在的；最高的“非”，它是没有正确的东西存在的，这才是真正的是非观。至于认为这里是正确的，而认为那里是不正确的；认为这里是不正确的，而认为那里是正确的，这叫作一“是”一“非”。这里的一种是非观，只能适用于一个角落；而那里的一种是非观，可以适用于整个宇宙。现在我要选择正确的而处在其中，选择不正确的并抛弃它，不知道世上人所说的“是”与“非”，哪个正确，哪个不正确呢？

卷十二 道应训

【题解】

“道”是宇宙万物的本源，又是自然界和人类社会发生、发展的总规律。这个规律，普遍存在于一切事物之中。《道应训》就是研究这个规律在各个方面的具体运用。文中通过五十余则生动而富有哲理性的小故事，清楚地说明了“道之所行，物动而应”的问题。在每则故事之后，引用《老子》《庄子》和《慎子》著述中的观点，进行了理论阐述。可以说，这是对“道”进行解说的十分巧妙的形式。把道家思想中深邃而抽象的哲理，赋予了形象而又具体的内容。

本文除了采摘《老子》《庄子》来进行解说外，还采用《吕氏春秋》《韩非子》《荀子》《列子》《筦子》等内容来验证道家学说。其撰述形式，与《韩非子·喻老》相近。

惠子为国法

惠子为惠王为国法，已成而示诸先生，先生皆善之[①]。奏之惠王，惠王甚说之，以示翟煎[②]。曰：“善！”惠王曰：“善，可行乎？”翟煎曰：“不可！”惠王曰：“善而不可行，何也？”翟煎对曰：“今夫举大木者，前呼邪许，后亦应之。此举重劝力之歌也，岂无郑、卫《激楚》之音哉？然而不用者，不若此其宜也[③]。治国有礼，不在文辩[④]。”

【注释】

① 惠子：即惠施（？前 390—？前 317 年）。战国中期宋国人，曾为魏惠王相。庄子好友。战国名家代表人物。《汉书·艺文志》“名家”有《惠子》一篇。惠王：即魏惠王，名莹，在位 51 年。② 翟煎：魏臣。③ 邪许：打号子的声音。上古音相当（zǐahǐa）。 郑卫之音：春秋、战国时流行于郑、卫二国的俗乐。《论语·阳货》：“恶郑声之乱雅乐也。”朱熹注：“郑声，淫乐也。”“《激楚》”：古代歌舞曲名。又指一种高亢凄清的音调。《吕氏春秋·淫辞》无《激楚》二字。《文子·微明篇》作“虽郑卫胡楚之音”，知“激”字有误。④ 文辩：美丽的辞藻。

【细读】

惠施是战国中期“百家争鸣”时的名家学派的代表人物，也是一个很有名的政治家。他的学说的某些片断，还保存在《庄子》等史籍之中。

《庄子·天下篇》比较集中地记载了惠子的学说。惠施和庄周是无话不谈的挚友，也是在哲学和政治思想方面经常进行激烈辩论的对手。《庄子》中说：“惠子多方，其书五车。”可见他是一个学问渊博的人。《庄子》中还记载了他的“历物十事”，即十个方面的研究课题。他的学说主要是相对主义，其中有诡辩论的东西，也有一些辩证法。比如，“一尺之捶，日取其半，万世不竭”。就是说，拿一尺长的杆子，每天取它一半，这样万代也取不完。它说明有限的物体是由无限微小的物质组成的，因此可以无限分割。再如，“日方中方睨，物方生方死”。意思说太阳正中又要倾斜了；生物刚出生，就开始走向死亡。他还说“天与地卑，山与泽平”。意思是说天和地一样低，山和泽一样平。如果站在地球上看，这个论题似乎不能成立，如果从无穷无尽的宇宙空间的角度来说，这是可以成立的。这些命题充满了辩证的观点。

魏惠王的时候，惠施担任相国十多年，并且为魏国制定过法律。在外交政策上，他主张合纵，联合齐、楚抗秦。他曾陪同惠王到齐国的徐州，会见齐威王，使两国之君互相承认对方为王。后来魏惠王采用张仪关于连横的建议，尊奉秦国而疏远六国。惠施见自己的主张不被采用，被迫辞去相位，流亡楚、宋等国。后来张仪罢相，离开魏国，惠施才得以重新回到魏国。

惠子担任相国期间，曾经帮助惠王制定国家的法典。草案完成以后，惠王把它交给一班著名的学者如邹衍、孟轲、淳于髡等议论。大家异口同声地称赞这个法典写得好。这样这个草案就又转到魏惠王的手中。惠王听了反映，也很满意，就把它交给了另一个主管大臣翟煎最后审定。翟煎仔细阅读之后，也连声道“好”。惠王说：“既然内容不错，颁行国中就是了。”翟煎说：“这可不行！”惠王问：“为什么？”翟煎回答说：“在河边的码头上，成百上千的人在搬运大木头，其中一个领头人打起号子，后面齐声响应。配合默契，动作协调，铿锵有力。抬木工人难道只会喊喊‘杭育杭育’的劳动号子，而那些悦耳动听的郑卫民间小调，高亢清凄的激楚之乐，他们就不会唱吗？但是他们不唱后首，而唱前者，这是什么原因呢？因为前者更适合他们的实际情况罢了。治理国家着重在礼法，而不在于美丽的辞藻、高超的理论。那些东西是不能够解决我们国家的实际问题的。所以说虽然好而不可行。”魏惠王听了，点头称是，认为这个国法草案也确实存在理论脱离实际的毛病，于是就弃置不用了。

数战数胜

魏武侯问于李克曰：“吴之所以亡者，何也①？”李克对曰：“数战而数胜②。”武侯曰：“数战数胜，国家之福，其独以亡，何故也？”对曰：“数战则民罢，数胜则主憍，以憍主使罢民，而国不亡者，天下鲜矣③。憍则恣，恣则极虑，上下俱极，吴之亡犹晚④。此夫差之所以自到于（千）［干］遂也⑤。”故《老子》曰：“功成名遂身退，天之道也⑥。”

【注释】

①魏武侯：战国初期魏国国君，名击，文侯子，在位26年。《韩诗外传》卷十、《新序·杂事》五、《史记·魏世家》作“文侯”。《吕氏春秋·适威》作“武侯”，误。李克：又作里克，战国法家，曾为魏相十多年。吴：指吴王夫差统治之时。②“数战而数胜”句：指前494年，吴王夫差败越，越王求和。前489年，攻陈。前487年，攻鲁。前484年，败齐于艾陵。前482年，夫差会盟诸侯于黄池。前473年，越王勾践灭吴，夫差求和不成，自杀。③罢：通“疲”，疲惫。憍（jiāo）：《集韵》“宵”韵：“矜也。”通作“骄”。④“恣则极虑”句：《道藏》本同。刘绩《补注》本有“极物，罢则怨，怨则”七字。⑤“千遂”：《道藏》本、刘绩《补注》本作“干”。当正。春秋吴邑，在今江苏省苏州市区西北。以上出自《吕氏春秋·适威》。并见《韩诗外传》卷十、《新序·杂事》五。⑥“故《老子》曰”句：引文见《老子》九章。遂：《广韵》“至”韵：“成也。”

【细读】

春秋时期的吴国，曾经是一个极其强大的国家。东征西讨，战无不胜，但最终国家灭亡，吴王自杀，这是什么原因？就是：数战数胜。《淮南子》分析得极为中肯：

魏武侯问李克说：“强大的吴国遭到灭亡，是什么原因呢？”李克回答说：“每次打仗都打了胜仗，所以要灭亡。”魏武侯说：“每次打仗都打了胜仗，这是国家的福气，他们的国家却独独灭亡，这是什么缘故呢？”李克回答说：“经常打仗，那么百姓就疲惫不堪；经常取得胜利，那么国君必然骄横。骄横的国君驱使疲惫的百姓，而国家不灭亡的，天下是很少见的。骄傲就会放纵，放纵就会极尽外物之欲；百姓疲困就会怨恨，怨恨就会极尽巧诈的心机，国君和百姓都达到了极限，吴国的灭亡还算晚的呢！这就是吴王夫差在姑苏自杀的原因。”因此《老子》中说：“功成名就，自身退隐，这是天道的规律。”

宁戚干齐桓公

宁越欲干齐桓公，困穷无以自达①。于是为商旅，将任车，以商于齐，暮宿于郭门之外②。桓公郊迎客，夜（问）［开］门，辟任车，爝火甚盛，从者甚众③。宁越饭牛车下，望见桓公而悲，击牛角而疾商歌④。桓公闻之，抚其仆之手曰：“异哉！歌者非常人也！”命后车载之。桓公及至，从者以请⑤。桓公赣之衣冠而见，说以为天下⑥。桓公大说，将任之。群臣争之曰：“客，卫人也，卫之去齐不远，君不若使人问之。问之而故贤者也，用之未晚。”桓公曰：“不然。问之患其有小恶也⑦。以人之小恶而忘人之大美，此人主之所以失天下之士也。”凡听必有验，一听而弗复问，合其所以也。且人固难合也，权而用其长者而已矣⑧。当是举也，桓公得之矣。故《老子》曰：“天大、地大、道大、王亦大，域中有四大，而王处其一焉⑨。”以言其能包裹之也。

【注释】

①“宁越”：《道藏》本同，刘绩《补注》本作“戚”。“宁戚”是。其为卫国贤人，家贫无资，喂牛至齐，求官于桓公，任大田、相国之职。《吕氏春秋·举难》及《氾论训》高诱注皆作“戚”，为春秋时代人。而宁越为战国时代人，曾为周威烈王之师。两人相距约 260 年。干：求官叫干。达：接近，上达。② 商旅：商贩。将：依持。《广雅·释言》：“将，扶也。” 任：装戴。商：于大成《道应校释》：“商”疑本作“适”。《新序》作“适”，《吕氏春秋·举难》作“至”。③“问”：《道藏》本同。刘绩《补注》本、《四库全书》本作“开”。当是。辟：通“避”，避开。爝（jué）：许慎注：“炬火也。”按：即火把，火炬。④ 饭：喂养。疾：急速。商歌：商调的歌，低沉而悲壮。⑤“及”：《道藏》本、刘绩《补注》本同。王念孙《读书杂志》：“及”当为“反”，字之误也。《吕氏春秋·举难》《新序·杂事》并作“反”。⑥ 赣（gàn）：赐给。《说文》：“赐也。”⑦ 小恶：小过失。⑧“难合”：《道藏》本、刘绩《补注》本同。王念孙《读书杂志》：“合”当为“全”，言用人不可求全也。《吕氏

春秋》《新序》并作“全”。本则出自《吕氏春秋·举难》，并见《新序·杂事》五、《列女传·辩通》等。⑨“故《老子》曰”句：见于《老子》二十五章。

【细读】

怎样识别、信任、任用人才？《淮南子》中有这样一则特别有意义的记载：

宁戚想要求助齐桓公施展自己的才华，因为困穷没有办法得志。于是他依托商贩的载物之车，而到齐国做买卖。晚上借宿在郭门之外。齐桓公到郊外迎客，夜里开了郭门，让货车避开，路上火炬照得通红，随从的人很多。宁戚在车下喂牛，看到齐桓公而心中悲伤，敲打着牛角唱起悲凉凄楚的商歌。齐桓公听了，抚摸着他仆人的手说：“奇异啊！唱歌的是个不寻常的人！”于是命令让他坐上后车。齐桓公迎客回宫，随从的人请求安置宁戚。齐桓公赏赐他衣冠，宁戚拜见桓公，陈说治理天下的道理。桓公非常高兴，准备授他官职。众臣劝谏说：“客人是卫国人，卫国离齐国不远，君主不如派人查问他。查问之后，如果是卫国贤者，任用他也不晚。”齐桓公说：“不能这样。查问他，是担心他有一些小的缺陷，因为别人小的缺陷，而忘记别人大的美德，这就是人君失去天下贤人的原因。”大凡听到别人所说必定要验证，听到一次而不再仔细询问，便往往和他们所想的结果相合。况且人本来就不是十全十美的，衡量后而使用别人的长处罢了。这是举荐人才的得当做法，齐桓公做到了。所以《老子》中说：“天大、地大、道大、王亦大，国中有四大，而国君处于其一。”用它来说明国君能够包容天下的贤德之人。

治身与治国

楚庄王问詹何曰：“治国奈何①？”对曰：“何明于治身，而不明于治国。”楚王曰：“寡人得立宗庙社稷，愿学所以守之②。”詹何对曰：“臣未尝闻身治而国乱者也，未尝闻身乱而国治者也。故本任于身，不敢对以（未）[末]③。”楚王曰：“善！”故《老子》曰“修之身，其德乃真”也④。

【注释】

① 楚庄王：陈奇猷《吕氏春秋校释》：考《庄子·让王篇》及本书《审为篇》载詹何与中山公子牟答问，则詹何当是楚顷襄王时人，则此文“楚王”盖指顷襄王，而《列子·说符》“庄”乃“襄”音近之误。② 立：有“主”“奉”“涖”诸说。《列子·说符》作“奉”。《大戴礼记·诰志》王聘珍解

诂:“立,涖也。”③“任”:《道藏》本、刘绩《补注》本同。王念孙《读书杂志》:“任”当为“在”,字之误也。《吕氏春秋·执一》《列子·说符》作“在”。“未”:《道藏》本、刘绩《补注》本作“末”。当正。④“故《老子》曰”句:引文见《老子》五十四章。

【细读】

治身和治国,孰先孰后,战国时代著名哲学家詹何,做了很好的回答。《淮南子》中记述了这个故事:

楚顷襄王向詹何询问说:“怎么样才能把国家治理好呢?”詹何回答说:“我对于修身是懂得的,对于治理国家不大清楚。”楚王说:“寡人得以莅临宗庙和社稷之神,希望学习用来守护它的办法。”詹何回答说:“我还不曾听说过国君自身正直而国家混乱的,也不曾听说过自身堕落而国家得到治理的。因此根本在于自身,不敢用末节来回答。”楚王说:“好!”因此《老子》中说:“修治自身,他的德性才能真诚。”

伯乐相马

秦穆公请伯乐曰:“子之年长矣,子姓有可使求马者乎①?”对曰:“良马者,可以形容筋骨相也②。相天下之马者,若灭若失,若亡其一③。若此马者,绝尘弭徹。臣之子皆下材也,可告以良马,而不可告以天下之马。臣有所与供儋缠采薪者九方堙,此其于马,非臣之下也,请见之⑤。”穆公见之,使之求马。三月而反,报曰:“已得马矣,在于沙丘⑥。”穆公问:“何马也?”对曰:“牡而黄。”使人往取之,牡而骊⑦。穆公不说,召伯乐而问之曰:“败矣!子之所使求者,毛物(牡)[牝]牡弗能知,又何马之能知⑧!”伯乐喟然(木)[大]息曰:“一至此乎⑨!是乃其所以千万臣而无数者也。若堙之所观者,天机也⑩。得其精而忘其粗,在其内而忘其外⑪,见其所见而不见其所不见,视其所视而遗其所不视。若彼之所相者,乃有贵乎马者!”马至而果千里之马。故《老子》曰:“大直若屈,大巧若拙⑫。”

【注释】

①秦穆公:春秋秦君,名壬好,在位39年,为春秋五霸之一。 请:《道藏》本、《四库全书》本同,刘绩《补注》本作“谓”。 伯乐:古代善相马者。 子姓:同姓子孙。②形容:形体容貌。③天下之马:指天下的名马。“若灭”二句:许慎注:“若灭,其相不可见也。若失,乍入乍出也。若亡,髣髴不及也。”按:若灭若失,忽隐忽现,恍惚迷离的样子。指外部气质很难把握。若亡

其一，似有似无的样子。④ 绝尘：像离开尘世一样。 徹：《道藏》本同，刘绩《补注》本作“辙”。弭徹，不见痕迹。喻奔跑极为神速。俞樾《诸子平议·老子》：“古字徹与辙通。” 弭（mǐ）：消除。《玉篇》：“弭，息也，止也，灭也。”⑤ 儋（dān）：《说文》：“何也。”段玉裁注：“俗作擔。” 纆：即绳索。《鹖冠子·世兵》陆佃注：“纆，索也。” 九方堙（yīn）：春秋时善相马者。《列子·说符》作“九方皋”，《庄子·徐无鬼》作“九方歅（yīn）”。⑥ 沙丘：地名。⑦“牡”：《道藏》本、刘绩《补注》本作“牝（pìn）”。当是。牝为母马。 骊：《说文》：“马深黑色。”⑧“求者”：《道藏》本、刘绩《补注》本同。王念孙《读书杂志》：“求”下脱“马”字。《郤正传》注及《白帖》引此，并有“马”字，《列子》同。 毛物：即毛色。“牡牡”：《道藏》本、刘绩《补注》作“牝牡”。当正。⑨ 喟（kuì）然：叹气的样子。《说文》：“喟，大息也。”“木”：《道藏》本、刘绩《补注》本作“大”。当是。 一：乃，竟。⑩ 天机：天然的特性。⑪ 在：考察。《尔雅·释诂下》：“在，察也。”以上出自《列子·说符》《庄子·徐无鬼》。⑫“故《老子》曰”句：引文见《老子》四十五章。

【细读】

“伯乐相马”的故事家喻户晓。它告诉我们，处理、分析、认识问题，千万不要被表面现象所迷惑，而要抓住事物的内在本质。像秦穆公这样的国君，只知道马的毛色、公母，而伯乐、九方堙这样的相马高手，却看清了千里马的天然特性。这样的相马经验，比起相马本身，要超过千万倍啊！《淮南子》中说得好：

秦穆公对伯乐说：“您年纪已经很大了，你的家族中有能继承你的事业，善于相马的人吗？”伯乐回答说：“一般的好马，可以从形体外貌、骨骼上看出来。但是天下绝伦的千里马，它的特点忽隐忽现，就像丧失形体一样。像这样的马，飞驰得像要离开尘世，寻不到一点形迹。我的儿子都是平庸之辈，可以告诉他们选择一般的好马，而不能够告诉他们千里马的特征。我有一个朋友叫九方堙，是和我一样担柴伐薪的人，他对于相马之术，并不在我之下，请求国君接见他。”秦穆公接见了九方堙，派他到外地寻求千里马。去了三个月后回来说：“已经寻到了一匹千里马，在沙丘那个地方。”秦穆公问道：“是什么样的马呢？”回答说：“是一匹黄色公马。”穆公派人取回来，是一匹黑色的母马。穆公很不高兴，便把伯乐召来，并责问他说：“太差劲了！您所引荐的那个求马的人，连马的毛色、雌雄都分不清，又怎能知道什么好马呢！”伯乐听了，长叹一声说：“九方堙的相马技术竟达到这样神妙程度呵！这就是他超过我千万倍，而无法估量的地方。像九方堙所看到的，是马的天然特性。得到它的精髓而忘掉它的粗疏，看到内在特质而丢掉了表象，看到他应该见到的东西，而不去注视他所不需要的东西，考察了他应该考察的东西，而放弃了他所不必要考察的东西。像他这样的相马经验，比起那千里马要超过千万倍呵！”马带回来后，果然是一匹千里马。因此《老子》中说："最正直好似枉曲，最灵巧好似笨拙。"

子发攻蔡

子发攻蔡，逾之[①]。宣王郊迎，列田百顷，而封之执圭[②]。子发辞不受，曰："治国立政，诸侯入宾，此君之德也；发号施令，师未合而敌遁，此将军之威也；兵陈战而胜敌者，此庶民之力也。夫乘民之功劳，而取其爵禄，非仁义之道也[③]。"故辞而弗受。故《老子》曰："功成而不居，夫唯不居，是以不去[④]。"

【注释】

① 子发：楚宣王、威王时将军。 蔡：指下蔡。即今安徽凤台一带。 逾：越过。即战胜之意。② 宣王：战国楚君，叫熊良夫，在位 30 年。这里的史实记载有误。蔡国已于楚惠王 42 年被灭绝祀，不当再有 70 余年后攻蔡之事。这里当指公子弃疾和楚灵王攻蔡之事。 列：通"裂"。 执圭：许慎注："楚爵功臣赐以圭，谓之执圭。比附庸之君也。"按：战国楚国设立的最高爵位，也称上执圭。③ "爵禄"：《道藏》本、刘绩《补注》本"禄"后有"者"字。以上内容尚见于《荀子·强国》。④ "故《老子》曰"句：引文见《老子》二章。

【细读】

在人类社会，不分时代、民族、国家和制度，统治者对于权力、官爵、钱财等的争夺，都是你死我活的。但是，世界上最为开明的中国道家学派，却把这些东西视为身外之物。《淮南子》中记载了一位战功显赫的将军，立功而不居功，他正是实践了这样的宗旨：

楚将子发攻打蔡国，旗开得胜。楚宣王亲自到郊外迎接，并割给他土地百亩，而封他为楚国执圭。子发坚辞不受，说："治理国家，制定政策，诸侯朝拜，这是国君的大德所致；指挥部队，号令三军，双方军队没有交锋而敌人逃跑，这是将军们的威力所致；出兵上阵，而战胜敌军，这是成千上万士兵的功劳。凭借他人的力量，建立一点功劳，便要取得爵号、俸禄，这不符合仁义之道的要求。"因此坚决辞去而不接受。所以《老子》中说："大功告成而不居功，正因为不居功，因此就不会丢掉功劳。"

公仪休相鲁

公仪休相鲁而嗜鱼，一国献鱼，公仪子不受[①]。其弟子谏曰："夫子嗜鱼，弗受何也？"答曰："夫唯嗜鱼，故弗受。夫受鱼而免于相，虽嗜鱼，不能自给鱼。毋受鱼而不免于相，则能长自给鱼。"此明于为人为己者也。故《老子》曰："后其身而身先，外其身而身存，非以无私？故能成其私[②]。"一曰："知足不辱[③]。"

【注释】

①公仪休：鲁博士，为鲁相。《史记·循吏列传》有记载。此条见于《韩非子·外储说右下》，并载于《韩诗外传》卷三、《新序·节士》等。②"故《老子》曰"句：引文见于《老子》七章。"非以"句：《道藏》本、刘绩《补注》本作"非以其无私邪？"③"一曰"句：见《老子》四十四章。

【细读】

公仪休作为鲁国之相，位高权重。他有吃鱼的嗜好。全国得知，争相送鱼。公仪休是如何处理的？《淮南子》中有非常精彩的记述：

公仪休担任鲁相，而特别喜欢吃鱼，全国的人都争着把鲜鱼献给他，公仪休拒绝接受。他的弟子劝谏说："老先生特别爱吃鱼，但是送鱼，你不接受，这是为什么？"公仪休回答说："正因为我喜欢吃鱼，因此才不能够接受。接受了别人的鱼，而被免去相位，即使再喜欢吃鱼，也不能够吃到自己供给的鱼了。不接受别人的鱼，就不会免相，那么就能够长期靠俸禄买到鱼吃。"公仪休为官对人对己的标准是十分明确的。所以《老子》中说："把自己放在最后，自己反而占先；把自己置之度外，自身反而得到保存。不正是因为他的无私吗？所以能够保全自己。"又说："知道满足，不会遭到困辱。"

狐丘丈人

狐丘丈人谓孙叔敖曰："人有三怨，子知之乎[①]？"孙叔敖曰："何谓也？"对曰："爵高者士妒之，官大者主恶之，禄厚者怨处之。"孙叔敖曰："吾爵益高，吾志益下；吾官益大，吾心益小；吾禄益厚，吾施益博，是以免三怨，可乎？"故《老子》曰："故贵必以贱为本，高必以下为基[②]。"

【注释】

① 狐丘：地名。《荀子·尧问》作“缯（zēng）丘”。 丈人：年长者之称。《荀子·尧问》作“封人”。 孙叔敖（？前630年—前593年）：春秋楚庄王令尹。蔿（wěi）氏，名敖，字孙叔，一字艾猎。楚国期思（今河南淮滨）人。辅佐庄王称霸。以上见于《列子·说符》《庄子·田子方》《荀子·尧问》《韩诗外传》卷七、《说苑·敬慎》等。②“故《老子》曰”句：引文见《老子》三十九章。

【细读】

孙叔敖由一介布衣，而成为楚国令尹，帮助楚庄王成就了霸业。他是怎样对待爵位、权势、俸禄这些问题的呢？《淮南子》中记载：

身穿粗衣，白发，银须，白冠的狐丘丈人对孙叔敖说：“你由布衣擢为令尹，别人有三件事埋怨你，你知道吗？”孙叔敖说：“说的是什么？”丈人回答说：“爵位高了，大夫嫉妒你；权势大了，国君厌恶你；俸禄高了，百姓埋怨你。”孙叔敖说：“我的爵位越高，我的欲望更小；我的官位越大，我的心欲越小；我的俸禄多了，我广施于人。用这三条，是否可以免除大臣、国君、百姓对我的怨气呢？”因此《老子》中说：“尊贵必须以卑贱作为根本，高大必须以低下作为根基。”

大司马捶钩者

大司马捶钩者，年八十矣，而不失钩芒[①]。大司马曰：“子巧邪！有道邪？”曰：“臣有守也。臣年二十好捶钩，于物无视也，非钩无察也。”是以用之者，必假于弗用也，而以长得其用，而况持不用者乎，物孰不济焉[②]？故《老子》曰：“从事于道者，同于道[③]。”

【注释】

① 大司马：官名。《周礼·夏官》中有大司马，掌邦政。 捶（chuí）：打，锻。 钩：许慎注：“钩钩也。”按：又指一种兵器。 芒：指锋芒。② 假：借助。“而况持不用者乎”句：《道藏》本同。刘绩《补注》本、《四库全书》本“持”下有“无”字。当据《庄子》补。济：资助。以上见于《庄子·知北遊》。③“故《老子》曰”句：引文见《老子》二十三章。

【细读】

《淮南子》记载了一个老工匠专心致志，精益求精，数十年打造兵器的故事：

大司马有个锻打兵器钩的工人，年龄已经八十多岁了，而打出的钩，锋芒一点也没减弱。大司马问道:“你的技艺真巧妙呀!有道术吗?”捶钩者说:“我守持着理念。我在二十岁的时候,就爱好打制兵器,对于其他的东西,什么也不看;不是钩,我是不关心的。”因此用心在捶钩方面,必定借助于不被使用的那部分精力,因而才能够长期得以用来捶钩,而何况持守的是无所不用的“道”呢,万物中哪个不受它资助呢?因此《老子》中说:“从事于‘道’的人,就与‘道’相合。”

孚子治亶父

(季)[孚]子治亶父三年,而巫马期絻衣短褐,易容貌,往观化焉①。见夜鱼释之②。巫马期问焉,曰:“凡子所为鱼者,欲得也。今得而释之,何也?”渔者对曰:“(季)[孚]子不欲人取小鱼也。所得者小鱼,是以释之。”巫马期归,以报孔子曰:“(季)[孚]子之德至矣③。使人暗行,若有严刑在其侧者④。(季)[孚]子何以至于此?”孔子曰:“丘尝问之以治,言曰‘诫于此者刑于彼’,(季)[孚]子必行此术也⑤。”故《老子》曰:“去彼取此⑥。”

【注释】

①“季子”:《道藏》本、刘绩《补注》本同。王念孙《读书杂志》:“季”当为“孚”,字之误也。《群书治要》引此“季子”作“宓(音孚)子”,《吕氏春秋·具备》同。按:《史记·仲尼弟子列传》载:“宓不齐,字子贱。少孔子三十岁。”为单父宰,有治政才能。 亶(dǎn)父:又作单父,在今山东单县。 巫马期:《史记·仲尼弟子列传》:“字子期。少孔子三十岁。” 絻(wèn)衣:古代的一种丧服。脱帽,用布包发髻。《广韵》“问”韵:“絻,丧服。”《吕氏春秋·具备》作“短褐衣弊裘”,《孔子家语·屈节解》作“阴免衣,衣敝裘”。②“见夜鱼”句:《道藏》本、刘绩《补注》本同。王念孙《读书杂志》《太平御览·鳞介部》七引作“见夜鱼者释之”,《群书治要》引作“见夜渔者得鱼则释之”。③ 至:指达到很高的境界。《玉篇》:“至,极也。”④ 暗行:黑暗中行事。指独自行事。⑤ 诫:《道藏》本、刘绩《补注》本同。诫,即告诫义。王念孙《读书杂志》:各本及庄本“诚”字皆误作“诫”。《群书治要》引此,正作“诚”。《吕氏春秋》《家语》并同。按:刘文典《淮南鸿烈集解》:王谓“诫”当为“诚”,是也。“刑”为“形”假,言诚于此者则形于彼也。又按:以上化自《吕氏春秋·具备》,亦载于《孔子家语·屈节解》。⑥“故《老子》曰”句:引文见《老子》十二章、三十八章、七十二章。

【细读】

《淮南子》中记载了一个有趣的故事。主角一：孔子的学生宓子贱治政，孔子派另一个学生巫马期化装、夜里私访。主角二：夜里捕鱼人，把小鱼放到水中。主角三：孔子感慨地说“诚于此者刑于彼”。道德、法规的教化作用，真是巨大啊！请看《淮南子》：

孚子治理亶父三年之后，巫马期头戴絻巾，身着粗衣，改变容貌，微服去观察他的治政变化。看到夜里打鱼的人，把捕到的鱼扔到水里。巫马期便问：“你捕鱼为的是得到鱼，现在把捕到的鱼又放回水里，这是为什么呢？”打鱼的人回答说：“孚子不希望人捕取小鱼，所得到的是小鱼，因此又放回水中。”巫马期回去后，把此事报告孔子说：“孚子的道德教化已经达到很高的境界了。即使人在黑夜里行事，就好像有严刑在自己身边一样。孚子怎么能达到这种境界呢？”孔子说：“我曾经询问他如何治理国家，他说：‘在这些地方告诫过，在那些地方就成了法规。’孚子必定实行的是这种方法。”因此《老子》中说：“抛弃浮华，取其厚实。”

武王伐纣

昔武王伐纣，破之牧野，乃封比干之墓，表商容之闾，柴箕子之门，朝成汤之庙[1]；发钜桥之粟，散鹿台之钱[2]；破鼓折抱，弛弓绝弦，去舍露宿，以示平易[3]；解剑带笏，以示无仇[4]。于此天下歌谣而乐之，诸侯执币相朝，三十四世不夺[5]。故《老子》曰：“善闭者，无关键而不可开也；善结者，无绳约而不可解也[6]。”

【注释】

① 武王：周武王（？—前1043年），周朝建立者，姬姓，名发。消灭商纣王，建立周王朝，都镐（今陕西长安沣河以东）。 牧野：地名，在今河南淇县西南。 商容：商代贤者，曾被商纣王废黜。“柴箕子”句：许慎注：“纣死，箕子亡之朝鲜，旧居空，故柴护之也。” 成汤：商朝的建立者。任用伊尹为相，消灭夏朝。② 钜（jù）桥：商代粮仓名。因仓侧水上古有大桥而得名。在今河北曲周县东北。 鹿台：大台名，纣王所筑。在今河南汤阴朝歌镇南，亦为贮藏财物之所。③ 抱：《道藏》本同。王鋆本作“枹”。《说文》：“枹，击鼓杖也。”④ 笏（hù）：记事之手板。用玉、象牙、竹、木制成。⑤ 币：《说文》：“帛也。” 三十四世：从周武王到周赧（nǎn）王，共三十四代。加上“共和”执政，为三十五代。⑥“故《老子》曰”句：引文见《老子》二十七章。

【细读】

作为商朝的一个诸侯国，举兵推翻商朝，夺取政权，如何处理以下犯上的问题？一个西方边陲小国，如何统治庞大的商朝旧地？周武王、姜太公、周公旦等周朝君臣，制定了哪些政策，巩固了周朝政权？《淮南子》中作了记录：

从前周武王讨伐商纣王，在牧野把商纣王打败，于是加高增大了比干墓地，旌表商容的里闾，保护好箕子的家门，朝拜成汤的宗庙；发放钜桥仓里的粮食，散发鹿台的钱币；剖开战鼓，折断鼓槌，松开弓弩，断绝弓弦，离开房舍，露宿在外，以此来表示平和简易；解下利剑，带笏上朝，以此来表示没有仇敌。在这时天下唱起歌谣来庆贺，四方诸侯拿着丝帛来朝拜，这样一直统治了三十四代，而没有人夺取。因此《老子》中说："善于关闭的人，没有门闩，却不可以打开；善于打结的人，没有绳结，但不能够解开。"

孔子观宥卮

孔子观桓公之庙，有器焉，谓之宥卮[①]。孔子曰："善哉！（乎）［予］得见此器[②]。"颇顾曰："弟子取水[③]。"水至，灌之。其中则正，其盈则覆[④]。孔子造然革容曰："善哉！持盈者乎[⑤]！"子贡在侧曰："请问持盈[⑥]？"曰："揖而损之[⑦]。"曰："何谓揖而损之？"曰："夫物盛而衰，乐极则悲，日中而移，月盈而亏。是故聪明睿知，守之以愚[⑧]；多闻博辩，守之以俭；武力毅勇，守之以畏；富贵广大，守之以陋；德施天下，守之以让。此五者，先王所以守天下而弗失也。反此五者，未尝不危也。"故《老子》曰："服此道者不欲盈。夫唯不盈，是以能弊而不新成[⑨]。"

【注释】

① 桓公：鲁桓公，春秋鲁君，名子允，在位 18 年。　宥卮（yòu zhī）：古代的一种盛水器。西安半坡出土盛水陶罐，尖底、口小、腹大，重心居中，即古老宥卮之原型。此物又叫宥坐、右坐，后代称欹器。取"持中"之意。宥，通"右"。杜预、刘徽、祖冲之等曾加以仿造。② "乎"：《道藏》本同。刘绩《补注》本作"予"。当正。③ "颇顾曰"：《道藏》本、刘绩《补注》本作"顾曰"。《荀子·宥坐》作"顾谓弟子曰"，《孔子家语·三恕》同。颇，《说文》"头偏也"。顾，《说文》"还视也"。即回头看。二字义近。疑"颇"为衍文。④ "其中则正"句：许慎注："中，水半卮中也。"按：指水装适中就会端正。"其盈则覆"句：装满了就会倾覆。⑤ 造然：突然。　革：改变。　持盈：

持满。⑥子贡：孔子弟子。春秋末卫国人。姓端木，名赐，字子贡，也作子赣。善于经商和游说。⑦揖：《道藏》本同。通“抑”。《玉篇》：“抑，损也。”刘绩《补注》本作“益”。《四库全书》本同。⑧睿知：明智，智慧。此则出自《荀子·宥坐》，亦载于《韩诗外传》卷三、《孔子家语·三恕》《说苑·敬慎》等。⑨“故《老子》曰”句：引文见《老子》十五章。

【细读】

中国古代历史上的朝代更替，总是由强盛走向衰败，最后导致天下大乱，腐朽的统治被推翻，建立了新的王朝。隔了多少代，又走上腐败统治被推翻的老路。这是中国古代王朝兴衰历史的周期律。中国儒家学派创始人孔子，从参观鲁桓公宗庙器物“宥卮”，探讨了“守天下而勿失”的大问题。《淮南子》中说：

孔子和他的弟子去参观鲁桓公的宗庙，那里有一种巧器，名叫宥卮。孔子说：“好啊！我得以能够见到这个宝物。”回头对弟子说：“你们取水来。”水送到后，灌至容器中。装得正适中就会端正，满了就会倾覆。孔子见了，突然改变面容说：“好啊！这才是持盈之道啊！”弟子子贡在旁边，问孔子说：“请问如何保持盈满而不倾覆呢？”孔子说：“抑制而减少它。”子贡问：“什么叫抑制而减少它？”孔子说：“万物极盛就要走向灭亡，快乐到极点就要走向悲哀，太阳过正午就要移动，月亮满了就要变亏缺。因此聪明智慧的人，要用无知来持守；见闻广博的人，要用浅陋来持守；勇武刚强的人，要用畏惧来持守；富足尊贵的人，要用节俭来持守；德泽施予天下的人，要用谦让来操守。这五个方面，是先王用来持守天下而不失去的原则。违反这五个原则，没有不曾遭到危险的。”因此《老子》中说：“保持这种处世之道的人，不肯自满。正因为不自满，所以在失败之后，而又能得到更新成功。”

卷十三 汜论训

【题解】

本篇的宗旨是“博说世间、古今得失，以道为化，大归于一”。涉猎众多，内容广泛，而都归结到“道”这个核心之中。

本训首先用大量篇幅阐明了作者的历史观，指出物质文明和科学技术的发展，是战胜自然、随着时代发展而产生的。

对于法制和礼乐制度，“不宜则废之”。法与时变，礼与俗化，反对崇旧循古。“治国有常，而利民为本；政教有经，而令行为上。苟利于民，不必法古；苟周于事，不必循旧”，体现了作者进步的历史观。圣人治政，不能凝滞不化，“论事而为之治”。

对于任人，要看主流。认为“自古及今，五帝三王，未有能全其行者也”。不能以“人之小过揜其大美”。

对社会流行的鬼神崇拜，作者认为是社会需要，而不是真有效验。这种无神论思想是值得肯定的。

治国利民

鲁昭公有慈母而爱之，死，为之练冠，故有慈母之服[①]。阳侯杀蓼侯而窃其夫人，故大飨废夫人之礼[②]。先王之制，不宜则废之；末世之事，善则著之[③]。是故礼乐未始有常也。故圣人制礼乐，而不制于礼乐。治国有常，而利民为本；政教有经，而令行为上[④]。苟利于民，不必法古；苟周于事，不必循旧[⑤]。

【注释】

①鲁昭公：春秋末鲁君，在位32年。 慈母：指抚养自己成长的庶母、保姆。 练冠：古代丧服，服一年之丧。《仪礼·丧服》规定三个月。以上化自《礼记·曾子问》。②"阳侯"二句：高诱注："阳侯，阳陵国侯也。蓼（liǎo）侯，皋陶之后，偃姓之国侯也，今在庐江。古者大飨饮酒，君执爵，夫人执豆。阳侯见蓼侯夫人美艳，因杀蓼侯而娶夫人。由是废致夫人之礼。记所由废也。"按：古蓼国在今安徽寿县、霍邱及河南固始一带。③著：使之显著。④"治国"以下几句：见于《战国策·赵二》。⑤"苟利于民"以下几句：见于《商君书·更法》。《说苑·善谋》亦载之。

【细读】

《淮南子》中积极倡导变法。这在中国古代思想史上，极其罕见。《淮南子》的法律观，与道家《老子》《庄子》，以及法家《商君书》《韩非子》，都有很大的不同，显示了淮南王刘安的卓识远见。《淮南子》的名言，影响深远："治国有常，而利民为本；政教有经，而令行为上。苟利于民，不必法古；苟周于事，不必循旧。"《淮南子》中举例加以说明：

鲁昭公对抚养自己的慈母十分爱戴，母亲死了以后，鲁昭公为她服丧一年，所以就有了为慈母服丧的规定。阳侯看中了蓼侯夫人的美貌，在宴飨时杀了蓼侯，夺了他的夫人，因此就有了大飨时废除夫人执豆之礼。先王的制度，不适宜就要废除它；末世出色的政绩，也要让它显明。可见礼乐的规定是没有常规的。因此圣人制定礼乐，而不被礼乐所制约。治国有常则，而以有利于人民为根本；刑赏、教化有法规，而政令通行才是最大的要求。只要有利于百姓，就不必遵循古制；只要符合大事，不必依循旧章。

法与时变

夫夏、商之衰也，不变法而亡；三代之起也，不相袭而王[①]。故圣人法与时变，礼与俗化。衣服器械，各便其用；法度制令，各因其宜。故变古未可非，而循俗未足多也[②]。

夫殷变夏，周变殷，春秋变周，三代之礼不同，何古之从？大人作而弟子循[③]。知法治所由生，则应时而变；不知法治之源，虽循古终乱。今世之法籍与时变，礼义与俗易，为学者循先袭业，据籍守旧教，以为非此不治，是犹持方（柄）［枘］而周员凿也，欲得宜适致固焉，则难矣[4]。

【注释】

① 三代：指夏禹、商汤、周武王。 袭：因袭。②“故变古”二句：化自《商君书·更法》。亦载于《新序·善谋》。③ 循：遵循。④ 藉：《道藏》本、刘绩《补注》本作“籍”。朱骏声《说文通训定声》：“藉，假借又为籍。”“柄”：《道藏》本、刘绩《补注》本作“枘”。当正。枘（ruì），榫（sǔn）子，榫头。 致：即精致、细密义。

【细读】

《淮南子》倡导“法与时变，礼与俗化”。《淮南子》的见解，确实是鹤立鸡群，惊世骇俗：

夏、商的衰败，是因为不变法而灭亡的；禹、汤、武王三代的兴起，是不互相因袭而称王的。因此圣人执政，法律和时代一起变动，礼制与习俗一起变化。衣服、器械，各自方便他们的使用；法令制度，各自依照他们的适宜情况而制定。因此改变古制无可非议，而依循旧俗不值得赞美。

殷朝取代夏朝，周朝改变商朝，春秋改变周朝，三代的礼节是不同的，遵从什么古代呢？不过是长辈制定法律弟子遵循罢了。知道法律所产生的原因，可以适应时势变化；不知道法律所产生的根源，即使遵循古代，最终也要造成混乱。现实社会的法令条文与时代一起变化，礼仪和习俗一起转移，从事学问的人却遵循先人，沿袭旧业，根据法籍守旧教，认为不是这样不能治理，这就像拿着方形的榫头，而要和圆形的榫眼相合，要想达到适宜和牢固，那是很困难的。

阴阳和调

天地之气，莫大于和[1]。和者阴阳调，日夜分而生物[2]。春分而生，秋分而成，生之与成，必得和之精[3]。故圣人之道，宽而栗，严而温，柔而直，猛而仁[4]。太刚则折，太柔则卷，圣人正在刚柔之间，乃得道之本。积阴则沉，积阳则飞，阴阳相接，乃能成和[5]。

【注释】

① 和：和谐之气。②“和者”二句：《文子·上仁篇》：“和者，阴阳调，日夜分。”无“而生物”三字。③“春分”四句：《文子·上仁篇》：“故万物春分而生……”有“故万物”三字。 精：指和气中的精微之气。④ 栗：坚硬。以上数句化自《尚书·舜典》及《皋陶谟》。⑤ 飞：飞扬，上扬。“积阴”以下四句：郑良树《淮南子斠理》：“积阴”四句疑当在“和之精”下。

【细读】

《淮南子》中认为，天地之间，和气最大。“圣人”治政，和气乃是“道之本”：

天地之间的气体，没有什么比和气更大的了。有了和气，阴阳可以协调，日夜分明，而万物滋长。万物春分时候开始生长，秋分开始成熟，生长和成熟，必然得到和气中的精微之气。因此圣人的治政方法，宽松而坚定，严厉而温和，柔软而正直，威猛而仁惠，过分刚强就会折断，过分柔软就会卷曲，圣人正好处在刚柔之间，才能得到“道”的根本。阴气积聚了就会沉溺，阳气积累了就会上扬，阴气、阳气相互交接，才能成为和气。

一沐三捉发

禹之时，以五音听治，悬钟鼓磬铎，置鞀，以待四方之士[①]。为号曰：“教寡人以道者击鼓，谕寡人以义者击钟，告寡人以事者振铎，语寡人以忧者击磬，有狱讼者摇鞀[②]。”当此之时，一馈而十起，一沐而三捉发，以劳天下之民[③]。此而不能达善效忠者，则才不足也[④]。

【注释】

① 禹：高诱注：“颛顼（zhuān xū）后五世鲧（gǔn）之子也，名文命。受禅（shàn）成功曰禹。” 五音：宫、商、角、徵（zhǐ）、羽。 磬（qìng）：石制敲击乐器。 铎（duó）：大铃。古代宣布政教法令或战争时使用。 鞀（táo）：有柄的小鼓。② 狱讼：指官司案件。③ 馈（kuì）：吃饭。此则化自《鬻子·禹政》及《吕氏春秋·谨听》，并载于《韩诗外传》卷三、《史记·鲁世家》《说苑·敬慎》等。 劳：忧。④ 达善：指通达善道。 效忠：指献出忠心。

【细读】

中国古代第一个朝代夏朝的开创者夏禹，他的治政是个什么样子？《淮南子》中作了记载：

夏禹执政的时候，用五音来处理政事，悬挂钟、鼓、磬、铎，设置鞀，用来接待四方来归的豪杰之士。并发出号令说：“用道理来教诲我的就打鼓，用大义劝谕我的就敲钟，把发生的事情告诉我的就摇起铎，要把心事告诉我的就击磬，有官司诉讼要使我判决的摆动鞀。”在这个时候，吃一顿饭要起来十几次，洗一次头要多次绾住头发，就是这样来忧劳天下的民事。像这样而不能通达善道、献出忠心的人，是自己的才能不够罢了。

管仲之功

管仲辅公子纠而不能遂，不可谓智①；遁逃奔走，不死其难，不可谓勇②；束缚桎梏，不讳其耻，不可谓贞③。当此三行者，布衣弗友，人君弗臣。然而管仲免于束缚之中，立齐国之政，九合诸侯，一匡天下。使管仲出死捐躯，不顾后图，岂有此霸功哉④？

管子忧周室之卑，诸侯之力征，夷狄伐中国，民不得宁处，故蒙耻辱而不死，将欲以忧夷狄之患，（乎）［平］夷狄之乱也⑤。（《泰族训》）

齐桓公之时，天子卑弱，诸侯力征，南夷北狄，交伐中国，中国之不绝如线⑥。齐国之地，东负海而北障河，地狭田少，而民多智巧⑦。桓公忧中国之患，苦夷狄之乱，欲以存亡继绝，崇天子之位，广文、武之业，故管子之书生焉⑧。（《要略》）

【注释】

①公子纠：齐襄公之弟。襄公死后，在争夺齐国政权过程中失败，被其弟公子小白（齐桓公）逼死。 遂：成功。②遁逃”二句：高诱注：“不死子纠之难也。”③桎梏（zhì gù）：木制的脚镣、手铐之类的刑具。指鲍叔牙迎管仲，脱其桎梏，桓公任以相国之职。④出死：殉义之死。 捐躯：为国家、正义而死，称捐躯。后图：后来的计划。⑤“忧夷狄之患”：陶鸿庆《读淮南子札记》：当作“忧中国之患”。“乎”:《道藏》本、刘绩《补注》本作“平”。当正。⑥线：许慎注：“细丝也。”按:《说文》:“线，缕也。”训义同。⑦障:《说文》:“隔也。”即阻隔义。⑧“故管子”句:《汉书·艺文志》“道家”列《筦子》八十六篇。

【细读】

管仲是春秋齐国著名的政治家，今安徽颍上人。他的身材魁梧，学识渊博，有经天纬地之才，济世匡时之略。战国时代，管子学派根据他的学说，整理、编辑成《管子》一书，成为研究我国先秦时期经济、文化、政治、军事、哲学及自然科学的重要资料。

管仲出身微贱，年轻的时候经过商，当过军士。他有一个好朋友，名叫鲍叔牙。他俩经常出外做生意。每当分钱的时候，管仲总是多拿一些。鲍叔牙不认为管仲爱财贪婪，而知道他的家境确实贫寒，乃是迫不得已而做出的事。他们俩曾经一起从军打仗，每当战斗的时候，管仲总是冲锋在后，退却在前。鲍叔牙不讥笑他胆怯怕死，知道他还有老母在堂，如果他一旦战死，就无人奉养，晚景将是十分凄惨的。管仲曾三次求官做，三次都被国君赶出宫门，鲍叔牙不认为他无才无德，知道他是生不逢时，没有遇到明主。管仲有一次为鲍叔牙办私事，不但没有办成，反而越办越糟。鲍叔牙并不埋怨管仲愚蠢，因为做事情难免有出乎预料的时候，个人的能力总是有限的。

齐襄公有两个弟弟，大弟叫公子纠，他的母亲是鲁国人；次弟叫公子小白，他是莒国的女子所生。管仲、鲍叔牙分别给两个公子当师傅。齐襄公虽然有些权谋和才干，但是个淫乱之徒，同其妹妹鲁桓公夫人长期通奸，又乘鲁桓公酒醉之时，勒死鲁桓公，鲁人对此事愤愤不平。国内大臣对齐襄公所作所为也非常不满，因此齐国政局处于动荡之中。鲍、管二人知道内乱将要发生，分别带领两个公子逃到鲁、莒避难。不久，齐襄公堂弟公孙无知，大夫连称、管至父联络襄公侍妾（即连称之堂妹）为内应，一举杀死襄公。公孙无知自立为君。大夫雍林对无知弑君自立很不满，又杀掉无知。齐国一时无主。这时管、鲍二人都想辅佐各自的公子回国夺取君位。鲁国派军队护送公子纠回国，并且派管仲率军拦截准备回国的公子小白。管仲一行火速赶到边境，正好碰上鲍叔牙和小白奔向齐国。管仲见了，也不搭话，暗取弓箭，对准小白就是一箭。这一箭正好射中衣服上青铜做的带钩上。小白急中生智，假装中箭，大叫一声，倒在车上。管仲见小白已死，打马便回。小白一行受此一惊，日夜兼程，赶回齐国，便即位为桓公。尔后派鲍叔牙率领重兵开往边境，阻击鲁军。鲁军认为小白已死，无人争位，所以一路上得意忘形，毫无作战准备。现在忽遇齐军，便惊慌失措，被打得惨败。鲍叔牙于是派人给鲁君送去口信，要鲁君就地处死公子纠，把大仇人管仲装入囚车，由齐桓公亲自处死。如不这样，将打进鲁国，杀死鲁国君臣。鲁国向来对齐国百依百顺，唯命是听，只好遵命照办。原来这是鲍叔牙精心设下的一个计策。齐桓公本来恨透了管仲，发誓要报一箭之仇。鲍子说，如果大王想治国安邦平天下称霸诸侯的话，非得管仲不可。囚禁管仲的刑车一进入齐国，鲍叔牙亲自前往迎接，解除他身上的绳索，并且沐浴三次，喷洒三次香水，然后由齐桓公接见，当即拜为相国，而鲍叔牙则以下属的身份听从他的领导。后来人们常常把这种朋友之间的纯真友情称为“管鲍之交”，并且对鲍叔牙举贤的高尚品德给以很高的赞誉。后来鲍叔牙去世，管仲在他的墓前哀悼这位亡友时说：“生我者父母，知我者鲍叔牙。”

管仲担任相国以后，在内政、经济、军事三个方面进行了大胆的改革，使齐国走上了强盛的道路。在军事上，前 681 年，齐桓公邀集宋、陈、蔡、邾、遂在北杏（今山东东阿县附近）会盟，不到会的遂国被灭掉。这年冬天，鲁与齐在柯（今山东阳谷县东北）结盟。前 680 年，齐桓公联合陈、曹伐宋，郑国、周天子也大力支持，宋被迫求和。前 679 年，齐、鲁、宋、卫、陈、郑在卫国鄄（今山东鄄城北）相会，齐桓公被推为诸侯长。这就是称霸的开始。前 678 年，齐、宋、卫、陈、鲁、许、滑、滕、郑在宋国结盟。前 667 年，再次在宋国幽地结盟，周惠王赐命桓公为诸侯长。继而南伐楚，北讨山戎，救卫存邢；匡扶周室，稳定天下。管仲辅佐桓公“九合诸侯，一匡天下”。

管仲和齐桓公几十年的政治、军事活动，顺应了当时王室衰微、大国崛起的形势，采取的一系列符合内外形势的政策，对安定社会、保卫中原是有一定贡献的。连孔子都说，要不是管仲，他就要“披发左衽”，做异族统治下的遗民了。可见管仲对稳定和发展汉民族，确实立下了不朽的功勋。

小恶不妨大美

夫尧、舜、汤、武，世主之隆也①；齐桓、晋文，五霸之豪英也②。然尧有不慈之名，舜有卑父之谤，汤、武有放弑之事，伍伯有暴乱之谋，是故君子不责备于一人③。方正而不以割，廉直而不以切，博通而不以訾，文武而不以责④。求于一人，则任以人力，自脩则以道德⑤。责人以人力，易偿也；自脩以道德，难为也。难为则行高矣，易偿则求赡矣。夫夏后氏之璜，不能无考⑥；明月之珠，不能无纇⑦。然而天下宝之者，何也？其小恶不足妨大美也。今志人之所短，而忘人之所脩，而求得其贤乎天下，则难矣⑧。

【注释】

① 隆：盛。② 五霸：春秋五霸是：齐桓公、晋文公、宋襄公、楚庄王、秦穆王。③“然尧有”句：高诱注：“谓不以天下予子丹朱也。”按：此事尚见于《吕氏春秋·当务》《庄子·盗跖》《竹书纪年》等。“舜有”句：高诱注：“谓瞽（gǔ）叟降在庶人也。”按：亦见于《吕氏春秋·当务》《韩

非子·忠孝》。“汤、武”句：高诱注：“殷汤放桀南巢，周武杀纣宣室。”“伍伯”句：出自《吕氏春秋·当务》。④ 割：分割，切割。 切：《广韵》“屑”韵：“刻也。”即苛刻义。 博通：广博精通。訾（zǐ）：诋毁。⑤“求于一人”：王念孙《读书杂志》：刘本无“一”字，是也。《文子·上义篇》作“于人以力，自脩以道”。⑥ 璜（huáng）：半璧曰璜。 考：璧有瑕疵。《玉篇》：“考，瑕衅也。”《文子·上义篇》作“瑕”。⑦ 纇（lèi）：斑点，瑕疵。《说文》：“纇，丝节也。”⑧“其”：王念孙《读书杂志》：衍“其”字。《艺文类聚·宝部》上引此无“其”字。按：《文子·上义篇》亦无“其”字。

【细读】

求贤与任贤，这事牵涉到国家大治的重要问题。“贤”才的标准是什么？是专挑“所短”，还是欣赏“所脩”？这是得贤与用贤的根本问题。《淮南子》中说得很明白：

尧、舜、商汤、周武，是君王中事业最为隆盛的；齐桓、晋文，是五霸中的英豪。然而尧有不爱儿子的坏名声，舜有使父卑贱的非议，商汤、周武有流放、杀死桀、纣的举动，五霸有刀兵侵伐的计谋，因此君子对任何一个人都不应求全责备。对端正公平的人不要专门摘取他的缺点，对廉洁正直的人不要过分苛刻，对广博精通的人不要加以诋毁，对文武具备的人不要加以责备。寻求贤人，就要用他的才能；自我修养，就要用道德。寻求贤人任以才能，是容易实现的；用道德自我修养，是难于办到的。难于办到的，就必待高行之人；容易实现的，是需求淡薄的人。夏禹时的玉璜，不能没有污点；明月之珠，不能没有瑕疵。然而天下的人都把它作为宝物，这是为什么？它的小毛病不能妨碍它的大美德。现在光记住别人的短处，而忘记别人的长处，想在天下寻求到贤人，那么就很难了。

知其大略

夫百里奚之饭牛，伊尹之负鼎，太公之鼓刀，宁戚之商歌，其美有存焉者矣①。众人见其位之卑贱，事之洿辱，而不知其大略，以为不肖②。及其为天子三公，而立为诸侯贤相，乃始信于异众也。

【注释】

①“夫百里奚”句：春秋秦大夫。原为奴隶，曾为人喂牛。作为陪嫁送往秦，逃到楚，秦穆公以五张牡黑羊皮赎回，后帮助秦穆公成就霸业。见于《孟子·万章》《吕氏春秋·慎人》，并载于《韩诗

外传》卷六等。“伊尹”句：伊尹曾为厨师，负鼎俎，调五味，以求汤，汤任为贤相。见于《吕氏春秋·本味》，并载于《韩诗外传》卷七、《史记·殷本纪》等。“太公”句：高诱注：“河内汲人。有屠、钓之困，卒为文王佐，翼武王伐纣也。”按：汲，即今河南卫辉市。其地有太公庙、太公祠、姜太公墓等。其事见于《楚辞·离骚》《战国策·秦五》，并载于《韩诗外传》卷七等。“宁戚”句：高诱注：“宁戚，卫人也，商旅于齐，宿郭门外，疾世商歌，以干桓公。桓公夜出迎客，闻之，举以为大田。其歌曲在《道应》说也。”② 洿（wū）辱：污浊，耻辱。

【细读】

中国古代治世之英才，往往隐藏于民间。俗人见其地位之卑微，不识其雄才大略。一旦委以重任，则显其经天纬地之才。《淮南子》中列举的有三位名相、一位高官：

百里奚饲养牲口，伊尹做厨师烹调，姜太公敲击屠刀，宁戚商歌车下，他们的美德存在于其中。平常的人看到他们地位卑贱，从事的行业污浊屈辱，而不知道他们的雄才大略，便认为他们不贤德。等到他们担任天子三公，而成为诸侯贤相，才开始相信他们确实与常人不同。

卷十四　诠言训

【题解】

诠言，就是阐明精微之言的意思。用“至理之文”（即“道”）去解释人事、治乱中的诸多具体问题。

本文认为，天地万物都产生于混沌不分、充满质朴元气的“太一”，并且形成五光十色的物质世界。“同出于一，所为各异。”“方以类别，物以群分。”“道”生成天地万物之后，就不再独立存在，消融于万物之中。“物物者，亡乎万物之中。”

文中强调怡养天性的重要性。“原天命，治心术，理好憎，适情性，则治道通矣。”养生的要道是：“节寝处，适饮食，和喜怒，便动静，而邪气不生。”

把“道”用在政治上，就是要“无为而治”，这是治国、安民、成就霸业的根本。什么叫“无为”？“智者不以位为事，勇者不以位为暴，仁者不以位为惠，可谓无为矣。”

长处与短处

王子庆忌死于剑，羿死于桃棓，子路菹于卫，苏（奉）[秦]死于（日）[口][①]。

人莫不贵其所有，而贱其所短，然而皆溺其所贵，而极其所贱[②]。所贵者有形，所贱者无朕也[③]。故虎豹之强来射，猿狖之捷来措[④]。人能贵其所贱，贱其所贵，可与言至论矣。

【注释】

①“王子庆忌”句：许慎注：“王子庆忌者，吴王僚（liáo）之弟子。阖闾（hé lǚ）弑僚，庆忌勇健，亡在郑。阖闾畏之，使要离刺庆忌也。”按：庆忌，吴王僚之子。其事载于《吕氏春秋·忠廉》《吴越春秋·阖闾内传》《战国策·魏策》等，并见《史记·吴世家》。“羿死于”句：许慎注：“棓（bàng），大杖，以桃木为之，以击杀羿。犹是已来，鬼畏桃也。”按：《说文》：“棓，棁（zhuō）也。”“棁，木杖也。”二注同。事载《孟子·离娄下》，《说山训》亦载之。“奉”：《道藏》本、刘绩《补注》本作“秦”。当正。“日”：《道藏》本、刘绩《补注》本作“口”。“苏秦”句：许慎注：“苏秦好说，为齐所杀。”② 溺：沉溺。③ 朕：形迹。④ 来：招来。措：通“簎（cè）”。《说文》：“簎，刺也。”

【细读】

《淮南子》中认为，世人都看重自己的长处，往往沉溺于长处之中。而事情的结果，往往适得其反，长处反而成为短处。《淮南子》中举出四个例证来说明：

庆忌勇捷而死于剑下，羿善射而死于桃棒，子路忠直被剁成肉酱，苏秦雄辩死在嘴上。

没有人不珍视自己的长处，而轻视自己的短处。但是又都沉溺在他的长处之中，而把他的短处看得极小。所珍视的长处是有形的，而所轻视的短处是无形的。因此虎豹的强暴，却招来射击；猿狖的敏捷，而遭到刺杀。人们能够珍重他所轻视的，轻视他所珍重的，便可以和他谈论最高的道理了。

原天命，治心术

原天命，治心术，理好憎，适情性，则治道通矣①。原天命，则不惑祸福；治心术，则不忘喜怒②；理好憎，则不贪无用；适情性，则欲不过节。

不惑祸福，则动静循理；不妄喜怒，则赏罚不阿；不贪无用，则不以欲用害性③；欲不过节，则养性知足。凡此四者，弗求于外，弗假于人，反己而得矣。

【注释】

① 心术：指“心”认识事物的方法和途径，与“思想”相似。心术，本书凡四见。② 忘：《道藏》本、刘绩《补注》本作“妄”。朱骏声《说文通训定声》：“忘者，妄也。”③“欲用”：《四库全书》本、《道藏》本同，刘绩《补注》本、《文子·符言篇》无“用”字。“原天命”以下十二句，亦载于《韩

诗外传》卷二,《文子·符言篇》略同。

【细读】

《淮南子》中提出“治世之道畅通”的四个方面的内在修养，即:“原天命，治心术，理好憎，适情性。”《淮南子》的具体论述是:

厘清天命的根源，治理好思想，理顺好憎关系，调整适宜的情性，那么治世之道就畅通了。搞清天性的根源，就不会受灾祸、幸福的迷惑；治理好思想，就不会妄生欢喜、愤怒之情；理顺好憎关系，就不会贪得无用之物；协调适宜的情性，那么欲望就不会超过限度。

不受灾祸、福祥的迷惑，那么行动、静止都能依循道理；不妄生欢喜、愤怒之情，那么实行赏罚便不会偏袒；不贪得无用之物，就不会因为欲望妨碍天性；欲望不超过限度，那么就能保养天性知道满足。这四个方面，不需要向外部寻求，不必要向他人求借，返身自求即可得到。

为治之本

为治之本，务在于安民；安民之本，在于足用；足用之本，在于勿夺时；勿夺时之本，在于省事；省事之本，在于节欲；节欲之本，在于反性；反性之本，在于去载①。去载则虚，虚则平。平者道之素也，虚者道之舍也②。

能有天下者，必不失其国；能有其国者，必不丧其家；能治其家者，必不遗其身；能脩其身者，必不忘其心；能原其心者，必不亏性；能全其性者，必不惑于道。

故广成子曰:“慎守而内，周闭而外；多知为败，毋视毋听；抱神以静，形将自正③。”不得之己而能知彼者，未之有也。故《易》曰:“括囊，无咎无誉④。”

【注释】

① 去载：抛弃外面的文饰。以上亦载于《齐民要术·种谷第三》，其引文“务在安民”，无“于”字。② 素：本色。“虚者”句:《韩非子·扬权》:“虚心以为道舍。”道舍，藏道之处所。③ 广成子：黄帝时人。居空同之山。“慎守”以下数句：化自《庄子·在宥》。④“故《易》曰”：见于《周易·坤卦》。孔颖达《周易正义》:“括，结也。‘囊’所以贮物，以譬心藏知也。闭其知而不用，故曰‘括囊’。功不显物，故曰‘无誉’。不与物忤，故曰‘无咎’。”

【细读】

中国战国时代的诸子百家，都有治国理民的措施。《淮南子》提出的措施与诸家不同，书中第一次提出了实现国家治理的关系链，很有参考价值，即：治国→安民→足用→勿夺时→省事→节欲→反性→去载。它是从每一个民众的心性修养开始。《淮南子》中具体说：

治理国家的根本，在于安定百姓；安定百姓的根本，在于满足他们的用度；满足用度的根本，在于不要耽误生产时节；不耽误生产时节的根本，在于节省官事；节省官事的根本，在于节制贪欲；节制贪欲的根本，在于返回天性；返回天性的根本，在于抛弃外表的粉饰。抛弃外表的粉饰，就能达到虚静，虚静就能平定。平定是“道”的本色，虚静是“道”的归宿。

能够统治好天下的人，必定不会失去一国；能够统治好一国的，必定不会丧失一家；能够统治好一家的，必定不会丧失自身；能够修治好自身的，一定不会遗忘他的心灵；能够使心灵回到根本的，肯定不会亏损他的天性；能够保全他的天性的，必定不会对“道”产生迷惑。

因此广成子说：“谨慎守持自己的内心，周密地堵塞外欲；多智巧就要失败，不要外视邪听；怀抱精神，清虚安静，形体将自然平正。”自己不能够得到道旨，而要能够了解别人的，没有这样的事。因此《周易》中说：“束结囊口，内无所出，外无所入，则无咎无誉。”

何谓无为？

何谓无为？智者不以位为事，勇者不以位为暴，仁者不以位为（患）[惠]，可谓无为矣①。夫无为则得于一也②。一也者，万物之本也，无敌之道也。

【注释】

①“患”:《道藏》本、《四库全书》本同。刘绩《补注》本、《文子·道德篇》作“惠”，当是。

② 一：指万物的普遍本质。《老子》三十九章：“万物得一以生。”

【细读】

中国道家治国的理论核心即“无为而治”。它包括两个方的内容：一、天道无为，即顺应自然规律。二、人道无为，即依循社会规律。这里说的是“人道无为”：

什么叫“无为”？聪明的人不凭借自己的职位行事，勇敢的人不利用职务施行暴虐，仁爱之人不拿官位推行恩惠，可以说做到“无为”了。实行“无为”就能得到“一”。“一”就是万物的本质特点，它是无敌的根本道路。

治身养性

凡治身养性，节寝处，适饮食，和喜怒，便动静，使在己者得，而邪气因而不生①。岂若忧瘕疵之与痤疽之发，而豫备之哉②？夫函牛（也）［之］鼎沸，而蝇蚋弗敢入③。昆山之玉瑱，而尘垢弗能污也④。

【注释】

①“使”:《四库全书》本同。《道藏》本作“内”。《文子·符言篇》同。“凡治身”以下数句：亦见于《黄帝内经·素问·上古天真论》。② 瘕（jiǎ）：妇女腹中鼓胀病。《玉篇》：“瘕，腹中病。”疵（cī）:《说文》：“病也。”疑作“疝”。《说文》：“疝（shàn），腹病也。”即男子疝气。③“也”:《道藏》本、刘绩《补注》本作“之”。当正。　函牛（也）［之］鼎：许慎：“受一牛之鼎也。”按：函，有包容义。　蚋（ruì）：蚊子。《后汉书·崔骃传》李贤注引《说文》：“秦谓之蚋，楚谓之蚊。”④ 瑱（zhěn）：杨树达《淮南子证闻》：“瑱”当读为“缜（zhěn）”。《礼记·聘义》郑玄注：“缜，致也。”

【细读】

《淮南子》中提出了非常重要的养生论，它的总要求包括四个方面：“节寝处，适饮食，和喜怒，便动静。”文中这样论述：

凡是修治身心，保养天性，节制寝居，饮食适当，喜怒平和，动静适宜，在自我方面掌握养生之道，那么邪气因此而不会产生。难道还要像忧虑瘕疝、痤疽的发生，而事先预备吗？能够容纳一条牛的大鼎，水在里面沸腾，而苍蝇、蚊子之类是不敢进入的。昆仑山的美玉纹理细密，而尘土污垢是不能够玷污它的。

平易、简约

非易不可以治大，非简不可以合众①；大乐必易，大礼必简；易故能天，简故能地；大乐无怨，大礼不责；四海之内，莫不系统，故能帝也②。

【注释】

①简：简约。②系统：联属而统率。《类篇》："系，联也。"《玉篇》："统，总也。"

【细读】

《淮南子》中认为，为政平易、简约，才能治理大众，聚合百姓。《淮南子》中说：

不是平易的不能治理大众，不是简约的不可以集合众人；大的音乐必定简易，大的礼节一定简单；因为简易才能像天一样广博，因为简单才能像地一样辽阔；大的音乐没有哀怨，大的礼节没有责备；四海之内，没有不能统率在一起的，所以才能够成为帝王。

五"大"不弃

大道无形，大仁无亲，大辩无声，大廉不嗛，大勇不矜[①]。五者无弃，而几乡方矣[②]。

【注释】

①嗛（xián）：《说文》："口有所衔也。"即贪食义。此节化自《庄子·齐物论》。②"五者"二句：许慎注："方，道也。庶几向于道也。"

【细读】

《淮南子》中描述的五"大"，即大道、大仁、大辩、大廉、大勇，却是它的反面：无形、无亲、无声、不嗛、不矜，这样才符合"道"旨。

大道没有形体，大的仁惠没有偏爱，大的辩说没有声音，大的廉洁不贪食物，大的勇敢不骄傲。五个方面都不抛弃，可以接近于"道"了。

卷十五　兵略训

【题解】

本篇是研究军事问题的重要文献。本训认为，战争的产生是由于人类的生存斗争，战争胜败的根本在于政治，取决于民心的向背。“兵之胜败，本在于政。”

用兵要掌握三策、三势和二权。用兵要依“道”而行，就是要掌握天、地、人这些军事活动的规律。指挥作战要懂得三隧、四义、五行、十守的原则，根据客观条件指挥战争。

本训是研究汉代战争思想和理论的完整的传世文献，是对《孙子兵法》《孙膑兵法》《六韬》等先秦军事思想的继承和发展。其中的军事辩证法，具有一定的借鉴作用。

战争由来久远

兵之所由来者远矣。黄帝尝与炎帝战矣，颛项尝与共工争矣①。故黄帝战于涿鹿之野，尧战于丹水之浦，舜伐有苗，启攻有扈，自五帝而弗能偃也，又况衰世乎②？

【注释】

①“黄帝”句：许慎注：“炎帝，神农之末世也。与黄帝战于阪泉，黄帝灭之。”按：其事亦载于《吕氏春秋·荡兵》《列子·黄帝》《大戴礼记·五帝德》等。“颛项（zhuān xū）”句：许慎注：“共工

与颛顼争为帝，触不周山。”按：本书《天文训》已载之。② 故黄帝”句：许慎注：“黄帝与蚩尤战于涿鹿。涿（zhuō）鹿，在上谷。”按：即今河北涿鹿。亦即阪泉。事见《庄子·盗跖》，亦载于《史记·五帝本纪》。“尧战”句：许慎注：“尧以楚伯受命，灭不义于丹水。丹水，在南阳。”按：载于《吕氏春秋·召类》。依许注，丹水在今河南西南部。“舜伐”句：许慎注：“有苗，三苗。”按：载于《荀子·议兵》，亦见本书《原道训》《齐俗训》。“启攻”句：许慎注：“禹之子启伐有扈（hù）于甘，甘在右扶风郡。”按：载于《尚书·甘誓》《庄子·人间世》，《史记·夏本纪》亦载之。甘，在今陕西户县一带。　偃：停息。

【细读】

《淮南子》列举了中国古代历史上五次著名的战争，说明：战争是人类发展过程中的正常现象，战争是政治的继续。《淮南子》举出的战事有：

战争的由来已经是很遥远的了。黄帝曾经和炎帝发生战争，颛顼曾经和共工发生争夺。因此黄帝在涿鹿原野上战胜炎帝，尧与南蛮战于丹水岸边，舜讨伐有苗，启攻打有扈氏，从五帝以来就不曾停止，又何况衰败之世呢?

庙战者帝

刑，兵之极也；至于无刑，可谓极之矣。

是故大兵无创，与鬼神通①；五兵不厉，天下莫之敢当②；建鼓不出库，诸侯莫不慴悛沮胆其处③。故庙战者帝，神化者王④。所谓庙战者，法天道也；神化者，法四时也⑤。脩政于境内，而远方慕其德；制胜于未战，而诸侯服其威，内政治也。

凡用兵者，必先自庙战。主孰贤，将孰能，民孰附，国孰治，蓄积孰多，士卒孰精，甲兵孰利，器备孰便，故运筹于庙堂之上，而决胜乎千里之外矣⑥。

【注释】

① 大兵：大的战争。《礼记·月令》：“国有大兵。”以上二句与《六韬·武韬·发启》相同。② 五兵：五种兵器。《庄子·天道》成玄英疏：“五兵者，一弓，二殳（shū），三矛，四戈，五戟也。”③ 鼓：古代召集军队或发号施令用的建鼓。　慴悛（shè líng）：有恐怖义。《说文》：“慴，惧也。”《集韵》“蒸”韵：“悛，怖也。”　沮（jǔ）：丧。④ 庙战：指谋于庙堂而胜敌。也称庙算、庙胜。　神化：神妙的变化。⑤ 法：古钞卷子本作“则”。⑥“主孰贤”以下八句：化自《孙子·计篇》。　运筹：策划。

【细读】

西汉司马迁所著《史记·高祖本纪》中记载："夫运筹策帷帐之中，决胜千里之外，吾不如子房。"这里所讲的就是"庙战"。指古代在朝廷上对战争的筹划和决策。《淮南子》对于庙战，说得十分透彻：

刑杀是战争达到的顶点；由此而达到没有刑杀，可谓是战争达到的最高境界了。

因此大的战争却没有创伤，因为它与鬼神相通；各种兵器不加磨砺，天下却没有人敢于阻挡；不从府库里拿出建鼓，诸侯在其所居之处没有不恐惧而丧胆的。因此庙战胜利的，则可以称帝；具有神妙变化的，可以称王。所说的庙战，就是效法天道的规律；所说的神化，是取法四季的变化。在境内修明政治，而远方人民仰慕他的德行；在没有进行战争之前，能制服对方而取胜，而诸侯信服他的威力，这是因为内政得到了治理。

大凡用兵，必定首先在天子庙堂制订作战计划。诸侯国君哪些贤明，将军哪个有才能，百姓哪些人归附，国家哪个治理得好，积蓄哪个国家多，士兵哪个精悍，武器哪些锋利，器械哪些轻便，因此虽然谋划在天子的宫室之内，而却能够决胜于千里之外。

用兵有三诋

兵有三诋[①]。

治国家，理境内；行仁义，布德惠；立正法，塞邪隧[②]；群臣亲附，百姓和辑[③]；上下一心，君臣同力；诸侯服其威，而四方怀其德；脩政庙堂之上，而折冲千里之外[④]；拱揖指挠，而天下响应，此用兵之上也[⑤]。

地广民众，主贤将忠，国富兵强，约束信，号令明，两军相当，鼓錞相望，未至兵交接刃，而敌人奔亡，此用兵之次也[⑥]。

知土地之宜，习险隘之利，明奇政之变，察行陈解赎之数，维抱绾而鼓之，白刃合，流矢接，涉血属肠，舆死扶伤，流血千里，暴骸盈场，乃以决胜，此用兵之下也[⑦]。

今夫天下皆知事治其末，而莫知务脩其本，释其根而树其枝也。

【注释】

① 诋（dǐ）：许慎注："要事也。"按：通"柢"。《说文》："柢，木根也。"即根本、要则。② 隧（suì）：指地道、墓道。引申指邪道。③ 和辑：和睦融洽。④ 庙堂：宗庙和明堂。这里指朝廷。 折冲：使敌人战车后撤。冲，古代战车的一种。以上化自《吕氏春秋·召类》。⑤ 拱揖指㧑（huī）：从容安舒，指挥若定。指㧑，又作"指麾""指挥"。⑥ 錞（chún）：许慎注："錞于，大钟也。"按：古代军用乐器。《集韵》"谆"韵："錞，錞于也。圜如碓头，大上小下，所以和鼓。""兵交"：《文子·上义篇》作"交兵"。⑦ 奇政：指一般、特殊的变化。《孙子兵法·埶篇》："奇正是也。" 解隫：《道藏》本、《四库全书》本同，刘绩《补注》本作"续"。即往来通达义。 抱：《道藏》本同，刘绩《补注》本作"炮"。《说文》："枹，击鼓杖也。"即鼓槌。"维抱绾（wǎn）"句：许慎注："绾，贯。抱系于臂，以击鼓也。"王叔岷《淮南子斠证》：古钞卷子本作"绾枹而鼓之"。"属"：王叔岷《淮南子斠证续补》："属"字无义，古钞卷子本作"屦（jù）"，是也。"屦"谓践履也。《吕氏春秋·期贤》《新序·杂事》五并有"履肠涉血"之文。

【细读】

用兵有三个要则，分成上、中、下三策，《淮南子》中作了清楚的阐释：

治理国家，整治境内；推行仁义，布施德惠；建立正确的法规，堵塞奸邪之道；使群臣亲近归附，百姓和洽；上下一心，君臣同心协力；诸侯信服他的威力，而四方之民感怀他的德泽；在庙堂修治政事，而御敌于千里之外；从容安舒，指挥若定，而天下响应，这是用兵的上策。

土地宽广，人民众多，国君贤明，将帅忠诚，国家富饶，军队强大，守约诚信，号令要分明，两军力量相当，军鼓、大钟之声相闻，还没有等到双方士兵开始交手，而敌人奔走逃亡，这是用兵的中策。

知道土地的适宜用途，熟悉险阻、关隘的便利，明了一般、特殊的变化，明察布阵、往来通行的情况，绾起枹而鼓之，白刃相交，流矢相接，蹚着鲜血，踩着肚肠，车子装着死的，人们扶着伤的，流血千里，尸骨遍野，才能够决胜，这是用兵的下策。

现在天下的人都知道治理末节，而不知道修治根本，就像抛弃树根而树立起它的枝叶一样。

兵之胜败在于政

兵之胜败，本在于政。政胜其民，下附其上，则兵强矣；民胜其政，下畔其上，则兵弱矣[①]。故德义足以怀天下之民，事业足以当天下之急，选举足以得贤士之心，谋虑足以知强弱之势，此必胜之本也[②]。

【注释】

① 畔：通“叛”。叛离。② 选举：选择举荐贤才。

【细读】

《淮南子》种深刻地揭示了古代战争胜败的关键，那就是政治：

战争的胜败，根本在于政治。政治能够胜过他的百姓，臣下能够归附他的国君，那么军队就会强大；百姓胜过他们的政治，臣下背叛他们的国君，那么兵力就会减弱。因此施行德泽、奉行大义完全能够感化天下的百姓，事业成就完全可以应对天下的危急之事，举荐贤才完全能够得到贤人的心愿，计谋思虑完全能够知道强弱的形势，这是取得胜利的根本。

二世皇帝

二世皇帝，势为天子，富有天下[①]。人迹所至，舟楫所通，莫不为郡县[②]。然纵耳目之欲，穷侈靡之变，不顾百姓之饥寒穷匮也[③]。兴万乘之驾，而作阿房之（官）[宫]，发闾左之戍，收太半之赋，百姓之随逮肆刑，挽辂首路死者，一旦不知千万之数[④]。天下敖然若焦热，倾然若苦烈，上下不相宁，吏民不相憀[⑤]。戍卒陈胜，兴于大泽，（壤）［攘］臂袒右，称为大楚，而天下响应[⑥]。当此之时，非有牢甲利兵，劲弩强冲也，伐棘枣而为矜，周锥凿而为刃，剡撕筡，奋儋钁，以当脩戟强弩，攻城略地，莫不降下[⑦]。天下为之糜沸蚁动，云彻席卷，方数千里[⑧]。势位至贱，而器械甚不利。然一人唱而天下应之者，积怨在于民也[⑨]。

【注释】

① 二世皇帝：许慎注：“二世，秦始皇少子胡亥也。”胡亥（前230年—前207年），在位4年，

被宦官、丞相赵高杀死。② 楫：船桨。③ 侈靡（chǐ mí）：奢侈糜烂。 穷匮（kuì）：穷尽。《汉书·高帝纪》颜师古注："匮，空也。"④ 兴：兴起。"官"：《道藏》本、刘绩《补注》本作"宫"。当正。阿房宫，在今陕西西安阿房村。 闾（lǘ）左：里门之左。秦时居于此者为贫民。"发闾左"句：许慎注："秦皆发闾左民，未及发而秦亡也。" 太半之赋：指三分之二的赋税。 随逮：许慎注："应召也。"按：有相从被捕义。 肆刑：许慎注："极刑。"按：马宗霍《淮南旧注参正》指被捕者众多。挽：古钞卷子本作"枕"。 辂（lù）：许慎注："辂，挽辇横木也。"按：即车辕上供人牵挽的横木。首路：头朝路。《广雅·释诂四》："首，向也。"⑤ 敖：《荀子·富国》杨倞注："敖，读为熬。"敖然，忧虑的样子。 倾然：悲伤的样子。《国语·吴语》韦昭注："倾，伤也。"憀（liáo）：许慎注："赖。"按：憀，通"赖"。有依赖义。⑥"陈胜"几句：许慎注："陈胜，字涉。汝阴人也。大泽，沛蕲县。袒右，脱右臂衣也。"按：汝阴，即今安徽阜阳。古钞卷子本"汝阴"作"汝南"。大泽乡，在今安徽宿州市埇桥区大泽乡镇。"壤"：《道藏》本、刘绩《补注》本作"攘"。攘，有卷起义。 袒右：脱去右边衣袖。 大楚：亦称"张楚"。陈胜建立的政权。《史记·陈涉世家》："陈涉乃立为王，号为张楚。"⑦ 棘（jí）枣：许慎注："酸枣也。"王叔岷《淮南子斠证》：古钞卷子本正作"樕枣"。王念孙《读书杂志》："棘枣"本作"樕（rǎn）枣"。《史记·司马相如传》索隐：《淮南子》云："伐樕枣以为矜。"《说文》："樕，酸小枣也。" 矜（qín）：许慎注："矛柄。"按：《说文》段玉裁注同。今作"矜（qín）"。"周锥凿"句：许慎注："周，内也。然矜以内钻凿也。"按：锥凿，即矛头。 剡（yǎn）：《说文》："锐利也。" 撕（chàn）：《集韵》"咸"韵："芟也。"引申有削义。 筡（tú）：李哲明《淮南义训疏补》："筡"借为"梌（chá）"。《玉篇》："梌，刺木也。"《文选·〈长杨赋〉》注："撕，举手拟也。"依文义当作"撕剡筡"，举锐利之刺木也。于义至明。按：朱骏声《说文通训定声》："撕筡，犹揭竿也。" 儋：古"担"字。 镢（jué）：《说文》："大鉏（chú）也。"即大锄之类。强弩：劲矢。⑧ 糜沸：混乱的样子。⑨ 唱：《说文》："导也。"即倡导义。

【细读】

淮南王刘安和门客所著《淮南子》成书之后，作为珍贵的礼品，在汉武帝建元二年（前139年），献给年仅17岁的皇帝刘彻。这时距离秦朝灭亡只有68年。无比强大的秦帝国，在农民起义的怒吼声中，风卷残云，土崩瓦解。前车之鉴，历历在目，引起了忧国忧民的知识分子的思考。《淮南子》的记述，具有重要的参考价值：

秦二世皇帝，据有天子的权势，占有天下的财富。凡是人迹到达的地方，舟船通航之处，没有不建立郡县的。然而放纵耳目的奢欲，穷尽奢侈糜烂的生活，完全不顾老百姓的饥饿寒冷和财物的穷尽。发起万乘车辆，而修建阿房之宫，征发闾左的贫民，收取天下大半的赋税，百姓随从被捕、遭到极刑，挽着车辂头朝大路挣扎死去的，一个早晨就有成千上万。天下人民像焦烤灼热一样饱受煎熬，悲痛就像服用苦药一样猛烈，上下不得安宁，官吏百姓失去相互依靠。前往戍守渔阳的士卒陈胜，从大泽乡兴起，挽起胳膊，露出右臂，号称“大楚”，而天下像回声一样响应。在这个时候，没有坚固的铠甲、尖利的兵器，坚硬的弓弩和强大的冲车，砍伐酸枣作为矛柄，纳入矛头作为锋刃，举起锐利的木棍，拿起扁担、锄头，用来作为长戟强弩，攻打城池，占领土地，没有不被攻下的，敌人没有不投降的。天下因此像蚂蚁出洞一样混乱，风起云涌，席卷天下，方圆达数千里。义兵势力地位都是最低贱的，而兵器也最为简陋。然而一人倡导而天下响应，是因为在人民中积聚了怨恨。

武王伐纣

武王伐纣，东面而迎岁，至汜而水，至共头而坠，彗星出而授殷人其柄①。当战之时，十日乱于上，风雨击于中，然而前无蹈难之赏，而后无遁北之刑，白刃不毕拔，而天下传矣②。是故善守者无与御，而善战者无与斗，明于禁舍开塞之道，乘时势、因民欲，而取天下。

【注释】

① 岁：许慎注：“太岁在寅。”按：即岁星。古人认为岁星在寅是吉兆。“汜”：《道藏》本、刘绩《补注》本同。当作“氾”，讹作“汜”。古地名。在今河南中牟县南。　共头：山名。在今河南济源市境内。　坠：即崩落。“彗星出”句：许慎注：“时有彗星，柄在东方，可以扫西人也。”按：当代中国著名天文学家张钰哲（1902—1986年）认为，根据哈雷彗星回归理论，“武王伐纣”时“彗星出”，应在前1057年。夏、商、周断代工程定在前1046年1月20日。②“十日”：已见《本经训》。疑指气象学上的“假日”现象。　遁北：败逃。“传”：《道藏》本同。刘绩《补注》本作“得”。古钞卷子本作“傅”。“得”字是。以上见于《荀子·儒效》。

【细读】

中国历史上周朝的建立者周武王，是一个智慧超群、勇敢坚强的领导者。在讨伐商纣王的时候，天象显示都对周人不利：迎着岁星、暴发大水、彗星出现、十日、狂风暴雨等，但是周武王一往无前，终于一举灭纣。《淮南子》中记载：

周武王讨伐商纣王的时候，正对着东方出现的岁星；到达汜地的时候，发生大水；来到了共头山，大山崩坠；这时彗星又出现在东方，而把彗柄交给殷人。当战斗开始之时，十个太阳在天空出现，狂风暴雨夹杂而至，但是周武王的军队，对首先冲向危险的没有赏赐，而对后面败逃的没有处罚，利刃没有全部拔出来，而天下就获得了。因此善于防守的，没有人和他相抵御；而善于战斗的，没有人和他相交战，明了进退、开塞的道理，乘着有利的时势，按照百姓的欲望，而去夺取天下。

兵有三势、二权

兵有三势，有二权①。有气势，有地势，有因势。

将充勇而轻敌，卒果敢而乐战，三军之众，百万之师，志厉青云，气如飘风，声如雷霆，诚积踰而威加敌人，此谓气势②。

硖路津关，大山名塞，龙蛇蟠，却笠居，羊肠道，发笱门，一人守隘，而千人弗敢过也，此谓地势③。

因其劳倦、怠乱、饥渴、冻暍，推其揞揞，挤其揭揭，此谓因势④。

善用间谍，审错规虑，设蔚施伏，隐匿其形，出于不意，敌人之兵，无所适备，此谓知权⑤。

陈卒正，前行选，进退俱，什伍抟，前后不相撚，左右不相干，受刃者少，伤敌者众，此谓事权⑥。

权势必形，吏卒专精，选良用才，官得其人，计定谋决，明于死生，举错得失，莫不振惊⑦。故攻不待冲隆云梯而城拔，战不至交兵接刃而敌破，明于必胜之攻也⑧。

【注释】

① 三势：气势，指军队的斗志。地势，指选取有利的地形。因势，指善于抓住战机。　二权：知权，指懂得灵活掌握战机。事权，指行事的权宜或权能。② 踰（yú）：古钞卷子本“踰”上有“精”字。《玄应音义》卷十三注：“踰，胜也。”③ 硖：通“狭（xiá）”。　津：渡口。　蟠（pán）：许慎注：“冕屈也。”按：《说文》：“冤，曲也。”“冕”字误。又《集韵》“桓”韵：“蟠，曲也。”即弯曲义。“却笠居”句：许慎注：“却，偃覆也。笠，登。”按：《后汉书·文苑列传》李贤等注引《淮南子》作“簦（dēng）笠居”。簦笠，指山形高低起伏如竹笠。“羊肠道”句：许慎注：“羊肠，一屈一伸。”“发笱（gǒu）门”句：许慎注：“发笱，竹笱，所以捕鱼。其门可入而不可出。”按：笱，竹制捕鱼器。可进不可出。《后汉书·文苑列传》李贤等注引《淮南子》作“鱼笱门”。古钞卷子本作“菆（zōu）笱”。④ 暍（yē）：《说文》：“伤暑也。”即中暑。　揞揞（yáo）：许慎注：“欲卧也。”按：古钞卷子

本作“摇摇”。《太平御览·兵部》二引此亦同。 挤：许慎注：“排也。”按：《说文》同。即排挤使坠下之意。 揭揭：许慎注：“欲拔也。”按：即动摇不定的样子。⑤间谍：许慎注：“人，军之反间也。”按：古钞卷子本“人”作“谍”。 蔚：许慎注：“草木盛曰蔚。”按：即草木茂盛。⑥选（xuàn）：有整齐之义。《经义述闻》：“选与齐同义。” 抟（tuán）：聚集义。 撚（niǎn）：许慎注：“揉蹈也。”按：即践踏义。⑦失：古钞卷子本作“时”。⑧云梯：许慎注：“可依云而立，所以瞰（kàn）敌之城中。” 攻：古钞卷子本作“数”。

【细读】

古代用兵有三势，有二权。三势指的是气势、地势、因势。《淮南子》中说：

将帅充满勇气而轻蔑敌人，士卒果决勇敢而乐于战斗，三军的士卒，百万的军队，斗志激昂气冲青云，怒气若狂风，吼声如雷霆，精诚积聚斗志旺盛，可以征服和威慑敌人，这就叫气势。

狭窄山路，大河险关，名山大塞，像龙蛇一样盘曲，像竹笠一样起伏，像羊肠一样屈伸，像鱼笱一样险峻，一个人把守要隘，而千人不能通过，这就是所说的地势。

根据对方士卒的疲劳困倦、松懈混乱、饥饿干渴、寒冷暑热的情况，推动敌军中动摇不定的情绪，乘着他们的人心动荡的时机，这就是所说的因势。

善于使用间谍刺探情报，审慎地安排作战计划，设置埋伏，隐藏起他们的形迹，出于敌人的意料之外，敌人的军队，没有办法适应准备，这就是懂得灵活掌握战机的“知权”。

队列整齐，前进一致，进退划一，士兵紧密配合，团结一致，前后不要相互践踏，左右不能互相干涉，这样受伤的人少，而杀伤敌人众多，这就是掌握行事权变的“事权”。

权变形势一经形成，官吏士卒要专一精粹；选拔有才能的人，任官要适当；计谋一旦确定，明确了生死之别；举止措施得于时势，这样敌人没有不震动心惊的。因此攻打敌人不需要凭借冲隆、云梯而可以攻破城池，战斗不达到兵刃相接而敌人被击溃，明确了取得胜利的方法，才能这样。

兵强在民

兵之所以强者，民也[①]；民之所以必死者，义也；义之所以能行者，威也。是故合之以文，齐之以武，是谓必取[②]；威仪并行，是谓至强[③]。夫人之所乐者，生也；而所憎者，死也。然而高城深池，矢石若雨，平原广泽，白刃交接，而卒争先合者，彼非轻死而乐伤也，为其赏信而罚明也④。

【注释】

①“民也”:《文子・上义篇》作“必死也”。②“合之以文”以下：化自《孙子・行军》。③仪：《道藏》本、刘绩《补注》本同。《文子・上义篇》作“义”。④“然而高城”以下数句：化自《六韬・龙韬・励军》。

【细读】

《淮南子》中指出，军队强大，靠的是民众。《淮南子》说得好：

军队之所以强大，是因为有了不怕死的百姓；百姓之所以不怕牺牲，就是为了大义；而大义所以能够推行，是威力所致。因此要用仁惠来聚合他们，要用军法来统一他们，这就是所说的必定能取得胜利；威严和道义一起得到推行，这就是所说的达到了最强大的要求。人们所喜欢的，是生存；而所憎恨的，是死亡。然而修筑起高高的城墙，挖起深深的护城河，利箭礌石像雨点，在广阔的原野上，手执利刃相拼搏，而士兵争着抢先交锋，他们不是轻视死亡而喜欢负伤，而是因为对他们赏罚有信而处罚严明的结果。

身先士卒

故古之善将者，必以其身先之。暑不张盖，寒不被裘，所以程寒暑也①；险隘不乘，士陵必下，所以齐劳佚也②；军食熟然后敢食，军井通然后敢饮，所以同饥渴也；合战必立矢射之所及，［所］以共安危也③。故良将之用兵也，常以积德击积怨，以积爱击积憎，何故而不胜？

【注释】

① 程：估量、衡量。何宁《淮南子集释》：宋本《太平御览》引“程”作“均”。以下文字亦载于《尉缭子・战威》《六韬・龙韬・励军》等。②“士”:《道藏》本、刘绩《补注》本作“上”。王叔岷《淮南子斠证》:“上”当为“丘”。“丘陵”与“险隘”相对为文。刘子《新论・兵术篇》正作“丘陵必下”。③ 矢射:《意林》引作“矢石”。《吕氏春秋・贵直》同。“以共”:《道藏》本、刘绩《补注》本同。王念孙《读书杂志》:“以共安危”上，当有“所”字。刘文典《淮南鸿烈集解》:《意林》引作“所以同安危也”,“以”上尚未脱“所”字。

【细读】

《淮南子》中认为，古代优秀的将领，必须身先士卒，同甘苦，共患难。具体地说，就体现在四个方面：

因此古代善于担任将领的人，必定亲自走在士卒的前面。暑天不张起车盖，冬天不披上皮裘，以便用来估量寒暑的变化；险要、狭隘之处不乘车，丘陵地带必定下车，以便用来和士卒等同劳逸；全军的饭食熟了，然后自己才敢吃饭；军队的水井畅通了，然后才敢取水喝，以便同士卒同受饥渴；双方军队交锋时必定站在弓箭的射程之内，以便和士卒同安危。因此良将的用兵，常常用积累恩德的军队打击聚积怨恨的敌国，用积累仁爱的队伍打击积聚憎恨的敌军，还有什么原因不能取胜呢？

出其不意

兵贵谋之不测也，形之隐匿也，出于不意，不可以设备也①。谋见则穷，形见则制。故善用兵者，上隐之天，下隐之地，中隐之人。隐之天者，无不制也②。何谓隐之天？大寒甚暑，疾风暴雨，大雾冥晦，因此而为变者也③。何谓隐之地？山陵丘阜，林丛险（怚）[阻]，可以伏匿而不见形者也④。何谓隐之人？蔽之于前，望之于后，出奇行陈之间，发如雷霆，疾如风雨，搴巨旗，止鸣鼓，而出入无形，莫知其端绪者也⑤。

【注释】

①“出于不意”二句：化自《孙子·计篇》。《六韬·虎韬·临境》文义同。②“隐之天者”二句：刘家立《淮南内篇集证》：此以天、地、人并举，下文方解释其义。羼（chàn）入“隐之天者，无不制也”二句，殊为不伦。③甚暑：指酷暑。④“怚”：《道藏》本、刘绩《补注》本作“阻”。当正。⑤搴（jiǎn）：许慎注：“卷取也。”

【细读】

《淮南子》谈到作战方法，要出其不意，攻其不备。书中写道：

战争可贵的是计谋不为人预料，形迹的隐匿，出于敌人的意料，使之不能够加以防备。计谋被人识破那么就会走上穷途，形迹出现那么就会被制伏。因此善于用兵的人，向上把形迹隐藏在天上，向下隐藏在地上，中间隐藏在人群之中。隐藏在天上，没有什么不能制伏的。什么叫隐藏在天上？大寒酷暑，疾风暴雨，大雾昏暗，按照这种气候而对应变化。什么叫隐藏在地下？山陵高丘，林深险阻，可以潜伏而不见形迹。什么叫隐藏在人中间？在前面隐藏了它，望它又像在后头，在行阵之中奇异地出现，发动如雷霆，迅猛如风雨，卷起巨旗，停止鸣鼓，而出入不见形迹，没有人知道它的端倪。

卷十六　说山训

【题解】

本训以寓言、箴言等形式解说大道之旨以及自然和人世间诸多事理，其多如山，因以名篇。

《说山训》中强调要防患于未然："良医常治无病之病，故无病；圣人常治无患之患，故无患。"文中强调要掌握事物的特性："磁石能引铁，及其于铜则不行矣。"做事要讲究先后次序："染者先青而后黑则可，先黑而后青则不可。"文中指出看问题不要绝对化："嫫母有所美，西施有所丑。亡国之法，有可随者；治国之俗，有可非者。"万事万物都是相反相成的："砥石不利，而可以利金；撽不正，而可以正弓。"

江河、泰山

江、河所以能长百谷者，能下之也。夫惟能下之，是以能上之。

泰山之容，巍巍然高，去之千里，不见埵堁，远之故也①。

【注释】

① 埵堁（duǒ kè）：土块。此条亦见于《论衡·说日》。

【细读】

《淮南子》中充满了哲理。"上"和"下"、"近"和"远"，构成了一组矛盾。书中举例说：

长江、黄河之所以能够成为百谷之长，是因为比百谷低下。正是因为江、河比百谷低下，所以才能大于百川。

泰山的雄姿，巍然高耸；距离它千里，看到它不会有一个土块大，这是因为距离远的原因。

兰生幽宫

兰生幽宫，不为莫服而不芳；舟在江海，不为莫乘而不浮；君子行义，不为莫知而止休①。

【注释】

①“不为”句：《文子·上德篇》作“君子行道，不为莫知而止”。

【细读】

《淮南子》以兰草、舟船为喻，指出有道德的君子推行大义，乃是天生德性所使然：

兰草生长在幽深的宫殿中，不因为没有人佩戴而没有芳香；大船航行在江海之上，不因为没有人乘坐而不漂浮；君子推行大义，不因为没有人了解而停止。

良医常治无病之病

良医者，常治无病之病，故无病①；圣人者，常治无患之患，故无患也。

【注释】

①“良医者”几句：其内容亦见于《黄帝内经·素问·四气调神论》：“是故圣人不治已病，治未病；不治已乱，治未乱。此之谓也。夫病已成而后药之，乱已成而后治之，譬犹渴而穿井，斗而铸锥，不亦晚乎？”

【细读】

治病、治世，其理一也。《淮南子》《黄帝内经》主张治未病、治未乱。这种预防观，对后代产生了巨大的影响。《淮南子》中说：

高明的医生，常常治疗没有疾病的人，因此才能不使疾病发生；圣人常治理没有发生患祸的问题，因此不会发生祸患。

求美不得美

求美则不得，不求美则美矣①。求丑则不得丑，求不丑则有丑矣。不求美又不求丑，则无美无丑矣，是谓玄同②。

【注释】

①“不得”：《道藏》本同。刘绩《补注》本、《四库全书》本“得”下有“美”字。“求美”二句：高诱注：“己自求美名，则不得美名也；而自损，则有美名矣。”② 玄同：指与“道”混同为一。

【细读】

《淮南子》认为，美与丑都是客观存在，不是寻求所能得到的。《淮南子》中说：

心里自求美名，那么就不会得到美名；自己不寻求美名，就会得到美名。心里自求丑名，那么就不会得到丑名；寻求不丑，就会得到丑名。不寻求美又不寻求丑的，那么就会无美无丑了。这就和“道”相统一了。

上行下效

楚王亡其猿，而林木为之残①；宋君亡其珠，池中鱼为之殚②。故泽失火而林忧。上求材，臣残木；上求鱼，臣干谷；上求揖，而下致船③；上言若丝，下言若纶④；上有一善，下有二誉；上有三衰，下有九杀⑤。

【注释】

①“楚王”句：高诱注：“楚王，庄王旅也。猿捷躁，依木而处，故残林以求之。”按：楚王，指楚庄王，春秋楚君，五霸之一，在位23年。② 宋君：春秋末宋国国君，名头曼。在位64年。殚（dān）：尽。③ 揖：《道藏》本、刘绩《补注》本作“楫”。《诗·周南·螽斯》王先谦《诗三家义集疏》：“揖、辑、集古字通用。”《集韵》“缉”韵：“楫，通作辑。”疑揖、楫通。④ 纶：大绳。⑤ 衰

(cuī)：衰减。　杀：减削，降格。

【细读】

作为国君，一言一行，一举一动，都要给臣民做出好的表率。否则，后果不堪设想。《淮南子》中的记载发人深省：

楚庄王养的猿猴跑了，林木因此而被砍伐；宋君在池中丢失了他的宝珠，池中之鱼因此而被消灭干净。因此大泽失火，而树木担忧被殃及。国君求美材，臣下便去砍木头；国君求鱼，臣下就会使溪谷干涸；国君需要桨，而臣下就要运来船；国君说的是细丝，臣下说成是大绳；国君有一个长处，臣下便有双倍赞誉；国君想要减少三分，臣下便有九等降格。

掩耳盗钟

范氏之败，有窃其钟负而走者，鎗然有声，惧人闻之，遽掩其耳①。憎人闻之可也，自掩其耳悖矣②。

【注释】

①“范氏”几句：高诱注：“范氏，范吉射，范会之玄孙，范鞅献子之子昭子也。败者，赵简子伐之，故人窃其钟也。一曰：知伯灭范氏也。”按：事见《吕氏春秋·自知》，亦见于《史记·晋世家》《十二诸侯年表序》。鎗（chēng）然，钟声响亮的样子。《说文》：“鎗，钟声也。”《吕氏春秋·自知》作“况然”。② 悖（bèi）：糊涂。

【细读】

“掩耳盗铃”，自欺欺人，是尽人皆知的成语。《吕氏春秋》《淮南子》中都有记载：

范昭子失败的时候，有人偷了他家的钟，背着它逃走时，叮当有声。小偷害怕别人听到，赶忙捂上自己的耳朵。害怕别人听到是可以的，但是捂上自己的耳朵，那么就违背事理了。

殊途同归

江出岷山，河出昆仑，济出王屋，颍出少室，汉出嶓冢，分流舛驰，注于东海①。

所行则异，所归则一。

【注释】

① 舛：《玉篇》：“相背也。”

【细读】

《周易·系辞下》中说：“天下同归而殊途，一致而百虑。”就像《淮南子》中记述的中国古代水系一样：

长江出自岷山，黄河发源于昆仑，济水源于王屋，颍水出自少室山，汉水出自嶓冢，各个水流虽背道而驰，但最后都流注到东海之中。所行的路线各自不同，但是最后的归向是一致的。

一叶知秋

尝一脔肉，知一镬之味[①]；悬羽与炭，而知燥湿之气，以小（朋）［明］大[②]。见一叶落，而知岁之将暮；睹瓶中之冰，而知天下之寒，以近论远[③]。

【注释】

① 脔（luán）：切成小块的肉。 镬（huò）：古代无足的大锅。②“悬羽”二句：高诱注：“燥，故炭轻；湿，故炭重。”按：此为古代测量湿度的方法。类似今天平的原理。“朋”：《道藏》本、刘绩《补注》本作“明”。当正。③“睹瓶中”以下三句：亦载于本书《兵略训》。 论：知。

【细读】

《淮南子》中运用了许多古代逻辑学中关于推理的知识。“以小明大”“以近论远”，就符合自然规律和社会生活常识：

品尝一小块肉，就可以知道一锅菜肴的味道；在平衡物两边悬挂羽毛和木炭，可以测定天气湿度变化情况，这是用小的事物来说明大的内容。看见一片落叶，就知道一年内的时间将要到头了；看见瓶子中水结冰情况，就知道天下的寒冷变化，这是用近处推知远处发生的变化。

卷十七　说林训

【题解】

天下万物之理众多，若林之聚，故名“说林”。其名当源于《韩非子·说林》。

文中强调法随时变，不能凝滞僵化，那种“以一世之度制治天下”，就像刻舟求剑一样可笑。文中指出事物之间是互相依存和转化的，“水火相憎，鑴（huì）在其间，五味以和”。要透过表面现象，分清事物的类别。“蔐苗类絮，而不可为絮；黂不类布，而可以为布。”强调坚持不懈的重要：“故跬步不休，跛鳖千里；积累不辍，可成丘阜。”

刻舟求剑

以一（出）［世］之度制治天下，譬犹客之乘舟，中流遗其剑，遽契其舟桅，暮薄而求之①。其不知物类亦甚矣。

【注释】

①“出”：《道藏》本、刘绩《补注》本作“世”。当正。“桅（wěi）”：《道藏》本、刘绩《补注》本、《四库全书》本同。高诱注：“船弦板。”王念孙《读书杂志》：“桅”当为“梳（fán）”，本字作“舤（fán）”。《广雅》：“舤，谓之舷。”按：此条载于《吕氏春秋·察今》。

【细读】

“刻舟求剑”的故事，比喻行事不知变通，拘泥死板。《淮南子》中记载说：

凭借着一个朝代的制度来治理天下，就像客人乘船，到达中流，剑落入水中，于是急忙在船舷边刻上记号，天晚的时候再到船舷边求剑。这样的人不知道事物的变化，也太刻板了。

得道而德从之

至味不慊，至言不文，至乐不笑，至音不叫，大匠不斫，大豆不具，大勇不斗，得道而德从之矣①。譬若黄钟之比宫，太簇之比商，无更调焉②。

【注释】

① 慊（qiè）：快意。叫：喧哗、呼叫。豆：古代食器，形似高脚盘。以上化自《吕氏春秋·贵公》。彼文作“大庖不豆”。② 比：并随。更：更改。

【细读】

达到“至味”“至言”“至乐”“至音”等，是什么样的境界？“道”和“德”德关系又是怎样？《淮南子》中说：

最好的味道人吃了没有快意，最好的言语是不加文饰，最好的乐曲人听了不会发笑，最动听的声音人听了不会呼叫，最高明的工匠不用斧斫，最大的食器不盛食物，最大的勇敢不去争斗，得道之人德便跟从他。比如，十二律中黄钟和五音中宫音相并随，太蔟和商音相并随，不需要更换其他的调式。

削足适履

骨肉相爱，谗贼间之，而父子相危①。夫所以养而害所养，譬犹削足而适履，杀头而便冠②。

昌羊去蚤虱而来蛉穷，除小害而致大贼，故小快害大利③。

【注释】

①“骨肉”三句：高诱注：“楚平王、晋献公是也。”按：指楚平王听信谗言杀太子建；晋献公杀太子申生，重耳、夷吾逃难。②“夫所以养”三句：高诱注：“‘所以养’，喻谗贼。‘害所养’，喻骨肉。杀，亦削也。头大冠小，不相宜，削杀其头以便冠，愚之至。”③昌羊：即菖蒲。蛉（líng）穷：虫名，即蚰蜒（yóu yán）。多生在墙屋烂草中，好闻脂香。

【细读】

“削足适履”，比喻不顾条件，生搬硬套。《淮南子》中这样说：

骨肉之间相亲相爱，而谗贼之人挑拨离间，那么父子之间也会相互发生危害。用所养的谗佞之人，而来危害被养活的骨肉，比如，就像削脚来适应鞋子大小，削脑袋来适应帽子的方便一样愚蠢。

菖蒲可以除去跳蚤、虱子，但是招来蛉穷。除去小害而招来大害，如果只想到小的痛快，那么就会妨害大的利益。

理念相同

蹠越者，或以舟，或以车，虽异路，所极一也①。佳人不同体，美人不同面，而皆说于目；梨、橘、枣、栗不同味，而皆调于（已）[口]②。

【注释】

①蹠（zhí）：至。 极：《广韵》“职”韵：“至也。”②“已”：《道藏》本、刘绩《补注》本作“口”。《庄子·天运》亦作“口”。

【细读】

人类的认识、理念、标准、好恶等，往往有相通之处。《淮南子》中说：

到越国去的人，有的乘船，有的乘车，即使路途不同，所到的地方是一致的。佳人的形体各不相同，美人的脸面各有特色，而都能使人欢悦；梨、橘、枣、栗各不同味，而都适合于食用。

事物特性相反

汤沐具而虮虱相吊，大厦成而燕雀相贺，忧乐别也。

柳下惠见饴，曰：“可以养老[①]。”盗跖见饴，曰：“可以黏牡[②]。”见物同，而用之异。

蚕食而不饮，二十二日而化[③]；蝉饮而不食，三十日而蜕；蜉游不食不饮，三日而死。人食礜石而死，蚕食之而不饥[④]；鱼食巴菽而死，鼠食之而肥[⑤]。类不可必推。

瓦以火成，不可以得火；竹以水生，不可以得水[⑥]。

【注释】

①“柳下惠”句：高诱注：“柳下惠，鲁大夫，展无骇之子，名获，字禽。家有大柳树，惠德，因号柳下惠。一曰：柳下，邑。”按：春秋鲁大夫，食邑柳下，谥惠。曾掌管刑狱。 饴（yí）：用米、麦制成的糖浆。② 盗跖（zhì）：春秋时期农民起义领袖，占据泰山，“从卒九千，横行天下”。与孔子同时，曾痛斥孔子。柳下惠之弟。《庄子》有《盗跖》篇。牡：即锁钥。③“二十二日”：《大戴礼记·易本命》卢辩注引《淮南子》作“三十二日”。④ 礜（yù）石：矿物名。有毒，苍、白二色可入药。《说文》：“礜，毒石也，出汉中。”⑤ 巴菽（shū）：植物名，又叫巴豆，产于四川，果实可供药用。⑥“竹以”二句：高诱注：“竹得水浸则死矣。”

【细读】

天下万事万物，由于环境、地位、特性、习俗、观念等的不同，对待问题的方法和态度，就会截然不同。世界就是这样的丰富多彩，纷纭复杂。

热水洗头的用具准备好了，而虮虱就会互相吊丧；大厦建成了，而麻雀、燕子互相庆贺，忧愁、欢乐各自有区别。

柳下惠看到饴糖，就说：“可以奉养老人。”盗跖看见饴糖，就会说：“可以粘门上的锁钥。”所见的食物相同，而用法大有差异。

蚕吃桑叶而不饮水，二十二日而化为茧；蝉饮树汁而不吃树叶，三十日而脱壳；蜉蝣不饮不食，三日就要死亡。

人吃了礜石就要死亡，蚕吃了它却不饥饿；鱼吃巴豆而死，老鼠吃了它却长肥。事物类属关系不一定能推知清楚。

瓦用火烧成，不能再遇到火；竹子依靠水生长，但是不能够再用水浸。

各尽其力

毂立三十辐，各尽其力，不得相害[①]。使一辐独入，众辐皆弃，岂能致千里哉？辐之入毂，各值其凿，不得相通，犹人臣各守其职，不得相干[②]。

【注释】

①“毂立三十辐”：《文子·上德篇》作“毂虚而中立三十辐”。②干：乱。

【细读】

《老子》十一章：“三十辐共一毂，当其无，有车之用也。”这里讲的是“有”“无”的辩证关系。《淮南子》说车毂中三十辐各尽其能，密切配合，就能到达千里之外：

车毂四周树立三十个车辐，各自尽到自己的力量，相互不会危害。假使只有一个车辐进入车毂，其他的便全部废弃，怎么能到达千里之远呢？

车辐安进车毂，各自进入它们被凿的位置，不能够互相通连，就像人臣各自守住他们的职位一样，不能互相干犯。

规矩方圆

非规矩不能定方圆，非准绳不能正曲直。用规矩准绳者，亦有规矩准绳焉[①]。

【注释】

①“用规矩”二句：高诱注：“准平绳直之人，能平直耳。故曰‘亦有规矩准绳’。”

【细读】

《孟子·离娄上》中说“离娄之明、公输子之巧，不以规矩，不能成方圆”。《淮南子》中也有继承：

没有规矩不能成方圆，没有准绳不能正曲直。使用准绳、规矩，也是有规矩、准绳的。

用人之道

凡用人之道，若以燧取火，疏之则弗得，数之则弗中，正在疏数之间[①]。

【注释】

① 疏:《玉篇》:“远也。” 数（shuò）:《孔子家语・贤君》王肃注:“近也。”高诱注:“疏，犹迟也。数，犹疾也。”按，高说有误。此言阳燧聚焦取火，与快、慢无关。

【细读】

《淮南子》中把用人之道比作钻燧取火，聚焦离远、离近都不行，恰好在焦点之处，才能得到火：

大凡用人的方法，就像用燧取火一样，距离它远了就得不到火，距离它近了就不能得中，正好在远近适中（即焦点）的时候才能燃着。

卷十八　人间训

【题解】

本训以无比丰富的内容，论述了如何处理人世间的各种相互关系，其中有祸福、得失、益损、利害、功罪、取予、远近、誉毁、徐疾、赏罚、成败等内容，“使人知祸之为福，亡之为得，成之为败，利之为害也”。既生动有趣而又充满了深邃的哲理。

就像解题中所说：“人间之事，吉凶之中，征得失之端，反存亡之几也。”黄老道家学派认为，具有整体和宏观思维的“心”，处理各种复杂问题的“术”，把握和运用体现自然及社会规律的“道”，三者全备，才是处理人世间各种复杂矛盾的关键。

千里之堤，溃于蚁穴

事者难成而易败也，名者难立而易废也。千里之堤，以蝼蚁之穴漏；百寻之屋，以突隙之烟焚①。尧戒曰：“战战栗栗，日慎一日②。”人莫蹪于山，而蹪于垤③。是故人者轻小害，易微事，以多悔④。患至而后忧之，是由病者已惓，而索良医也，虽有扁鹊、俞跗之巧，犹不能生也⑤。

【注释】

① 突：许慎注：“灶突。”按：即烟囱。四句语出《韩非子·喻老》。王念孙《读书杂志》王引之曰：《太平御览·虫豸部》四引此，作“突隙之熛（biāo）”。② 战战：恐惧的样子。　栗栗：畏

惧的样子。③ 蹪（tuí）：跌倒。古楚语。并见《原道训》《说山训》。 垤（dié）：许慎注："蚁封也。"按：《说文》同。即小土堆。语出《韩非子·六反》等。④"者"：《道藏》本同。刘绩《补注》本作"皆"。《群书治要》有"者、皆"二字。⑤ 由：《方言》卷十一戴震疏证："由、犹古通用。"惓（juàn）：许慎注："剧。"按：同"倦"。《群书治要》引许注："倦，剧也。"《说文》："倦，罢也。"引申为病重义。 扁鹊：春秋战国时名医，名秦越人。《汉书·艺文志》"方技略"有《扁鹊内经》九卷。《史记》有《扁鹊仓公列传》。俞跗（fū）：黄帝时医家。亦载于《韩诗外传》卷十。《汉书·艺文志》"方技略"："《泰始黄帝扁鹊俞跗方》二十三卷。"

【细读】

"千里之堤，溃于蚁穴。"比喻小事情不慎重处理，往往就会酿成大祸。《淮南子》中说得明白：

事业是难以成功而容易失败的，名誉是难以树立而容易毁弃的。千里长堤，常常因为蝼蛄、蚂蚁的洞穴渗漏而崩塌；百寻高的大厦，常常因为烟囱缝隙的火苗而被焚毁。尧自我警告说："恐惧戒慎，一天比一天小心。"人们没有被大山绊倒的，而却被蚁穴的小土堆绊倒。因此人们都是轻视小害，把小事看得容易而多有后悔。祸患来到才去忧虑，就像生病的人已经病重，而再寻求高明的医生，即使有扁鹊、俞跗这样的名医高手，也不能使他存活。

天下有三危

天下有三危：少德而多宠，一危也；才下而位高，二危也；身无大功而有厚禄，三危也①。故物或损之而益，或益之而损，何以知其然也？

昔者楚庄王既胜晋于河、雍之间，归而封孙叔敖，而辞不受②。病疽将死，谓其子曰："吾则死矣，王必封女，女必让肥饶之地，而受沙石之间③。有寝丘者，其地确石之名丑④。荆人鬼，越人禨，人莫之利也⑤。"孙叔敖死，王果封其子以肥饶之地，其子辞而不受，（谓）[请] 有寝之丘⑥。楚国之俗，功臣二世而爵禄，唯孙叔敖独存⑦。此所谓损之而益也。

【注释】

①"天下"七句：语似出《国语·鲁语》，亦与本书《道应训》"狐丘丈人谓孙叔敖"语相近。②"昔者"句：许慎注："庄王败晋荀林父之师于邲。邲（bì），河雍地也。"按：此事在楚庄王十七年

夏六月（前 597 年）。载于《左传·宣公十二年》《韩非子·喻老》《列子·说符》《吕氏春秋·异宝》,《史记·楚世家》亦载此事。河雍，黄河和雍州。雍，这里指郯，春秋属郑，在今河南荥阳北。③ 疽（jū）：痈,《吕氏春秋·异宝》《列子·说符》作“孙叔敖疾，将死”。《史记·滑稽列传》作“孙叔敖病且死”。无“疽”字。“沙石之间”:《韩非子·喻老》作“沙石之处”。又《吕氏春秋·异宝》作“楚、越之间有寝之丘者”,《列子·说符》作“楚、越之间有寝丘者”。知此处有脱误。④“有寝丘”二句：许慎注:“寝丘，今汝南固始也。前有垢谷，后有（庄）[庄]（zhuāng）丘，名丑。”按:《楚文化考古大事记》:“寝丘故城址在今固始县城郊北山口。楚庄王封孙叔敖之子侨”于此，建成寝丘邑。（文物出版社，1984 年）确:《说文》:“磬（kè）石也。”按：即石头坚硬义。之:《道藏》本同。刘绩《补注》本作“而”。⑤“荆人”句：许慎注:“人事鬼也。” 禨（jī）：许慎注:“祥也。”按：即福祥。《说文》:“鬿（qī），鬼俗也。淮南传曰：吴人鬼，越人鬿。”指迷信鬼神的活动。⑥“谓”:《道藏》本、刘绩《补注》本作“请”。当正。⑦“功臣”句：郑良树《淮南子斠理》:“爵禄”上疑夺“收”字。《韩非子·和氏》:“封君之子孙，三世而收爵禄。”“唯孙叔敖”句:《史记·滑稽列传》:“封之寝丘四百户。后十世不绝。”

【细读】

楚国令尹孙叔敖指挥楚国的大军，击败晋军，从而确立了楚庄王的春秋霸主地位。立下赫赫战功的孙叔敖，重病辞世之前，告诉儿子，不得接受国君的任何封赏。如果实在推辞不掉，只可接收寝丘——光有石头、土地贫瘠、名声不好的地方。这就是一代贤相孙叔敖。请看《淮南子》的记载：

天下有三件危险的事情：缺少德性而多受宠爱，一危；才能低下而官位高，二危；身无大功而俸禄丰厚，三危。因此事物中有的损减了却反而使它增加，有的增加了却反而使它减少，怎么知道是这样的呢?

从前楚庄王已经在郯地战胜了晋国，回国以后准备封赏孙叔敖，他推辞而不愿接受。孙叔敖得了恶疮，将要死去，对他的儿子说:“我就要死了，国君必然要封你。你必须让出肥美之地，而接受沙丘乱石那样的荒地。楚、越之间有个叫寝丘的，那里石硬地瘠，而名声不好。楚国人信鬼，越国人信吉祥，两国没有人认为这个地方对他们有利。”孙叔敖死后，国君果然把肥饶之地封给他的儿子，他的儿子坚辞不受，请求允许赐给他寝丘之地。楚国的习俗，功臣两代之后便要收回爵禄，只有孙叔敖的封地独存。这就是所说的减损了而反使它增加。

辅车相依

晋献公欲假道于虞以伐虢，遗虞垂棘之（壁）［璧］与屈产之乘[①]。虞公或于（壁）［璧］与马，而欲与之道。宫之奇谏曰："不可！夫虞之与虢，若车之有轮，轮依于车，车亦依轮[②]。虞之与虢，相恃而势也[③]。若假之道，虢朝亡而虞夕从之矣。"虞公弗听，遂假之道。荀息伐虢，遂克之[④]。还反伐虞，又拔之。此所谓与之而反取者也。

【注释】

① 假：《说文》："借，假也。" 虞（yú）：今山西平陆县东北。 虢（guó）：在今河南三门峡市陕州区东南。灭于前655年。 垂棘：在今山西潞城市北。 屈产：在今山西吉县北。"壁"：《道藏》本、刘绩《补注》本作"璧"。当正。② 宫之奇：虞臣。 轮：《韩非子·十过》《吕氏春秋·权勋》作"辅"。《左传·僖公五年》：宫之奇谏曰："谚所谓辅车相依，唇亡齿寒者。"杜预注："辅，颊辅。"按：辅，指车两旁之板。③ 而：《韩非子·十过》《吕氏春秋·权勋》作"之"。④ 荀息：晋大夫，为相国近30年。此则见于《左传》僖公二年、五年，《韩非子·十过》《喻老》《吕氏春秋·权勋》《史记·晋世家》《战国策·秦策》《说苑·善谋》等。

【细读】

辅车相依、唇亡齿寒，这样的道理，在利欲熏心、目光短浅的国君那里，他们压根儿就没有想过。《淮南子》记载了这个故事：

晋献公想向虞借道来讨伐虢国，献公把垂棘产的璧玉和屈产出的良马赠送给虞君。虞公被美玉良马所迷惑，而想借道给晋国。虞大夫宫之奇劝谏说："不行！虞国和虢国，像车子有了轮子，轮子依托于车，车子也依靠轮子。虞国和虢国，相互依靠而形成威势。如果借道给他们，虢国早晨灭亡，而虞国晚上便要跟从它灭亡了。"虞君不听，于是就借道给晋国。晋大夫荀息讨伐虢国，便攻克了它。回师返回侵伐虞国，又夺得了虞地。这就是所说的给予他而反夺取了它。

塞翁失马

近塞上之人，有善术者，马无故亡而入胡，人皆吊之[①]。其父曰："此何遽不为福乎[2]？”居数月，其马将胡骏马而归，人皆贺之。其父曰：“此何遽不能为祸乎？”家富良马，其子好骑，堕而折其髀，人皆吊之[3]。其父曰：“此何遽不为福乎？”居一年，胡人大入塞，丁壮者引弦而战[4]。近塞之人，死者十九，此独以跛之故，父子相保。故福之为祸，祸之为福，化不可极，深不可测也。

【注释】

① 塞上：指长城一带。 术：术数。古代指星相、占卜、医药等技艺。② 其：吴昌莹《经词衍释》："其，指事之词，犹言此也，是也。" 父：《广雅·释亲》："翁，父也。"又《尚书·酒诰》孔颖达疏："父者，尊之辞。"③ 髀（bì）：大腿。④ 引：开弓。

【细读】

《淮南子》中记载了一个有名的塞翁失马、祸福转化的故事：

靠近长城一带的居民，有一个擅长术数的人，他家的马无故跑到了匈奴那边，人们都去安慰他。这位长者却说："这难道不是一件好事吗？"过了几个月，他的马带领了一匹胡地的骏马归来，人们都去祝贺他。这位长者说："这难道不是一件坏事吗？"他家里很富有，又得了良马，他的儿子爱好骑马，一次从马背上摔下来而折断了大腿，人们又去安慰他。这位长者说："这难道不是一件好事吗？"过了一年，匈奴人大举入侵边塞地区，青壮年都拉起弓箭和敌人作战。边塞上的人，十分之九都战死了，他的儿子独独因为腿跛的原因，没有参战，父子俩保全了性命。因此好事可以变成坏事，坏事也可以变成好事，它们的变化是不能穷尽的，深奥的道理是难以测度的。

西门豹治邺

西［门］豹治邺，廪无积粟，府无储钱，库无甲兵，官无计会，人数言其过于文侯[1]。文侯身行其县，果若人言。文侯曰："翟璜任子治邺而大乱，子能道，则可[2]；不能，将加诛于子。"西门豹曰："臣闻王主富民，霸主富武，亡国富库。今君欲为霸王者也，臣故稸积于民。君以为不然，臣请升城鼓之，一鼓，甲兵粟米，可立具也[3]。"于是乃升城而鼓之。一鼓，民被甲括矢，操兵弩而出；再鼓，负辇粟而至[4]。文侯曰："罢之。"西门豹曰："与民约信，非一日之积也。一举而欺之，后不可复用也。燕常侵魏八城，臣请北击之，以复侵地[5]。"遂举兵击燕，复地而后（皮）［反］[6]。

此有罪而可赏者也。

【注释】

① 西门豹：复姓西门，名豹。战国魏文侯时任邺令，治政极为成功。　邺：今河北临漳县西南邺镇。　廪（lǐn）：仓库。② 翟（zhái）璜：魏大夫。“子能道”：王念孙《读书杂志》：《太平御览·治道部》八引，作“子能变道”，是也。变道，谓易其道也。③ 升：登。④ 括：许慎注：“箭也。”按：《类篇》：“箭末曰括。”此处当为捆束义。《慧琳音义》卷一注引《韩诗》：“括，束也。”　负：通“服”。驾牛车。　辇（niǎn）：《吕氏春秋·本生》高诱注：“人引车曰辇。”⑤ 常：通“尝”。曾经。⑥“皮”：《道藏》本、刘绩《补注》本作“反”。当正。此则载于《韩非子·外储说左上》。

【细读】

战国时代魏国著名政治家、水利家西门豹，执政业绩十分突出，被世代传为佳话。《淮南子》中记载说：

西门豹担任邺令时，仓库里没有积粮，府库里没有储钱，兵库里没有武器，官衙里没有账目，人们多次向魏文侯告状。文侯亲自到这个县察看，果然像人们所说的那样。文侯说：“翟璜任用你治理邺县，而现在一片混乱，你能改变这种局面，那么就算了；如果不能改变，我将对你施加刑罚。”西门豹说：“我听说打算称王的君主使百姓富裕，称霸的君主使武备强盛，亡国的君主使仓库堆满。现在君主要想成就霸业，我因此积蓄财力在百姓之中。君主如果不相信，我请求允许登城击鼓，武器、粮食，能够立即准备好。”于是就登上城楼击起战鼓。一鼓声落，百姓身披铠甲，手握兵弩而奔来；第二次击鼓，百姓拉车背粮前来待命。文侯见状，说：“让他们回去吧！”西门豹说：“和老百姓立下的誓约，不是一天积累成的。一次击鼓欺骗了他们，以后就不能再听从指挥了。燕国曾经侵略魏国，占领八城，我请求攻打他们，夺回被侵领土。”于是举兵讨伐燕国，夺回侵地后才返回邺地。

弦高辞赏

秦穆公使孟盟举兵袭郑，过周以东[①]。郑之贾人弦高、蹇他相与谋曰：“日师行数千里，数绝诸侯之地，其势必袭郑[②]。凡袭国者，以为无备也。今示以知其情，必不敢进。”乃矫郑伯之命，以十二牛劳之[③]。三率相与谋曰：“凡袭人者，以为弗知，今已知之矣，守备必固，进必无功[④]。”乃还师而反。晋先轸举兵击之，大破之殽[⑤]。郑伯乃以存国之功赏弦高。弦高辞之曰："诞而得赏，则郑国之信废矣[⑥]。为国而无信，是俗败也。赏一人败国，俗者弗为也[⑦]；以不信得厚赏，义者弗为也。"遂以其属徙东夷，终身不反[⑧]。故仁者不以欲伤生，知者不以利害义。

【注释】

① 孟盟：秦穆公左相百里奚之子，叫孟明视，为秦大将。② 蹇（jiǎn）他：许慎注："弦高之党。"按:《吕氏春秋·悔过》作"奚施"。日:《道藏》本、刘绩《补注》本无此字，疑衍。　绝：经过。③ 郑伯：春秋郑君，即郑穆公，前627年—前607年在位。④ 三率：孟明视为主将，西乞术、白乙丙为副将。《说文》："衛，将卫也。"段玉裁注："衛（shuài），今之率字，率行而衛废矣。"《集韵》"至"韵："衛，通作帅、率。"⑤ 先轸（zhěn）：春秋时晋国执政。城濮之战，大败楚军。晋襄公时，击败秦军。　殽（xiáo）:《左传·僖公三十二年》陆德明释文："殽，本又作崤（xiáo）。"崤山，在今河南洛宁县北。⑥ 诞：欺骗。⑦"败国俗者":《道藏》本同，刘绩《补注》本作"败国俗，仁者"。⑧ 东夷：三代时对东方各族的总称。此节化自《左传·僖公三十二年》及《左传·僖公三十三年》《吕氏春秋·悔过》。

【细读】

秦穆公兴师偷袭郑国，贩牛商人弦高假传郑君命令，送牛犒劳秦师。秦军三帅见阴谋败露，便悄悄离开了郑国。弦高的爱国赤诚和高尚的德操，深受后人赞赏。《淮南子》中详细记载了这件事：

郑国有一个商人，名叫弦高，专门以贩牛为生。以前周朝王子颓喜爱养牛，郑、卫各国商人，纷纷贩牛到京都洛邑去卖，以便求得重利。这种风气沿袭已久，弦高也在从事贩牛的行业。弦高虽然是个生意人，但是有一腔忠君爱国之心，深具排患解纷的谋略。只是没有人荐引，落拓在市井之中罢了。这一日他贩了几百头肥牛，到京都买卖。当他走到黎阳津地方，遇到了自己的儿子蹇他，新近从秦国归来。蹇他告诉父亲："近来秦国派遣三位将军准备袭击郑国，不久就要到达了。"弦高一听，大吃一惊，心想："郑国是我的父母之邦，现在面临亡国的危险。如果不知道也就算了，已经知道而不去解救国家的危难，万一国家灭亡了，我有什么面目回到故乡呢？"想到这里他忽然心生一计，一面命蹇他回国给郑君报信，一面准备犒劳秦军之物。他挑选了十三头肥牛，亲自送往秦军驻地。到了郑国的近邻滑国，恰巧遇到秦国军队。弦高拦住去路，高声叫道："郑国有使臣在此，愿求见主帅。"前哨报入中军，秦军首领孟明视非常吃惊。便怀着惴惴不安的心情，来见弦高。弦高假传郑君之命说："我们国君听说三位将军要到我国去，派遣下臣带来微薄的礼物，前来慰劳你的士卒。"孟明说：

"郑君既然派人犒军，怎么没有国书呢？"弦高说："贵军来时迅速，我君恐怕耽误了时间，所以特别口授命令给下臣，因此就没有带国书。"孟明被弦高说出底细，无话可说，于是就支支吾吾地说："我君不过是为了滑国，本来没有准备袭击郑国的意思。"于是命令暂时驻军滑国，弦高拜谢之后，回国去了。秦军见偷袭郑国阴谋败露，夜半之时，乘滑人未加防备，抢劫了一批珍宝、美玉而去。

郑穆公接到商人弦高之子的密报，起初不大相信，他派人偷偷地观察了秦国三个守将杞子、逢孙、杨孙行动，看见他们厉兵秣马，打点行装，准备迎接秦军。郑伯才深信不疑。于是派遣老大夫烛之武前去慰劳。烛大夫说："听说你们打算离开郑国，我奉国君之命，前来饯行。秦国三帅屯兵周、滑之间，你们想不想见见他们？"三个守将见里应外合的诡计已经泄露，郑国不可久留，就偷偷逃往他国去了。这样，郑国安然无恙，度过刀兵之灾。

秦人退兵，郑伯召见弦高，想要封给他高官厚禄，弦高坚决拒绝。众人感到迷惑不解，也为他惋惜，他说："我打着国君的招牌，欺骗了秦人，保全了社稷。虽然于国有功，但是玩弄骗术，是不能得到奖赏的。如果受奖，那么以后郑人就会学着我的样子，不讲信义了。治国安邦不讲信义就会引起混乱。这是得不偿失的事情。"为了表示自己谢赏辞官的决心，他带着自己的家族，悄悄地离开了郑国，长途跋涉来到了遥远的东夷之地，一直到死也没有再回郑国。

佞臣费无忌

费无忌从于荆平王曰："晋之所以霸者，近诸夏也[①]。而荆之所以不能与之争者，以其僻远矣。楚王若欲从诸侯，不若大城城父，而令太子建守焉，以来北方，王自收其南，是得天下也[②]。"楚王悦之，因命太子建守城父，命伍子奢傅之[③]。居一年，伍子奢游人于王侧，言太子甚仁且勇，能得民心，王以告费无忌[④]。无忌曰："臣固闻之，太子内抚百姓，外约诸侯，齐、晋又辅之，将以害楚，其事已构矣[⑤]。"王曰："为我太子，又尚何求？"曰："以秦女之事怨王[⑥]。"王因杀太子建而诛伍子奢[⑦]。

【注释】

①费无忌：楚佞臣。曾陷害太子建及伍奢（shē），导致楚国的内乱。《左传·昭公二十年》作"费无极"。 从：《道藏》本、刘绩《补注》本作"复"。复，报告、禀告。 荆平王：春秋楚君，名

弃疾，在位13年。靠阴谋弑兄杀弟而上台。 诸夏：指周王室所分封的中原各国。② 楚王：王念孙《读书杂志》："王"上不当有"楚"字。从：使追随。 城父：楚北方城邑，在今安徽亳州东南。《吕氏春秋·慎行》高诱注："城父，楚北境之邑，今属沛国。" 太子建：楚平王居蔡之时，由蔡女所生。来：安抚来者。 北方：指宋、郑、鲁、卫各国。③ 伍子奢：春秋楚大夫，楚平王时为太师。伍员之父。④ 游人：游说之人。⑤ 构：构成。⑥ 秦女之事：指楚平王二年，派费无忌到秦国为太子建娶妇，女子美，费无忌让楚平王自娶之。⑦ 杀太子建：据《左传·昭公二十年》：伍奢被执，太子建逃往宋国。此节并见《吕氏春秋·慎行》。《史记·伍子胥列传》载之甚详。

【细读】

佞臣费无忌是楚国历史上著名的一个奸佞小人，他的行为导致了楚国霸业的衰落。

楚平王熊居用狡诈的手段弑父楚灵王、杀兄子比之后，踏着血泊，登上了王位宝座。为了防止国人和诸侯背叛，他广施恩惠，使楚国政局稍稍稳定。

楚平王有个儿子叫建，他的母亲是蔡国人。当时建已经长大成人，于是平王就立他为太子，并且指派伍奢为太师。又有一个叫费无忌的，素来侍奉平王，善于谄谀，被命为少傅。当时楚国令尹斗成然遭到费无忌谗害而被杀死，太子建常常为令尹鸣不平，认为成然死于无辜。因此太子建与费无忌结下了矛盾。

费无忌唯恐太子建有朝一日即位，将会对自己不利，可能遭来杀身之祸。他整日冥思苦想，准备暗算太子建。一天他忽然心生一计，启奏平王说："太子建已经年长，尚未婚配，应该为他早日完婚才是。如果选择妃子，没有比秦国的公主更为合适的了。两强为婚，楚国的势力就更大了。"平王听从了他的意见，于是派无忌到秦国求婚。秦哀公答应把自己的妹妹孟嬴许配给太子建。

无忌得知孟嬴有倾国倾城之貌，自己私自溜回楚国，密奏平王说："秦女美貌异常，楚国后宫没有哪个能同她相比的。"平王一听，沉默不语。无忌附耳低言说："如此美人，我王不如自取。"平王便同意了。无忌把随行陪嫁的侍妾齐女给了太子建，秦公主归了平王。就这样，儿子的媳妇就被老爹夺走了。

费无忌担心这个"掉包计"日久泄露，又想出一条毒计。一天他禀告平王说："晋国所以能够长久地霸占天下，是因为临近中原的缘故。楚国僻居南方，要想威镇中原，不如让太子建镇守北方重镇城父，这样可以形成对北方各国的威慑力量。"平王觉得有理，也担心娶媳妇的事儿被太子查觉，就命令太子建离开郢都，忠心耿耿的老臣伍奢很清楚无忌的险恶用心。无忌为了陷害伍奢，又向国君建议，令伍奢随太子赴任。

时隔不久，无忌又想出了一个新花招，他密奏平王说："太子建与伍奢勾结在一起，对内收买百姓，对外串联诸侯，准备夺取楚国大权，君王要早作准备。"平王听后，哈哈大笑说："建身为太子，还要夺什么权？"无忌说："他因为君王夺妇的事儿，时常怀恨在心。"平王信以为真，准备先废掉太子，然后杀死他。无忌又说："太子建拥兵在外，如果宣布废掉他，恐怕他逃走或者起兵反叛，不如先召他和伍奢回来，再逮捕他，不是万无一失吗？"平王于是派司马奋扬前去拘捕太子。奋扬是个正直刚强的人，他非常痛恨奸佞，同情无辜的太子。他把无忌陷害的事儿前前后后给太子说了，就劝太子建赶快出逃。而后只把太子建的师傅伍奢拘捕起来，解往郢都。

无忌见自己的对手桎梏入狱，便又对平王说："伍奢有两个儿子，长子名尚，次子名员，都是智勇双全的人。把他父亲抓起来了，儿子作乱怎么办？应该一起捉来杀掉他们。"平王即令拘捕伍尚、伍员。伍尚被捕，伍员含愤逃往吴国。不久，奢、尚父子都被惨杀。

前506年，伍员、孙武率领吴军攻破郢都，掘开平王墓葬，鞭尸三百下，以报杀害父兄之仇。这次吴入郢都之战，使楚国数百年的基业变成一片废墟，给楚国以致命的打击，强大的楚国从此一蹶不振。追根求源，这都是由于楚平王宠信奸佞费无忌引起的。

孔子评弟子

人或问孔子曰："颜回何如人也？"曰："仁人也，丘弗如也。""子贡何如人也？"曰："辩人也，丘弗如也。""子路何如人也？"曰："勇人也，丘弗如也。"宾曰："三人皆贤夫子，而为夫子役，何也①？"孔子曰："丘能仁且忍，辩且讷，勇且怯②。以三子之能，易丘一道，丘弗为也。"孔子知所施之也③。

【注释】

①役：指弟子。②讷（nè）:《说文》:"言难也。"即语言迟钝。 怯：有退让义。③施：指施行教化。以上化自《列子·仲尼》,《说苑·杂言》《论衡·定贤》《孔子家语·六本》亦有记载。

【细读】

西汉司马迁所作《史记·孔子世家》中说："孔子以诗、书、礼、乐教，弟子盖三千焉，身通六艺者七十有二人。”孔子是春秋时代中国伟大的教育家、思想家。孔子出身低贱，没有学位、学历，但是他的勤奋好学，诲人不倦，成为流传千古的佳话。

有人向孔子询问道：“颜回是怎样一个人？”孔子说：“是个品行高尚的人，我不如他。”“子贡是怎样的人？”孔子说：“是个能言善辩的人，我不如他。”“子路是个什么样的人？”孔子说：“是个勇敢刚强的人，我不如他。”宾客说：“三个人都超过了你，而却为你的弟子，这是为什么？”孔子说：“我情操高尚而能忍耐，能说会道而言语适度，勇敢坚定而能退让。用他们三个人的才能，交换我一个人的道术，我不能够做到。”孔子知道他所施教的地方。

秦皇挟《录图》

事或为之，适足以败之；或备之，适足以致之①。何以知其然也？

秦皇挟《录图》，见其传曰：“亡秦者，胡也②。”因发卒五十万，使蒙公、杨翁子将，筑脩城③。西属流沙，北击辽水，东结朝鲜，中国内郡挽车而饷之④。又利越之犀角、象齿、翡翠、珠玑，乃使尉屠睢发卒五十万，为五军，一军塞镡城之岭，一军守九嶷之塞，一军处番禺之都，一军守南野之界，一军结馀干之水，三年不解甲弛弩⑤。使监禄无以转饷，又以卒凿渠而通粮道，以与越人战，杀西呕君译吁宋⑥。而越人皆入丛薄中，与禽兽处，莫肯为秦虏。相置桀骏以为将，而夜攻秦人，大破之。杀尉屠睢，伏尸流血数十万，乃发适戍以备之⑦。当此之时，男子不得脩农亩，妇人不得剡麻考缕，羸弱服格于道，大夫箕会于衢⑧。病者不得养，死者不得葬。于是陈胜起于大泽，奋臂大呼，天下席卷，而至于戏⑨。刘、项兴义兵，随而定，若折槁振落，遂失天下。祸在备胡而利越也。欲知筑脩城以备亡，而不知筑脩城之所以亡也。发適戍以备越，而不知难之从中发也。

夫鹊先识岁之多风也，去高木而巢扶枝，大人过之则探鷇，婴儿过之则挑其卵，知备远难而忘近患⑩。故秦之设备也，乌鹊之智也。

【注释】

① 致：招致。② 秦皇：秦始皇（前259年—前210年），即嬴政，一称赵政。秦王朝建立者。“秦皇”几句：许慎注：“挟（xié），铺也。秦博士卢生使入海，还奏《录图书》于始皇帝。”吴承仕

《淮南旧注校理》："挟"当为"披"。《广雅》："披，张也。铺，陈也。"传（zhuàn）：解说的文字。③蒙公：即蒙恬。秦初名将，被秦二世逼迫而自杀。 杨翁子：秦将。 脩城：即长城。④"西属"句：许慎注："起陇西临洮县。"按：即甘肃临洮，地近大沙漠。 击：顾广圻《校淮南子》：疑当作"系"。属、系、结同义。按：朱骏声《说文通训定声》："击"假借又为"繫"，实为"系"。辽水：指辽河，今辽宁淩河以东。 朝鲜：许慎注："乐浪。"按：指今朝鲜平安南道、平安北道等地。 挽：拉，牵。《说文》"輓，引之也"。《广韵》"阮""輓，同挽"。⑤越：指今中国南方岭南一带。 翡翠：许慎注："翡，赤雀；翠，青雀。" 珠玑：圆者为珠，不圆者为玑。 尉屠睢（suī）：许慎注："秦将。"按：《史记·平津侯主父列传》："又使尉（佗）屠睢将楼船之士南攻百越，使监禄凿渠运粮。"《史记》索隐："尉，官也。他，赵他也。屠睢，人姓名。"依《史记》所载，当为两人。 镡（xín）城：许慎注："在武陵西南，接郁林。"按：古县名，治所在今湖南靖州西南。 九嶷：许慎注："在零陵。"按：在湖南宁远县南。 番禺（pān yú）：许慎注："在南海。"按：今广东广州市南。 南野：许慎注："在豫章。"按：今江西赣州南康西南章水南岸。 馀干：许慎注："在豫章。"按：在今江西东北部，信江下游，西滨鄱阳湖。⑥监禄：秦将。《史记·平津侯主父偃列传》："使监禄凿渠运粮。"《史记·集解》韦昭注："监御史，名禄也。""无以"：王念孙《读书杂志》："无以"二字，后人所加。《困学纪闻》引此，无"无以"二字。"凿渠"事：许慎注："凿通湘水、离水之渠也。"按：即今广西兴安境内之灵渠。沟通湘江和漓水，联系珠江和长江水系，长34公里。为古代著名水利、航运工程。 西呕（ōu）：古越人一支，秦汉时分布在岭南广大地区。译吁宋：西呕君主。⑦適（zhé）戍：被谪贬获罪戍边的人。⑧剡（yǎn）麻：用麻编织。剡，通"緸（yǎn）"，接续。 考：成。 格：通"辂"。挽车之横木。 箕会：许慎注："以箕于衢会敛。"按：即苛敛民财义。 衢（qú）：四通八达之路。⑨陈胜：字涉。许慎《兵略训》注谓"汝阴"人。（明）李贤等撰《明一统志》卷七：凤阳府，阳城，在宿州南。秦县，陈胜生于此。《史记·陈涉世家》："陈胜者，阳城人也。" 大泽：今安徽宿州市埇桥区大泽乡镇。 戏：许慎注："地名，在新丰。"按：在今陕西临潼西。⑩鹊：王念孙《读书杂志》："鹊"上脱"乌"字。《初学记·天部上》《太平御览·天部》九、《白帖》二引此，皆有"乌"字。扶：旁。 鷇（kòu）：幼鸟。《尔雅·释鸟》陆德明释文："鷇，鸟子须哺而食者，燕雀之属也。"

【细读】

中国历史上第一个建立中央集权、华夏一统的帝王是秦始皇。这个千古一帝，当皇帝只有12年；秦二世统治只有3年，在农民起义的狂风骤雨中，庞大的秦帝国，轰然倒下。《淮南子》中对秦始皇的行事进行了探讨：

有的事情想干成它，却恰好能够使它失败；有的想防备它，却能够招致它到来。怎么知道是这样的呢？

秦始皇展现方士送来的《录图》，看到上面记载说："灭亡秦朝的是'胡'。"因此征发士卒五十万，派蒙恬、杨翁子为将，率兵修筑长城。西部连接流沙，北面连缀辽水，东部连接朝鲜，中国各地拉着车子转运粮饷。又想得到越地的犀角、象齿、翡翠、珠玑之类，于是派尉屠睢率兵五十万，分为五路大军，一军占领镡城的峻岭，一军把守九嶷的险塞，一军镇守番禺，一军守卫南野的边界，一军结集在馀干洞庭之畔，三年不解下兵甲，放松弓弩。因派监禄无法转运粮饷，又发动士卒开凿渠道，沟通湘江、漓水，使粮道畅通，来和越人作战，杀死西呕君主译吁宋。而越人都潜入深山密林之中，和禽兽相处，没有人肯当秦人的俘虏。越人互相设置勇武之人作为首领，在夜间袭击秦兵，大败秦军，杀死尉屠睢，秦军伏尸流血数十万，于是又征发戍卒来防备越人。在这个时候，男子不能够整治农田，妇女不能够剥麻纺线，老弱都在道上拉车，大夫在道路上公开苛敛民财。生病的人无法奉养，死亡的人不能得到安葬。在这种情况下，陈胜率领戍卒九百人，在大泽乡起兵反秦，奋臂大呼，天下席卷响应，并且一直打到秦都附近。刘邦、项羽兴起义兵，天下随着而平定，就像折断槁木、摇落枯叶一样，秦二世便失去了天下政权。祸患在于防备"胡"人，而贪图越地的奇珍。想筑起长城来防备胡人，不知道修筑长城正是导致灭亡的原因。发动戍卒来防备越人，而不知道灾难正是从中产生的。

喜鹊预先知道年内风的大小，离开高的树枝而在近枝上筑巢，大人经过就会伸手抓取小鸟，婴儿经过也会拨动鸟卵，知道防备远方的灾难，而忘记近处的患祸。因此秦国的设置防备，不过是喜鹊的智慧罢了。

孙叔敖决期思之水

孙叔敖决期思之水，而灌雩娄之野，庄王知其可以为令尹也①。

【注释】

① 期思之水：即淠（pì）水，又名沘水。利用源于沘山之水，汇于芍陂（今寿县安丰塘为其中的一部分）。 雩（yú）娄之野：许慎注："今庐江是。"按：故址在今河南固始东。与庐江、金寨、固始、商城相毗邻。期思、雩娄灌区，是我国古代最早大型水利工程，至今受益。

【细读】

孙叔敖率领家乡的百姓，把大别山上的水流，引入地势较低的雩娄地区，建立了规模巨大的中国最早的水利工程，至今百姓受益。这位深受人民喜爱的“鄙人”，被楚庄王提拔为令尹，掌管楚国大政，使楚国走上富国强兵道路。《淮南子》中第一次记载了孙叔敖兴修水利之事：

孙叔敖决开期思之水，来灌溉雩娄的田地，楚庄王知道他可以担任令尹。

卷十九 脩务训

【题解】

脩务，就是勉励人们要致力事业，及时奋进，为济救万民而立功。本篇是《淮南子》的重要内容之一。

本训首先对“无为”“有为”进行了新的解释。无为，就是按自然和社会规律办事；有为，就是背离自然。它第一次对《老子》《庄子》中的消极无为的思想进行了彻底的改造，赋予了崭新的内容。其次文中强调要学习和自强。认为“学不可以已”“不自强而功成者，天下未之有也”。要达到学习、自强的要求，不要随波逐流，要有自己的独立见解，持之以恒，“不为古今易志”，方能成就事业。同时对世俗“贵古贱今”“重名轻实”的现象进行了批判。

治政“无为”

或曰：“无为者，寂然无声，漠然不动，引之不来，推之不往，如此者乃得道之像①。”吾以为不然，尝试问之矣②：

若夫神农、尧、舜、禹、汤，可谓圣人乎？有论者必不能废③。以五圣观之，则莫得无为明矣。

古者民茹草饮水，采树木之实，食蠃蛖之肉，时多疾病毒伤之害④。于是神农乃（如）［始］教民播种五谷，相土地宜燥湿肥墝高下⑤；尝百草之滋味，水泉之甘苦，令民知所避就。当此之时，一日而遇七十毒。

尧立孝慈仁爱，使民如子弟。西教沃民，东至黑齿，北抚幽都，南道交趾⑥。放讙兜于崇山，窜三苗于三危，流共工于幽州，殛鲧于羽山⑦。

舜作室，筑墙茨屋，辟地树谷，令民皆知去岩穴，各有家室。南征三苗，道死苍梧⑧。

禹沐浴霪雨，栉扶风，决江疏河，凿龙门，辟伊阙⑨；脩彭蠡之防，乘四载，随山栞木，平治水土，定千八百国⑩。

汤夙兴夜寐，以致聪明，轻赋薄敛，以宽民氓⑪；布德施惠，以振困穷；吊死问疾，以养孤孀⑫；百姓亲附，政令流行。乃整兵鸣条，困夏南巢，谯以其过，放之历山⑬。

此五圣者，天下之盛主，劳形尽虑，为民兴利除害而不懈。奉一爵酒，不知于色⑭；挈一石之尊⑮，则白汗交流。又况赢天下之忧，而海内之事者乎⑯？其重于尊亦远矣。且夫圣人者，不耻身之贱，而愧道之不行；不忧命之短，而忧百姓之穷。是故禹之为水，以身解于阳盱之河⑰；汤旱，以身祷于桑山之林⑱。圣人忧民如此其明也，而称以"无为"，岂不悖哉⑲？

【注释】

①"或曰"以下几句：高诱注："或人以为先为术如此，乃可谓为得道之法也。"②"吾以为"二句：高诱注："以为不如或人之言。尝问之于圣人矣。"③有论"句：高诱注："言五人可谓圣人耶？有论者何能废其道也。"④茹：《尔雅·释诂》："食也。"有吞咽义。蠃（luó）：同"螺"。蚌（bàng）：蚌属。⑤"如"：《道藏》本、刘绩《补注》本作"始"。当正。 五谷：菽、麦、黍、稷、稻。 相：省视。 墝（qiāo）：土壤坚硬贫瘠。⑥沃民：西方之国。已见本书《地形训》。 黑齿：东方之国。已见《地形训》。 幽都：高诱注："阴气所聚，故曰幽都，今雁门以北是。"按：已见《地形训》。 交趾：南方之国。⑦放：放逐。 讙（huān）兜：尧时佞臣。据《山海经·海外南经》及郭璞注，亦为南方国名。 崇山：南极之山。此数句亦见《尚书·尧典》《孟子·万章上》《庄子·在宥》，及《大戴礼记·五帝德》等。 三苗：见《地形训》。本书凡七见。 三危：西极之山名。本书凡五见。 共工：尧时有共工官。本书凡七见。 殛（jí）：杀死。鲧（gǔn）：禹之父。治水不成，尧殛之。 羽山：东极之山。⑧苍梧：高诱注："时舜死苍梧，葬于九嶷之山，在苍梧冯乘县东北，零陵之南千里也。"按：在今湖南宁远南。⑨扶风：疾风。二句见于《庄子·天下》。"决江疏河"二句：高诱注："决巫山，令江水得东过，故曰'决'。疏道东注于海，故言'疏'。龙门本有水门，鲔（dié）鱼游其中，上行得上过者，便为龙，故曰'龙门'。禹辟而大之，故言'凿'。伊阙，山名，

禹开截山体，令伊水得北过，入雒（luò）水，故言‘阙’也。”⑩ 彭蠡（lí）：即今洞庭湖。 四载：高诱注：“山行用蔂（léi），水行用舟，陆行为车，泽行用蕝（jué）。”按：已见《齐俗训》。 栞（kān）：斩除。载《尚书·咎繇谟》《禹贡》。栞木，即表木。刊木立为表记。⑪氓（méng）：高诱注：“野民曰氓也。”按：指流动之民。⑫“以养”句：高诱注：“幼无父曰孤。孀，寡妇。雒家谓寡妇为孀妇。”⑬鸣条：地名。在今山西运城安邑镇北。 南巢：高诱注：“今庐江居巢是。”按：在今安徽巢湖西南。 谯（qiáo）：责备。《方言》卷七：“谯，让也。” 历山：在今安徽和县境。即历阳之山。⑭知：《吕氏春秋·自知》高诱注：“犹见也。”⑮挈（qiè）：提起。⑯羸：《汉书·刑法志》颜师古注：“担负也。”“海内”：《道藏》本、刘绩《补注》本同。王念孙《读书杂志》：“海内”上脱“任”字。《艺文类聚·人部》四、《杂器物部》引，皆有“任”字。⑰解（jiě）：高诱注：“祷（dǎo），以身为质。”按：指祈祷以身为人质。“阳眄（miàn）之河”：高诱注：“在秦地。”按：《道藏》、刘绩《补注》本、《四库全书》本亦作“眄”。《地形训》作“阳纡”，《吕氏春秋·有始》作“阳华”。眄，当为“盱”之误。盱，同吁（xū）。⑱桑山之林：商汤祭祀求雨之地。在今河南荥阳汜水镇一带。⑲悖（bèi）：荒谬。

【细读】

有的人说，“无为”，就是无所作为，也什么事情都不干。还有的人说：“无为，就是静寂地没有声音，淡漠地没有行动，招引它不来，推动它不去。像这样，才是掌握了道的样子。”《淮南子》中说：我认为“无为”不是这样。试试说一说我的考察结果：

如果说到神农、尧、舜、禹、汤，可以说是圣人了吧！提出论题的人必定都不能废弃他们的观点。从五圣来看，那么他们都没有做到“无为”，这是很明显的。

古时候人们吃野草，喝生水，采集树木的果实，吃蚌蛤的肉，当时人民经常发生疾病、毒伤的灾害。在这个时候，神农便开始教导百姓播种五谷，察看土地的适宜情况，根据干旱燥湿、肥沃贫瘠、高丘平原，因地制宜；品尝百草的滋味，以及水泉的甘苦，指导百姓避开有害的而接近有益的。在这个时候，神农一天遇到有毒的植物和水源七十次。

尧建立孝慈、仁爱的道德规范，役使百姓就像对待自己的子弟一样。在西部教导沃民，东方到达黑齿，北边安抚幽都，南方到达交趾，亲自以仁义教导他们。把讙兜流放到崇山，将三苗驱逐到三危，把共工流放到幽都，把鲧处死在羽山。

舜教民筑墙造屋，用茅草盖房，开辟土地，种植五谷，使百姓都知道离开岩洞，而各自建立家室。到遥远的南方去征服三苗，死在经过苍梧山的路途之中。

禹冒着淫雨，顶着疾风，劳苦奔波，疏通长江、黄河，凿通龙门，劈开伊阙，修筑彭蠡的堤防，乘着四种交通工具，顺着山势，砍削大木作标志，整治水土，安定了天下一千八百多个诸侯国。

商汤起早睡晚忧心国事，极尽自己的聪明智慧；轻纳赋税，少征财物，以便使百姓富裕；广布德泽，施予恩惠，用来赈救困穷之人；慰问死者亲属，恤问患病之人，抚养孤儿寡妇；百姓亲近归附，政教法令通行天下。于是在鸣条整治军队，把夏桀围困在南巢；为了责罚他的罪过，并把他流放到历山。

这五位圣君，是天下最具盛德的天子，疲劳形体，竭尽思虑，为百姓兴利除害而不松懈。捧起轻轻的一爵酒，脸上不见有难色；提起重一石的酒樽，那么就会汗流浃背。又何况担负起天下人的忧虑，胜任海内的大事呢？它比一樽的重量已超出很远了。况且对于圣人，不以自身低贱为耻辱，而以大道没有推行为羞愧；不担心生命的短暂，而忧虑百姓的穷困。因此大禹为了治水，亲自到阳盱之水作祈祷；汤时面临七年大旱，他亲自到桑林向天神祈求降雨。圣人忧虑百姓像这样清楚明白，而用“无为”来称说他们，难道不是十分荒谬的吗？

所谓“无为”

夫地势水东流，人必事焉，然后水潦得谷行①；禾稼春生，人必加功焉，故五谷得遂长②。听其自流，待其自生，则鲧、禹之功不立，而后稷之智不用③。若吾所谓“无为”者，私志不得入公道，耆欲不得枉正术④；循理而举事，因资而立［功］⑤；权自然之势，而曲故不得容者⑥；政事而身弗伐，功立而名弗有⑦。非谓其感而不应，攻而不动者⑧。若夫以火熯井，以淮灌山，此用己而背自然，故谓之有为⑨。若夫水之用舟，沙之用（肆）［鲺］，泥之用輴，山之用蔂⑩；夏渎而冬陂；因高为田，因下为池，此非吾所谓为之⑪。

【注释】

①“夫地势”三句：高诱注：“水势虽东流，人必事而通之，使得循谷而行也。” 潦（lǎo）：《说文》：“雨水大皃。”② 加功：高诱注：“加功，谓‘是藨（biāo）是蓘（gǔn）’，耘耔之也。”按：《春秋左传注》杨伯峻云：“穮，音标，田中除草。蓘，音滚，培土附苗根。”加功，即耕耘之义。 遂：成。③ 鲧、禹：王叔岷《淮南子斠证》：《齐民要术·种谷》第三引此作“大禹”。④ 耆（shì）：《道藏》本、刘绩《补注》本、《文子·自然篇》作“嗜”。《汉书·景帝纪》颜师古注：“耆，读曰

嗜。”⑤ 立”:《道藏》本、刘绩《补注》本、《四库全书》本同。王念孙《读书杂志》:“因资而立”下脱一字，当依《文子·自然篇》作“因资而立功”。《氾论训》《说林训》皆作“因资而立功”。⑥ 权:《道藏》本、刘绩《补注》本同。王念孙《读书杂志》:当依《文子》作“推自然之势”，字之误也。于大成《脩务校释》云：日本宝历本《文子》江忠囿序引此文，字正作“推”。 曲故：巧诈。⑦ 政:《道藏》本同。刘绩《补注》本、《四库全书》本作“事成而身弗伐”。无“政”字，有“成”字。王念孙《读书杂志》:“政”当作“故”，字之误也。 伐：高诱注:“自矜，大其善。”按:《广韵》:“月”韵:“自矜曰伐。”即自我夸耀。⑧ 攻:《道藏》本、刘绩《补注》本同。王念孙《读书杂志》引之曰:“攻”当为“攴（pò）”。攴，今“迫”字也。故《文子》作“迫而不动”。⑨“若夫”以下四句：高诱注:“火不可以熯（hàn）井，淮不可以灌山，而以用之，非其道，故谓之‘有为’也。”按：熯，《说文》:“干皃。”有为，即违背自然规律，肆行妄为之义。⑩“肆”:《文子·自然篇》作“辥（niǎo）”。亦见本书《齐俗训》。《字汇补》引杨慎曰:“恐如今之山东皮帮鞋，漏水不漏沙之义。”輴（chūn）:古代用于泥路的交通工具。《尚书·益稷》孔颖达疏:“輴，《汉书》作‘橇’，以板置泥上。” 蔂（léi）:登山的用具。通“欙（léi）”。《说文》:“欙，山行所乘者。”《汉书·沟洫志》作“梮（jū）”。颜师古注：如淳曰:“梮谓以铁为椎头，长半寸，施之履下，以上山，不蹉跌也。”韦昭曰:“梮，木器，如今舆床，人举以行也。”知有两说。⑪“因高”几句：高诱注:“此皆因其宜用之，故曰‘非吾所谓为’，言无为。”按:《文子·自然篇》作“因高为山”。以上载于《吕氏春秋·审分》。

【细读】

《淮南子》中“无为”，指的是按照自然和社会规律行事。所谓“有为”，就是违背自然和社会规律行事。具体地说，应该这样来理解和认识：

按照地势，水是向东流的，人们必须根据地势来治理它，然后流水才能沿着低洼山谷穿行；禾苗春天生长，人们就要按照这个特点耕耘除草，因此五谷才能得以生长。听凭它自然流动，等待它自然生长，那么鲧、禹之功不会建立，而后稷的才智也不会被使用。像我所说的“无为”，指的是偏私的念头不能够进入公道之中，嗜欲爱好不能使正道歪曲；根据道理而行事，按照资用而建立功劳；推究自然的规律，那么巧诈便没有容身之地了；事业成功而自己不夸耀，功名建立而不称说有功。而不是所说的感动而不响应，压迫而不活动的情形。至于像用火来烤干井水，把淮水引上八公山，这只是凭主观想象而违背自然规律，因此称它叫“有为”。像水行用舟船，沙地用辥，泥地用輴，山地用蔂；夏天形成川流，而冬天蓄为陂塘；按照高低而建成梯田，沿着低洼之地而修建池塘，这不是我所说的“有为”。

墨子止战

圣人之从事也，殊体而合于理，其所由异路而同归，其存危定倾若一，志不忘于欲利人[①]。何以明之？

昔者楚欲攻宋，墨子闻而悼之[②]。自鲁趋而十日十夜，足重茧而不休息，裂衣裳裹足，至于郢[③]。见楚王曰："臣闻大王举兵将攻宋，计必得宋而后攻之乎[④]？忘其苦众劳民，顿兵剉锐，负天下以不义之名，而不得咫尺之地，犹且攻之乎[⑤]？"王曰："必不得宋，又且为不义，曷为攻之？"墨子曰："臣见大王之必伤义而不得宋。"王曰："公输，天下之巧士，作为云梯之械，设以攻宋，曷为弗取[⑥]？"墨子曰："(今)[令]公输设攻，臣请守之[⑦]。"于是公输般设攻城之械，墨子设守宋之备，九攻而墨子九却之，弗能入。于是乃偃兵，辍不攻宋[⑧]。

【注释】

① 从事：行事，处理事务。　体：事体。　定倾：扶助倾危，使之安定。② 楚：指楚惠王，名熊章，战国初期楚君，在位57年。　宋：周初微子启的封地，都商丘（今河南商丘）。　悼：悲伤。此条见于《墨子·公输》，《吕氏春秋·爱类》《吕氏春秋·慎大》。③ 郢：高诱注："楚都也，今南郡江陵北［十］里郢是也。"按：在今湖北江陵西北，遗址称纪南城。④ 计：谋划。⑤ 忘：《吕氏春秋·爱类》作"亡"。忘、亡通。忘其，还是。　剉（cuò）：辱折。《说文》："剉，折伤也。"⑥"公输"四句：高诱注："公输，鲁班号，时在楚。云梯，攻城具，高长，上与云齐，故曰'云梯'。"　巧士：《吕氏春秋·爱类》作"巧工"。⑦"今"：《道藏》本、刘绩《补注》本作"令"。当正。⑧ 辍（chuò）：停止。

【细读】

墨家学派产生发展于春秋、战国之际，它是继孔子儒家学派之后的又一著名学派，当时影响全国，号称"显学"。墨家学派有严密的组织和严格的纪律，所有的成员必须服从领袖巨子的指挥。墨家学派的人熟悉工艺技术，懂得科学知识和军事知识，代表了小生产者的利益。

墨家代表人物墨翟（即墨子），就是取得卓越成就的发明家。他花了三年时间制成了一只木鸢，在天空整整飞行了一天。这恐怕是世界上第一架飞行器了。墨子是一个虔诚的和平主义者，他的中心思想是"兼爱"，提倡"非攻"。墨子认为，人们如果能够互相爱护，互相帮助，这样就能使饥饿的人得到食物，缺衣的人得到衣服，辛劳的人得到休息，混乱的社会秩序也就能得到治理了。既要“兼爱”，当然就要反对战争了。

当时南方强大的楚国要去攻打北方弱小的宋国，墨子听说这件事情后，心里非常着急，决定自己亲自去说服楚惠王，制止这场侵略战争。他从鲁都出发，带上几双草鞋，背着一袋干粮，徒步走了十天十夜，跨过千山万水，终于赶到了楚都。他见到了楚惠王，直截了当地说：“听说您准备兴兵攻宋，区区宋国只有弹丸之地，何苦要兴师动众，劳民伤财，去做这个不利于两国人民的不义之事呢？”楚王说：“我已经命令部下造好了攻城用的梯子，一定要夺取宋国才罢休。”墨子说：“我认为楚王既不能攻下宋城，而只能在天下人面前丢脸。”楚王不信，说：“攻城之事，易如反掌。”当即召来能工巧匠公输般，让他把攻城的云梯摆出来给墨子看。墨子瞥了一眼，哈哈大笑说：“这等小技，只可以给顽童游戏罢了。”公输般听了，火冒三丈，要与墨子决一雌雄。公输般摆了九样阵式，墨子轻而易举地攻破了。公输般无计可施，说：“我还有一样绝技没用。”墨子说：“我知道你的绝技，那就是叫楚王杀了我。杀死我并不能起到什么作用。我已经命令我的弟子们做好了守宋的一切准备，他们准备随时粉碎楚国的入侵。”楚王在墨子大智大勇的威慑下，只好停止了对宋的入侵。

墨子的“摩顶放踵，利天下为之”的忘我牺牲精神，赢得了后人的赞扬。

魏文侯礼贤下士

段干木辞禄而处家，魏文侯过其闾而轼之①。其仆曰：“君何为轼？”文侯曰：“段干木在，是以轼。”其仆曰：“段干木布衣之士，君轼其闾，不已甚乎？”文侯曰：“段干木不趋势利，怀君子之道，隐处穷巷，声施千里，寡人敢勿轼乎②？段干木光于德，寡人光于势③；段干木富于义，寡人富于财。势不若德尊，财不若义高。干木虽以己易寡人，不为④。吾日悠悠惭于影，子何以轻之哉⑤？”其后秦将起兵伐魏，司马庾谏曰：“段干木贤者，其君礼之，天下莫不知，诸侯莫不闻，举兵伐之，无乃妨于义乎⑥？”于是秦乃偃兵，辍不攻魏。

【注释】

①段干木：复姓段干，战国魏人。师事子夏，文侯请以为相，辞不受。文侯以师事之。 闾：里闾。 轼：有凭轼致敬义。②施：行。③光：光耀显明。④“干木”：《道藏》本、刘绩《补注》本

同。何宁《淮南子集释》："干木"上应有"段"字。段干复姓。"干木"二句：高诱注："使干木之己贤，易寡人之尊，不肯为之矣。"⑤悠悠：忧思的样子。⑥司马庾（yǔ）：战国秦大夫。《吕氏春秋·期贤》作司马唐。《史记·魏世家》亦载其事。

【细读】

在战国初期的诸侯国家中，魏文侯是最有声望的诸侯。因此魏国也成为列强之首。魏文侯名叫魏斯，是晋时大夫魏桓子驹的孙子，他是魏国第一代君主。前403年，他与韩、赵同时被周天子正式册封为诸侯。

魏文侯强国之道主要在于用贤。他招纳了一批政治、军事人才，礼贤下士，任人唯贤。当时，孔子的高足弟子卜商（字子夏）在魏国的西河教授弟子。魏文侯经常前往求教，并拜为老师。魏成子向魏君推荐社会名贤田子方，文侯亲往会见，二人言谈非常融洽，成了最亲密的朋友。他先后任用魏成子、翟璜、李悝为相，使著名军事家吴起治理军队。此外如一心为国、不徇私情的乐羊，为民除害、胆略超人的西门豹等，都委以重任。由于一大批志士贤人络绎归附，加之魏国良好的天然条件，土地肥沃，人口众多，使魏国在政治、经济、军事上得到了很大的发展，从而成为当时最强大的新兴的地主阶级专政的国家。

魏文侯礼敬贤人段干木的故事，更是一段历史佳话。段干木年幼时家境十分贫寒，他出身于社会下层，原来是市场上的买卖人。他也曾从卜子夏学习。学成之后，他与田子方、李悝、翟璜、吴起等都居于魏国。这些人一个个都身居要职，飞黄腾达，只有段干木守着几间破草房，不愿出来做官，对谋取势力、地位、富贵的行为非常反感。魏文侯得知这一情况，立刻命令备车前往。段干木听说是文侯登门，悄悄从后门溜走了，根本不愿见文侯。文侯对这个不慕功名富贵，不去趋炎附势，身居陋巷不改节行的高士十分钦敬，于是就在西河这个方停留一个月，每天都亲自到门请见。每当快到段干木的草房附近，就从车上站起来，凭轼肃立，以表敬意，不敢轻易坐下。段干木知道魏文侯是真心实意而来，而并非是沽名钓誉之徒，才和魏文侯以礼相见。魏文侯与段干木终日倾谈，获益颇多。于是派人用车载归，与卜子夏、田子方等共同奉为老师。

魏文侯的御夫见文侯整天登门求教，很不理解，便问文侯："段干木是一个穷困的老百姓，君主为什么对他这样崇敬？"文侯说："段干木是天下少有的贤德之人，不遇明主，隐居陋巷，他正是我梦寐以求的贤者，我怎能不恭敬呢！"四方贤士听说魏文侯屈膝求贤，闻风来归。又有翟璜、田文、任座等一班谋士，济济一堂，终日与文侯运筹帷幄；吴起、乐羊、西门豹等一班武将，训练军队，振兴国威。致使当时人才之盛，无如魏国。后来秦国准备起兵伐魏，大夫司马庾知道后，立即劝谏国君说："魏文侯的老师段干木，是天下著名的贤人，文侯待之如上宾。侵伐这样的国家，危害这样的贤者，是不得人心的，必然要受到天下人民的谴责。"秦君听了，觉得在理，于是停止了对魏国的侵略。

学亦砥锡

夫纯钧、鱼肠剑之始下型，击则不能断，刺则不能入，及加之砥砺，摩其锋剽，则水断龙舟，陆剸犀甲[①]。明镜之始下型，矇然未见形容，及其粉以玄锡，摩以白旃，鬓眉微毫，可得而察[②]。夫学，亦人之砥锡也，而谓学无益者，所以论之过。

【注释】

① 纯钧、鱼肠：利剑名。亦见于《越绝书·外传记》《吴越春秋》。纯钧，并见本书《齐俗训》《览冥训》，均作"淳"。 型：铸造器物的模子。砥：细的磨刀石。砺：粗的磨刀石。 剽（è）：刀剑之刃。今作"锷"。剸（tuán）：割，截。《广雅·释诂一》："剸，断也。" ② 玄锡：用水银和锡化合而成的液体，今称锡汞合剂，用作抛光之用。1980 年上海博物馆和中科院上海材料研究所用锡、汞、矾、明矾、枯矾、鹿角灰等配成"磨镜药"，疑与"玄锡"相似。 白旃（zhān）：白色的毛毡。

【细读】

淮南王刘安特别重视学习。这在中国古代历史上，也是极为罕见的。他把学习比作磨砺纯钧、鱼肠这样宝剑的磨刀石，比作给明镜抛光用的玄锡。《淮南子》中这样说：

像纯钧、鱼肠这样的宝剑，开始倒出模型的时候，用来砍杀则不能断开，用来击刺则不能进入。等到放在磨刀石上，磨快它的锋刃，那么在水中可以斩断龙舟，在陆地上可以截断犀甲。又像明镜在开始倒出模具的时候，模糊得看不清面容，等到用玄锡来抛光，用白色毛毡加以摩制，那么鬓发眉毛，一点极小的差别，都可以看得很清楚。学习也是人的磨刀石和玄锡，而有人却说学习没有益处，这是提出这种观点的人的过错。

学不可已

昔者仓颉作书，容成造历，胡曹为衣，后稷耕稼，仪狄作酒，奚仲为车，此六人者，皆有神明之道，圣智之迹[①]。故人作一事而遗后世，非能一人而独兼有之。各悉其知，贵其所欲达，遂为天下备。今使六子者易事，而明弗能见者何？万物至众，而知不足以奄之[②]。周室以后，无六子之贤，而皆脩其业；当世之人，无一人之才，而知其六贤之道者何？教顺施续，而知能流通[③]。由此观之，学不可已，明矣[④]。

【注释】

①“容成”句：高诱注：“容成，皇帝臣，造作历，知日月星辰之行度。”按：《世本·作篇》：“容成作调历。” 胡曹：黄帝臣。其事亦见《世本》《吕氏春秋·勿躬》。 仪狄：禹臣。其事见《世本》《战国策·魏一》。“奚仲”句：高诱注：“《传》曰：‘奚仲为夏车正，封于薛也。’”按：引文见《左传·定公元年》。《吕氏春秋·君守》亦载其事。薛，今山东滕州南四十里。② 奄：包裹、覆盖义。③ 教顺：教训。顺，通“训”。已见本书《道应训》。 施：杨树达《淮南子证闻》：施者，延也。《礼记·乐记》注云：“施，延也。”按：施续，即连续义。④“学不”句：见于《荀子·劝学》。

【细读】

《淮南子》中非常赞赏古代的发明创造。仓颉、容成、胡曹、后稷、仪狄、奚仲六人，都是古代的发明家，留下了光辉的业绩。后世沿续他们的技艺，靠的是代代学习。所以，学习是不能够停止的。《淮南子》中说：

从前仓颉创造文字，容成制造历法，胡曹教人做衣裳，后稷种植五谷，仪狄造酒，奚仲制造车子，这六个人，都是掌握了变幻莫测的道理，具有超人的才智，而留下光辉的业绩。因此人能干出一件大事而遗留给后代，但不能一个人单独具有许多发明。各人拿出他们的全部智慧，可贵的是他们把心中的想法全部表达出来，这样便能供给天下人的需用了。现在如果使六个人改变他们所从事的工作，而他们的明智就不能显现出来，这是为什么？世间万物是纷纭复杂的，而个人的智慧是不能够覆盖他们的。周朝以后，没有出现六子这样有才能的人，而都能继承他们的事业；当代的人，没有一个人具有六子这样的才智，而都能了解六子的技艺，这是为什么？一代代的教训使他们的技艺延续下来，而凭着知识才能够代代流传下去。从这里可以看出，学习是不可以停止的，这是十分明确的。

自强功成

夫瘠地之（吴）［民］多有心者，劳也[①]；沃地之民多不才者，饶也[②]。由此观之，知人无务，不若愚而好学。自人君公卿至于庶人，不自强而功成者，天下未之有也。《诗》云："日就月将，学有缉熙于光明[③]。"此之谓也。

【注释】

①"吴"：《道藏》本、刘绩《补注》本作"民"。当正。② 饶：安逸。以上数句出自《国语·鲁语》。③"《诗》云"几句：高诱注："言为善者，日有所成就，月有所奉行，当学之是明，此勉学之谓也。"按：引文见《诗·周颂·敬之》。 缉熙：积渐。《说文》："缉，绩也。"《文选·曹植〈求通亲亲表〉》张铣注："缉，熙也。"

【细读】

《淮南子》的"脩务训"，全文就是自强不息篇。他从环境、地域、生存等方面，表达了他的自强功成的观点：

贫瘠土地上的人，多有创业之心，这是身心疲劳的结果；肥沃土地上的人，多有不成器的人，这是富裕享乐的结果。从这里可以看出，聪明的人不能成事，不如愚笨的人好学深思。从国君、公卿，直到庶民百姓，自己不能发愤图强而能够使大功告成的，在天下是没有的。因此《诗》中说："日日有所成就，月月有所奉行，积累学习，就能到达光明。"说的就是这样的事。

南荣畴求教老子

名可务立，功可强成[①]。故君子积志委正，以趣明师[②]；励节亢高，以绝世俗[③]。何以明之？

昔于南荣畴耻圣道之独亡于己，身淬霜露，敕蹻趹，跋涉山川，冒蒙荆棘，百舍重跰，不敢休息，南见老聃，受教一言[④]。精神晓泠，钝闻条达，欣若七日不食，如飨大牢[⑤]。是以明照四海，名施后世，达略天地，察分秋毫，称誉叶语，至今不休[⑥]。此所谓名可强立者。

【注释】

① 务：《广韵》“遇”韵：“强也。”即勉力义。务、强二字同义。② 积志：积蓄志气。　委正：积累正事。③ 励节：勉励成就高尚的节操。　亢高：德行高尚。④ 于：《道藏》本、刘绩《补注》本作“者”。　南荣畴：鲁人，庚桑楚弟子。　淬（cuì）：高诱注：“浴。”按：有侵入、冒受义。　敕（chì）：《道藏》本、刘绩《补注》本作“敕”。高诱注：“犹著。”《说文》：“敕，臿地曰敕。”有插栽义。引申有穿着义。而“欶”，《说文》：“吮也。”即吮吸义。　蹻（qiāo）：高诱注：“履。”按《史记·平原君虞卿列传》裴骃集解引徐广曰“蹻，草履也”。通“屩”。《说文》：“屩，屐也。”麻鞋叫屩，木鞋叫屐。陆德明《经典释文·庄子音义》作“敕蟜（jiǎo）趹步”，“蹻”作“蟜”，本文疑脱“步”字。　趹（jué）：高诱注：“趣。”按：即疾行义。　舍：高诱注：“百里一舍。”按：《吕氏春秋·不广》高诱注：“军行三十里为一舍。”两说不同。　跰（piǎn）：高诱注：“足胝（zhī）生。”王念孙《读书杂志》：“重跰”当为“重趼”，字之误也。《庄子·天道》释文：“趼，司马云：胝也。”按：王说误。《广韵》“先”韵：“跰，同胼。”“胼，胼胝，皮上坚也。”即老茧。“南见”二句：高诱注：“老聃（dān），老子，字伯阳，楚苦（hù）县赖乡曲里人。今陈国蒙濑乡（存）[有]祠存。据在鲁南，故曰‘南见’老子聃。”按：苦县故址，今有三说：今河南鹿邑东、今亳州谯城区姬揣李村、安徽涡阳境内。此事载于《庄子·庚桑楚》、贾谊《新书》。⑤“精神”二句：高诱注：“晓，明。泠（líng），犹了。钝闻，犹钝惛（dùn hūn）。”按：《文子·精神篇》作“晓灵”，即明了解悟之意。钝闻，《文子·精诚篇》作“屯闵（mǐn）”。有迟钝、昏聩义。　欣若：喜悦的样子。《道藏》本、刘绩《补注》本作“欣然”。　大（tài）牢：高诱注：“三牲具曰大牢也。”按：三牲，即猪、牛、羊。⑥ 施（yì）：延续。　略：高诱注：“犹数也。”按：即术数。《文子·精诚篇》作“智络天地”。“称誉”二句：高诱注：“叶，世。言荣畴见称（文）[誉]，世传相语，至今不止。”按：《广雅·释言》：“叶，世也。”

【细读】

《淮南子》中认为，名声、功业、学问等，都是可以通过发愤图强取得的。鲁国人南荣畴向道家宗师老子求教学业，就说明了这个问题：

名声是能够勉力求得的，功业是可以努力成就的。因此君子含蓄正气，积累善事，而投向高明的老师；勉励自己树立高尚的节操，培养自己美好的德行，来杜绝世俗的干扰。怎么能说明这个问题呢？

从前鲁国南荣畴对圣王之道在自己身上失去，感到十分羞耻，于是他踏着霜露，穿着草鞋，快步疾行，跋涉山川，穿过荆棘，越过千里，脚上磨起层层老茧，也不敢休息，向南去求见老聃，受到了一句话的教诲。精神顿时开朗，昏聩的心绪，彻底清楚了，高兴得七天也没有吃东西，还像享用了太牢一样。因而他的光辉照遍了四海，名声传到了后代；道术通达天地，明察分辨秋毫，世人称誉颂赞之语，到现在也不停止。这就是所说的美名是可以勉力求得的。

卷二十 泰族训

【题解】

曾国藩《淮南子读书录》:“族，聚也。群道众妙之所聚萃也。泰族者，聚而又聚者也。”泰，通“大”。“泰族”是对全书理论体系的总结。

本训是体现黄老道家自然天道观和治国理论的重要篇章。本训集中讨论自然规律和人类之间的天人关系，并把它们归纳到“道”这个总规律之中。自然规律是客观存在的，是不可抗拒的。它不但“化生万物”，同时，“天之与人，有以相通也”，违背自然规律，就要受到惩罚。因此，“能因，则无敌于天下”。“因”，就是要按照规律办事。

人类社会的礼乐、伦理、法律制度等，都是以自然规律为指导的。

圣人治政要懂得张与弛、物极必反的辩证关系。要采取“兼用，财制”，亦即兼收并蓄、择善而从的办法，才能避免失败。

圣人治政要注意掌握根本，不能舍本求末。国家大治，“得贤”与“得人心”，是最根本的要求。圣主要能“举贤而立功”“得天下之心”。得贤与失贤，得人心与失人心，其结果截然相反。

本训提出了黄老道家“养生”和“治国”的关系:“治身，太上养神，其次养形。治国，太上养化，其次正法。”明确提出，要把“养神”和“养化”放在首位。

天道自然

天设日月，列星辰，调阴阳，张四时；日以暴之，夜以息之，风以干之，雨露以濡之[①]。其生物也，莫见其所养而物长；其杀物也，莫见其所丧而物亡，此之谓神明[②]。圣人象之[③]。故其起福也，不见其所由而福起；其除祸也，不见其所以而祸除。远之则迩，延之则疏[④]；稽之弗得，察之不虚[⑤]；日计无筭，岁计有馀[⑥]。

【注释】

①濡（rú）：浸渍。②神明：指自然界有规律的运动及化生万物的作用。《经法·明理》："道者，神明之原也。""其生物也"至"而祸除"，当化自《尸子·贵言》。③象：有依循、效法义。《说文》："效，象也。"④迩（ěr）：有接近义。《文选·王褒〈圣主得贤臣颂〉》张铣注："延，接也。"⑤稽：《广雅·释言》："考也。"即考核义。⑥"日计"二句：化自《庄子·庚桑楚》。《文子·精诚篇》作"日计不足"。筭，《说文》："长六寸，计历数者。"筭（suàn），算之借字。

【细读】

《淮南子》中认为，自然界的日月、星辰、阴阳、四季等，这些都是天道的正常运行，生生不息，化生万物。圣人和民众，必须遵循自然规律，利用自然规律，来为人类服务。《淮南子》中说：

上天设置了日、月，摆列了星辰，协调阴阳变化，设立了一年四季；用阳光来照射万物，用黑夜来使万物休息；用风使它们干燥，用雨露来使它们滋润。上天在使万物生长的时候，没有见到它在抚育，而万物自然生长；上天在消灭万物的时候，没有见到它在杀害，而万物灭亡，这就叫"神明"。圣人依循这个规律。因此他在兴起幸福的时候，没有见到他起步而幸福便得到了；他在消除祸害的时候，没有见到他的行动而祸患解除了。远远离开它，反而距离很近；伸手接近它，又很疏远；考察它又不能得到，观察它又不是虚幻；每天计算它，又无法算出来；以一年来计算，又感到有余。

法度出自天性

民有好色之性，故有大婚之礼；有饮食之性，故有大飨之谊[①]；有喜乐之性，故有钟鼓筦弦之音；有悲哀之性，故有衰绖哭踊之节[②]。故先王之制法也，因民之所好，而为之节文者也[③]。因其好色而制婚姻之礼，故男女有别；因其喜音而正《雅》《颂》之声，故风俗不流；因其宁家室、乐妻子，教之以顺，故父子有亲[④]；因其喜朋友，而教之以悌，故长幼有序。然后脩朝聘以明贵贱，飨饮习射以明长幼，时搜振旅以习用兵也，入学庠序以脩人伦[⑤]。此皆人之所有于性，而圣人之所匠成也[⑥]。故无其性，不可教训；有其性无其养，不能遵道。茧之性为丝，然非得工女煮以热汤，而抽其统纪，则不能成丝[⑦]。卵之化为雏，非慈雌呕暖覆伏，累日积久，则不能为雏[⑧]。人之性有仁义之资，非圣王为之法度而教导之，则不可使乡方[⑨]。

故先王之教也，因其所喜以劝善，因其所恶以禁奸。故刑罚不用，而威行如流；政令约省，而化耀如神。故因其性，则天下听从；拂其性，则法县而不用。

【注释】

①谊：通“仪”，礼仪。②衰绖（dié）：丧服。披在胸前和戴在头上的布条。《说文》：“缞，服衣，长六寸，博四寸，直心。”衰，通“缞（cuī）”。绖，《说文》：“丧首戴也。” 哭踊：丧礼的仪节。顿足、捶胸以表哀痛。“民有好色”以下数句：亦载于《汉书·礼乐志》。③节文：节制修饰。已见《齐俗训》。④顺:《群书治要》作“孝”。⑤朝聘：古代诸侯定期朝见天子。《礼记·中庸》：“朝聘以时。” 飨（xiǎng）饮：即乡饮酒之礼。《礼记》有《乡饮酒礼》。《说文》：“飨，乡人饮酒也。从食，从乡，乡亦声。”王念孙《读书杂志》：“飨”当为“乡”，字之误也。按：王氏失校。“时搜振旅”句：许慎注：“搜，简车马也。出曰治兵，入曰振旅也。”按：搜，通“蒐”，检阅车马。《左传·宣公十四年》杜预注：“蒐，简阅车马。”振旅，整顿部队。 庠（xiáng）序：古代地方所开设的学校。《说文》：“夏曰校，殷曰庠，周曰序。”⑥匠成：培养造成。⑦统纪：指头绪。《说文》：“统，纪也。”“纪，别丝也。”⑧呕（xū）暖：生育抚养之义。⑨乡：通“向”。向着。“茧之”以下数句：亦载于《韩诗外传》卷五。

【细读】

《淮南子》中认为，“好色”“饮食”“喜乐”“悲哀”等，都是人的天性。为了保护天性而不致乱性，所以就制定了一系列的法规和礼节，来加以约束管理和进行教育，使人民遵循大道。《淮南子》中这样说：

人类有爱好异性美色的本性，因此就制定了婚娶的礼节；有喜欢饮食的爱好，因此就规定了大飨的礼仪；有爱好音乐的特性，因此就制造了钟鼓、管弦来演奏；有悲哀的感情，因此就有了衰绖、哭踊等丧礼的规定。所以先王制定法规，是按照百姓的喜好而为他们进行节制修饰。按照他们爱好异性美色的本性而制定了婚姻的礼节，因此男女之间才有了区别；依照他们喜爱音乐的特性，而有了纯正的《雅》《颂》之声，所以风气习俗不致趋于下流；根据他们需要家室安宁、妻儿快乐的要求，用和顺来教导他们，因此父子之间讲究孝道；依照他们喜爱结交朋友，而用弟从兄来教诲他们，所以长幼之间讲究“悌”。然后便制定诸侯朝见天子的礼节，来明确贵贱的等级；用乡饮和教习射术，来表明长幼关系；按时检阅车马、整顿军队来熟习用兵；进入学校学习，来修治人伦道德。这些都是人性之中本来就具有的，而圣人把它们完备化了。因此人如果没有这种本性，便不能够加以教训；有这种本性而不加以修养，便不能够遵循大道。就像茧的特性可以织成丝，但是如果没有女工用热水漂煮，来抽出它的头绪，便不能够成丝；蛋可以化为雏禽，但是如果没有慈禽用温暖的身体进行孵化，积累很长的时间，便不能成为幼禽。人的天性中有仁爱的资质，但是如果不是圣人替他们建立法度而教导他们，便不可能使他们通向正直。

因此先王的教化，是按照百姓所喜爱的，来勉励他们推行善事；根据他们所厌恶的，来禁止奸邪。所以刑罚虽不使用，而威严像流水一样畅通；政令简约明了，而感化照耀像神灵一样迅速。所以依照百姓的天性，那么天下人民就会听从；违背他们的天性，那么就是悬挂法律，也不会被使用。

“参五”：莅政施教

昔者五帝、三王之莅政施教，必用参五[①]。何谓参五？仰取象于天，俯取度于地，中取法于人。

乃立明堂之朝，行明堂之令，以调阴阳之气，而和四时之节，以辟疾病之菑[②]。

俯视地理，以制度量，察陵陆水泽肥墩高下之宜，立事生财，以除饥寒之患[③]。

中考乎人德，以制礼乐；行仁义之道，以治人伦而除暴乱之祸。

乃澄列金木水火土之性，故立父子之亲而成家[④]；别清浊五音六律相生之数，以立君臣之义而成国；察四时季孟之序，以立长幼之礼而成官。此之谓参[⑤]。

制君臣之义，父子之亲，夫妇之辨，长幼之序，朋友之际[⑥]。此之谓五。

乃裂地而州之，分职而治之，筑城而居之，割宅而异之，分财而衣食之，立大学而教诲之，夙兴夜寐而劳力之，此治之纪纲已[⑦]。然得其人则举，失其人则废。

【注释】

① 莅（lì）:《吕氏春秋·孝行》高诱注:“临也。”莅政，处理政事。 参五：参，指依据上（天）、中（人）、下（地）三个方面制定法令和规范。具体即下文家、国、官。五，指君臣、父子、夫妇、长幼、朋友等五个方面的规定。②“乃立”句：蒋礼鸿《淮南子校记》:“乃立”上脱“仰□天□”一句。“行明堂”句：许慎注:“明堂，布政之官，有十二月之政令也。” 菑（zāi）：通“灾”。祸害。《荀子·修身》杨倞注:“菑，读为灾。”③ 墽（qiāo）:《说文》:“硗也。”指土地坚硬贫瘠。《集韵》“效”韵:“墽，土不平。或作墝。” 生财：指开发财源。④ 澄：许慎注:“清也。”“故立父子”句:《文子·上礼篇》作“以立”。⑤ 参：即列五行，成家；别五音，成国；察四时，成官。⑥ 辨：别。以上数句可与《孟子·滕文公上》相参。⑦ 职:《文子·上礼篇》作“国”。 大学：即太学。《周礼·夏官·诸子》孙诒让正义:“太学为教国子之学。” 力：勤力。“已”:《道藏》本同。刘绩《补注》本作“也”。

【细读】

中国古代社会，制定了一套比较严密的法令制度和道德规范，来有效的管理社会。这就叫“参五”。参，包括依据上（天）、中（人）、下（地）三方面，制定国家的法规制度。五，指君臣、父子、夫妇、长幼、朋友五个方面的道德规范。《淮南子》中具体说：

从前五帝、三王统治天下施行教化，必定采用“参五”之法。

什么叫“参五”呢？向上取法于天的形象，向下取法于大地的法度，中间取法于人的法规。

向上仰观天象，于是建立明堂朝廷，颁行十二个月的政令，用来调节阴阳之气，协调四季的节令变化，从而避开疾病带来的灾祸。

向下俯视地理，用来制定度量的标准，考察丘陵、陆地、水流、沼泽的肥沃、贫瘠、高低适宜的情况，确定从事的内容，创造生活财富，来解除饥饿带来的祸患。

在中间考察人的道德，来制定出礼乐制度；实行仁义之道，来治理人伦的道德关系，而消除暴乱产生的祸害。

于是清楚地摆列金木水火土五行的特性，来确立父子之间的亲缘关系，并建立家室；分别清浊、五音、六律相互产生的数量关系，来建立君臣之间的道义关系，并成立国家；考察四季及孟仲季之间的变化次序，来确立长幼之间的礼节，并建立官职制度。这些就叫作“参”。

规定君臣之间的大义，明确父子间的亲缘关系，分清夫妇之间的区别，建立长幼之间的次序，讲究交友之间的信任，这就叫“五”。

于是帝王分割土地而建立州国，分清职守而加以治理，修筑城市而使人民居住，划分田宅而相互区别，分配财物而使他们得到衣食，建立“大学”而教诲他们，起早睡晚而使他们辛勤劳作，这些就是治理国家的大纲要领。但是这样的纲领得到贤人就能举兴，失去贤人就会废弃。

儒家六艺论

故《易》之失也卦，《书》之失也敷，《乐》之失也淫，《诗》之失也辟，《礼》之失也责，《春秋》之失也刺①。

五行异气，而皆适调；六艺异科，而皆同道②。温惠柔良者，《诗》之风也；淳庬敦厚者，《书》之教也③；清明条达者，《易》之义也；恭俭尊让者，《礼》之为也④；宽裕简易者，《乐》之化也；刺几辩义者，《春秋》之靡也⑤。故《易》之失鬼，《乐》之失淫，《诗》之失愚，《书》之失拘，《礼》之失忮，《春秋》之失訾⑥。六者圣人兼用而财制之⑦。

《关雎》兴于鸟，而君子美之，为其雌雄之不乖居也⑧；《鹿鸣》兴于兽，君子大之，取其见食而相呼也⑨；泓之战，军败君获，而《春秋》大之，取其不鼓不成列也⑩；宋伯姬坐烧而死，《春秋》大之，取其不逾礼而行也。成功立事，岂足多哉？方指所言，而取一概焉尔⑫。

【注释】

①“故《易》”以下六句：本书《诠言训》有“《诗》之失僻，《乐》之失刺，《礼》之失责”三句。下文又有六句，其义相近，疑有衍文。　卦：指依靠卦占。《周易·说卦传》：“观变于阴阳而立卦。”　敷：铺陈、扩展义。《小尔雅·广诂》：“敷，布也。”　辟：邪僻。　责：责罚。　刺：责难。《诗·大雅·瞻卬》毛亨传：“刺，责也。”②“五行”以下四句：王念孙《读书杂志》：《太平御览·学部》二引作“五行异气而皆和，六艺异科而皆道”。③ 淳庬（máng）：淳朴宽大。庬，《玉篇》：“厚也。”　敦厚：诚朴宽厚。④ 尊让：揖让，谦让。⑤ 刺几：指责，讽刺。几，通“讥”。　靡（mí）：《文选·枚乘〈七发〉》吕向注：“美也。”⑥“故《易》”句：许慎注：“《易》以气定吉凶，故鬼也。”“《乐》之”句：许慎注：“乐变之于郑声，淫也。”“《诗》之”句：许慎注：“诗人怒，怒近愚也。”“《书》之”句：许慎注：“《书》有典谟（mó）之制，拘以法也。”“《礼》之”句：许慎注：“《礼》尊尊卑卑，尊不下卑，故忮（zhì）也。”按：忮，《说文》：“很也。”即嫉恨之义。“《春秋》之”句：许慎注：“《春

秋》贬绝不避王人，书人之过，相訾（zǐ）也。”按：訾，非议，诋毁。以上数句，当化自《礼记·经解》，亦见《孔子家语·问玉》。⑦ 财：通“裁”。《广雅·释言》：“裁，制也。”⑧ 不乖居：居处和谐。《玉篇》：“乖，戾也，背也。”即违背，不协调义。《诗·周南·关雎》序云：“《关雎》，后妃之德也。是以《关雎》乐得淑女以配君子。”“德”与“乐”，体现“不乖居”之义。王念孙《读书杂志》：“乖”当为“乘”，字之误也。乘者，匹也，言雌雄有别，不匹居也。《广雅》曰：“双、耦、匹、乘，二也。”《列女传·仁智传》：“夫雎鸠之鸟，犹未尝见其乘居而匹处也。”按：王说似与《诗》“序”不合。⑨《鹿鸣》：《诗·小雅》篇名。为宴会宾客时所作的乐歌。⑩“泓（hóng）之战”几句：许慎注：“宋襄公与楚战于泓，楚人败之，襄公获也。”按：泓，古水名，在今河南柘（zhè）城县。前 638 年成为霸主的宋襄公与楚战于泓水。楚军强大，襄公自称“仁义之师”，要等待楚军渡河摆列阵势再战，结果自己伤股，军队大败。第二年不治而死。见《左传·僖公二十三年》。亦载于《韩非子·外储说左上》，并见《史记·宋世家》。 获：《广雅·释诂三》：“辱也。”⑪“宋伯姬”三句：许慎注：“伯姬，宋共公夫人。夜失火，待傅母，不至不下堂，而及火死之也。”按：事见《左传·襄公三十年》。亦见《汉书·五行志》《列女传·贞顺传》等。⑫方：《仪礼·聘礼记》郑玄注：“板也。”即版牍。指书籍。指：通“旨”。旨意。 一概：一端，一节。

【细读】

东汉著名史学家班固（32—92 年）在《汉书·艺文志》中，把《易》《书》《诗》《礼》《乐》《春秋》称作“六经”，这些著作都是儒家传承的主要经典，也是两千年来封建社会统治思想的理论基础。《淮南子》成书于汉武帝“罢黜百家，独尊儒术”（汉武帝元光元年，前 134 年）之前，对于“六经”的评价，并没有受到“独尊”的影响，这些评论应该是比较客观的。《淮南子》中说：

因此《易》的丧失旨意，只重卦占；《尚书》失去主旨，只重视铺陈；《乐》失掉旨意，成为淫乱的工具；《诗》失掉主旨，使人走上邪辟之路；《礼》丧失根本，变成互相责罚；《春秋》失掉精髓，被用来进行责难。

五行具有不同的气色而都能适宜协调，六艺具有不同的科目，而都符合大道。温柔仁惠，是《诗》的风格；质朴宽厚，是《书》的教义；清新畅达，是《易》的大义；恭敬谦让，是《礼》的要求；宽容简易，是《乐》的感化主旨；讽刺弊政，辩明要义，是《春秋》的美义。因此《易》义的丧失，注重鬼神；《乐》旨的失去，成为淫乱；《诗》义的丧失，使人愚蠢；《书》旨的失去，使人拘泥；《礼》仪的丧失，使人嫉恨；《春秋》失去大要，使人相互非议。六种经典圣人同时采用而加以裁定。

《关雎》一篇从鸟起兴，而君子赞美它，因为它们雌雄居处和谐；《鹿鸣》一篇从兽起兴，而君子重视它，取用的是它们看见食物便相互打招呼；泓水之战的时候，宋军失败而国君被辱，而《春秋》肯定他，是取用他的不击鼓不摆阵势，希望双方不去开战的仁心；宋伯姬坐不离开席位，活活被烧死，《春秋》赞扬她，取用的是她不越礼仪而随便行动。成就功名，建立事业，哪里需要做更多的事情呢？典籍记载中所说的观点，只是取用其中一个方面罢了。

治身治国

治身，太上养神，其次养形。治国，太上养化，其次正法①。神清志平，百节皆宁，养性之本也②；肥肌肤，充肠腹，供嗜欲，养生之末也。民交让争处卑，委利争受寡，力事争就劳，日化上迁善而不知其所以然，此治之上也③。利赏而劝善，畏刑而不为非，法令正于上而百姓服于下，此治之末也。上世养本，而下世事末，此太平之所以不起也。夫欲治之主不世出，而可与兴治之臣不万一，以［不］万一求不世出，此所以千岁不一会也④。

【注释】

① 养化：即施行教化。 正法：建立正常法制。② 性：通“生”。《文子·下德篇》作“生”。③“治之上”：《文子·下德篇》作“治之本”。④ 夫欲治”几句：《吕氏春秋·观世》高诱注：《淮南记》曰：“欲治之君不世出，可与治之臣不万一，以不万一待不世出，何由遇哉？”《文子·下德篇》二句作：“可与治之臣不万一，以不世出求不万一。”知“与兴治”无“兴”字，“万一”作“不万一”。 会：时机。

【细读】

《淮南子》特别重视“治身”“治国”，认为首先要“养神”“养化”；其次是“养形”“正法”。《淮南子》中说：

治理自身，最上等的是保养精神；其次是保养形体。治理国家，最上等的是施行教化；其次是建立正常法制。神志如果清平，百节就会安宁，这是养生的根本；肌肤肥胖，大腹便便，满足自己的嗜欲，这是养生的末节。百姓交互谦让争处卑位，舍弃厚利争得较少的利益，从事劳作争干辛苦的事儿，每天都在变化，逐渐走上善道，而不知道这样做的原因，这是达到治国的最高要求。赏赐好处而劝人行善，畏惧刑罚而不干非法之事，上面颁布正确的法令，而下面百姓服从，这是治国的下等方法。上古之时注重保养根本，而末世只是从事末节，这是太平盛世不能出现的原因。那些想要把国家治理好的君王，不是每个时代都能出现的，而能和君王一起振兴国家的贤臣万中无一，用万中无一的贤臣去求得不是每个时代都出现的明君，这就是一千年也难得有一次明君贤臣配合造成治世的原因。

所以贵扁鹊者

所以贵扁鹊者，非贵其随病而调药，贵其擪息脉血，知疾之所从生也[①]；所以贵圣人者，非贵随罪而鉴刑也，贵其知乱之所由起也。若不脩其风俗，而纵之淫辟，乃随之以刑，绳之法，法虽残贼天下，弗能禁也[②]。禹以夏王，桀以夏（止）[亡][③]；汤以殷王，纣以殷亡。非法度不存也，纪纲不张，风俗坏也。

【注释】

①“贵其”二句：许慎注：“言人之喘息，脉之，病可知。”按：擪（yè）息：按脉，也叫切脉。《说文》：“擪，一指按也。” 脉血：指脉搏。《类篇》：“脉，血理分衺行体者。”《汉书·艺文志》“方技略”“医经”有《扁鹊内经》九卷。《隋书·经籍志》收有《扁鹊偃侧针灸图》三卷等。②淫辟：放纵与邪恶。“绳之法”：《道藏》本同。刘绩《补注》本作“绳之以法”。③“止”：《道藏》本、刘绩《补注》本作“亡”。当正。

【细读】

治理社会，应该标本兼治，而治本才是关键。《淮南子》中说得透彻：

因此尊重扁鹊的原因，不是看重他按照疾病而配药，而是尊重他能够按脉问病，知道疾病产生的根源；所以尊重圣人的原因，不是尊重他根据罪行而定刑，而是尊重他知道祸乱产生的原因。如果不整治民间风俗，而放纵淫乱邪恶，却接着使用刑法，并用法律标准来处罚；法令虽然能在天下诛杀邪恶，却不能禁止邪恶不发生。禹建立夏朝而称王，桀为夏天子而灭亡；汤凭着殷而称王，纣王因为殷朝而灭亡。不是法令制度不存在了，而是法纪不能够伸张，风俗已经败坏了。

孔、墨弟子

民无廉耻，不可治也，非修礼义，廉耻不立[①]。民不知礼义，法弗能正也；非崇善废丑，(而)［不］向礼义②。无法不可以为治也，不知礼义，不可以行法。法能杀不孝者，而不能使人为孔、曾之行③；法能刑窃盗者，而不能使人为伯夷之廉④。孔子弟子七十，养徒三千人，皆入孝出悌，言为文章，行为仪表，教之所以成也；墨子服役百八十人，皆可使赴火蹈刃，死不还踵，化之所致也。夫刻肌肤、镵皮革，被创流血，至难也，然越为之，以求荣也⑤。圣王在上，明好恶以示之，经诽誉以尊之，亲贤而进之，贱不肖而退之，无被创流血之苦，而有高世尊显之名，民孰不从⑥？

【注释】

① 修:《道藏》本、刘绩《补注》本作“脩”。《群书治要》亦作“脩”。当是。②“而”:《道藏》本同。刘绩《补注》本、《文子·上礼篇》作“不”。当是。③“孔、曾”:《群书治要》引作此“孔、墨”。④“伯夷之廉”事：指伯夷、叔齐兄弟让国，不食周粟而死。其事见《孟子·万章下》，亦载于《史记·伯夷列传》。⑤ 镵（chán）:《说文》:“锐也。”有刺伤义。“然越”句：许慎注：“越人以箴刺皮为龙文，所以为尊荣之也。”按:《群书治要》引作“越人”。⑥ 经：度量，衡量。　尊:《道藏》本同。刘绩《补注》本、《群书治要》作“导”，《文子·上礼篇》同。

【细读】

治理国家，法令制度是重要的，但是礼仪教化往往更重要。为什么这样说？请看《淮南子》中记载的孔子、墨子培养出来的弟子，这个道理就清楚了：

百姓没有廉耻之心，是不能够治理的；不去修治礼义，廉耻的观念是不能够建立起来的；百姓不知道礼义，法令也不能使他们进入正道；不崇尚美好，废弃丑陋，那么百姓不会向往礼义。没有法令是不能够治理的，不懂得礼义，不能够推行法律。法律能够杀死不孝者，但是不能使人达到孔子、曾子的高尚品行；法律能够惩罚盗窃之人，而不能使人像伯夷那样廉洁。孔子弟子中贤人七十，培养的门徒三千人，都能做到入家讲孝，出门讲悌，言辞具有文采，行为可作表率，这也是教育所达到的效果；信奉墨子学说的百八十人，都可使他们扑向烈火，脚踏利刃，至死不回头，这也是教化而养成的。刻画肌肤，刺烂皮肉，蒙受创伤，不惜流血，可以说是大的灾难了；但是越国人却把断发文身作为尊荣的标志。圣明的君主处在高位，明确好恶来指示给百姓，衡量诽誉来加以引导，亲近贤才而举用他们，鄙视奸佞而斥退他们，没有蒙受创伤、流血的痛苦，而有高于世人尊贵显要的名声，百姓谁能够不跟从他们呢？

英俊豪杰

古者法设而不犯，刑错而不用，非可刑而不刑也①。百工维时，庶绩咸熙，礼义脩而任贤得也②。故举天下之高，以为三公③；一国之高，以为九卿；一县之高，以为二十七大夫；一乡之高，以为八十一元士④。故知过万人者谓之英，千人者谓之俊，百人者谓之豪，十人者谓之杰⑤。明于天道，察于地理，通于人情，大足以容众，德足以怀远，信足以一异，知足以知变者，人之英也⑥。德足以教化，行足以隐义，仁足以得众，明足以照下者，人之俊也⑦。行足以为仪表，知足以决嫌疑，廉可以分财，信可使守约，作事可法，出言可道者，人之豪也⑧。守职而不废，处义而不比，见难不苟免，见利不苟得者，人之杰也。英俊豪杰，各以小大之材，处其位，得其宜，由本流末，以重制轻，上唱而民和，上动而下随，四海之内，一心同归。背贪鄙而向义理，其于化民矣，若风之摇草木，无之而不靡⑨。

【注释】

① 错：通“措”。《说文》：“措，置也。”即放置义。② “百工”二句：见于《尚书·皋陶谟》。百工，指百官。时，善。庶，众。绩，功绩。熙，《皋陶谟》作“凝”，成就。 得：通“德”。③ 高：高才，指贤德之人。④ 元士：商、西周、春秋时最低一级官员，有元士、上士、中士、下士等。以上与《礼记·王制》内容相近。⑤ 英：《战国策·齐二》高诱注：“才胜万人曰英。” 俊：《说文》：“材千人也。” 豪：《吕氏春秋·功名》高诱注：“才过百人曰豪。” 杰：《吕氏春秋·孟夏》高诱注：“千人为俊，万人为杰。”知“英”“杰”高氏说法不一。⑥ 变：刘典爵《淮南子韵谱》：《太平御览》（卷 432）引作“权”，今本《淮南》作“变”，盖许注本避吴讳改。出土《文子》编号（0198）亦作“权”。⑦ 隐义：有符合仪度义。《兵略训》作“隐议”，《俶真训》作“隐仪”。《广雅·释诂三》：“隐，度也。”⑧ 嫌疑：疑惑。⑨ 义理：《文子·上礼篇》作“仁义”。 靡：倒下。《文选·左思〈吴都赋〉》吕向注：“靡，倒也。”

【细读】

《淮南子》中认为，设立法规，修治礼义，任用贤才，这是国家治理的重要举措。选用人才，古代有三公、九卿、大夫、元士等不同级别。其中最为杰出者，就是英、俊、豪、杰。《淮南子》中说：

古时候设立法规而百姓不去触犯，设置刑律而不去使用，不是能够使用刑罚而不去使用。百官都能干好自己分内之事，许多功业便可以建成了，这是修治礼义而任用贤人所达到的效果。因此举用天下的高才，任为天子三公；举荐一国的高才，任为九卿；举用一县的高才，用为二十七大夫；举用一乡的高才，任为八十一元士。所以智慧超过万人的，称作“英”；才智超过千人的，称作“俊”；智慧超过百人的，叫作“豪”；才能超过十人的，称为“杰”。明白天道，洞察地理，通达人情，博大能够容纳众人，德泽能够使远方归服，信誉能够统一异国，智慧能够通达权变，这就是“英”的标准。德行能够教化大众，品行能够符合仪度，仁惠能够得到群众，光明能够照耀大众的，是人才之“俊”的要求。言行能够作为仪表，智慧能够决定疑难，廉洁能够把财物分给众人，信用能使人守住誓约，做事能够成为法式，出言能够符合大道，这是人才中“豪”的要求。持守职责而不废弃，处理事务符合大义而不互相勾结，看见困难不苟且求得避免，见到利益不苟且得到，这是人才中“杰”的标准。英、俊、豪、杰，各自凭着他们大小才能处于自己的位置，得到发挥才能的适宜处所，这样可以从根本延伸到末节，用重的来制服轻的，君主倡导而百姓应和，国君行动而臣下跟随，四海之内，意念归往一处。背离贪婪之心，而归向大道，这对于感化百姓，就像疾风摇动草木，没有不倒下的。

学之有益

人莫不知学之有益于己也，然而不能者，嬉戏害人也①。人皆多以无用害有用，故知不博而日不足。以凿观池之力耕，则田野必辟矣；以积土山之高脩堤防，则水用必足矣；以食狗马鸿雁之费养士，则名誉必荣矣；以弋猎博弈之日诵《诗》读《书》，闻识必博矣②。故不学之与学也，犹喑聋之比于人也。

【注释】

①“嬉戏”句：《群书治要》引作“嬉戏害之也”。“人”作“之”。② 博弈（yì）：指六博和围棋。“闻识”句：《群书治要》引作“则闻识必博矣”。有“则”字。

【细读】

《淮南子》中意味深长地说，世界上的人没有不知道学习有益于自己，但是很少有人能够得到成功。他的失败原因就是“嬉戏”二个字。《淮南子》的说得非常恳切：

没有人不知道学习是有益于自己的，然而却不能够做到它，其原因就是嬉戏危害了他。人们大多都用无用的外物来妨害有用的学习，因此智慧不广博而每天都感到不够用。拿挖凿水池的力量来耕作，那么田野必定能开辟了；用堆积高高的土山的力量来修筑堤防，那么水用必定充足了；用喂养狗、马、鸿雁的食粮来奉养士人，他的名誉就必定显耀了；拿打猎、下棋的时间诵读《诗》《书》，他的见识就必定是十分广博的了。因此不学习和学习之间的差别，就像聋哑人和正常人一样。

为治之本

欲成霸王之业者，必得胜者也；能得胜，必强者也[①]；能强者，必用人力者也；能用人力者，必得人心者也；能得人心者，必自得者也。故心者身之本也，身者国之本也。未有得己而失人者也，未有失己而得人者也。故为治之本，务在宁民；宁民之本，在于足用；足用之本，在于勿夺时；勿夺时之本，在于省事；省事之本，在于节用[②]；节用之本，在于反性。未有能摇其本而静其末，浊其源而清其流者也。

【注释】

①“能得胜”:《道藏》本同，黄锡禧本“胜”下有“者”字。②“节用”：北魏贾思勰《齐民要术》卷一:“省事之本，在于节欲（节，止；欲，贪）；节欲之本，在于反性。”

【细读】

《淮南子》中认为，治理国家，“得到民心”“安定百姓”等，则是取得成功的根本。怎样达到这样的目标?《淮南子》中这样说：

想要成就霸王之业的，必定是取得胜利的人；能够得到胜利的，必定是强大的人；能够强大的，必定是能够善于任人的人；能够善于用人的人，必定是得人心的人；能得人心的，必定是自得善性的人。因此心是身体的根本，身体是国家的根本。没有得到自己的天性而失去贤人的，也没有失去自己天性而能得到贤人的。因此作为治国的根本，在于务求安定百姓；安定百姓的根本，在于有足够的用度；满足用度的根本，在于不要占用农时；不要耽误农时的根本，在于减少事务；减少事务的根本，在于节约用度；节约用度的根本，在于返回本性。没有能够动摇根本而安定末节的，也没有使水的源头混浊而水流仍然清澈见底的。

卷二十一　要略

【题解】

许慎解题:“凡鸿烈之书二十篇，略数其要，明其所指，(字)[序]其微妙，论其大体。”这是一篇作者的自序，也是全书的纲要。

作者的写作目的是“纪纲道德，经纬人事”“统天下，理万物，应变化，通殊类”，为汉代治国安邦提供理论依据。

本书写作原则是“道”“事”结合。“道”指的是自然规律，“事”指的是社会的典章制度、伦理道德、风俗习惯以及人们的活动。因此作者对二十篇的主要内容及其辩证关系，进行了全面的论述；最后作者对先秦儒家、墨家、纵横家、刑名家以及管晏学说的产生背景、历史条件进行了分析，认为都是为救时弊而生。

这部书的创作要求是:“非循一迹之路，守一隅之指”，也就是要自成一家之言，走学术创新之路，而立于诸子之林。看来，这个目的是达到了。

《淮南》二十篇

夫作为书论者，所以纪纲道德，经纬人事，上考之天，下揆之地，中通诸理[①]。虽未能抽引玄妙之中才，繁然足以观终始矣[②]。总要举凡，而语不剖判纯朴，靡散大宗，则为人之惽惽然弗能知也，故多为之辞，博为之说[③]。又恐人之离本就末也，故言道而不言事，则无以与世浮沉[④]；言事而不言道，则无以与化游息[⑤]。故著二十篇，有《原道》，有《俶真》，有《天文》，有《地形》，有《时则》，有《冥览》，有《精神》，有《本经》，有《主术》，有《缪称》，有《齐俗》，有《道应》，有《氾论》，有《诠言》，有《兵略》，有《说山》，有《说林》，有《人间》，有《脩务》，有《泰族》也⑥。

【注释】

① 书论：指论说的文章。　纪纲：治理。　经纬：规划、治理。　揆（kuí）：度量，考察。《广韵》"旨"韵："揆，度也。"以上几句，与《吕氏春秋·序意》相似。② 抽引：抽绎（yì）、提出。　玄妙：深奥，玄秘。　才：通"哉"。《集韵》"咍"韵："哉，古作才。"　繁然：繁盛的样子。③ 总要：总其要领。　举凡：举其大要。《小尔雅·广诂》："凡，要也。"　剖判：辨析，分析。　纯朴：许慎注："太素也。"按：指未经雕琢的材料。　靡散：散碎，消散。　大宗：许慎注："事本也。"按：即事物的本源。　则：《道藏》本同。刘绩《补注》本改作"惧"。　惛惛（hūn）然：糊涂的样子。④ 浮沉：盛衰，得失。⑤ 化：造化。　游息：流动，停息。⑥"冥览"：《道藏》本同。刘绩《补注》本改作"览冥"。

【细读】

中国近代著名学者梁启超（1873—1929 年）在《中国近三百年学术史》中说："《淮南鸿烈》为西汉道家言之渊府，其书博大而有条贯，汉人著述第一流也。"《要略》中写到了创作的目的，就是考察上天、大地、人世的规律，来"纪纲道德，经纬人事"。《淮南子》中具体写道：

著书立说的目的，是用来整治道德，规划人事，向上考察天道的变化规律，向下研究大地上的万事万物，在中间能够贯通各种事理。即使这部书不能把深奥玄妙的道理提炼出来，但涉猎广泛，也完全能够观察事物的终始变化了。如果只是提纲挈领地说明大概的意思，而文章中不去剖析最基本的材料，分清事物的本来面貌，担心别人会对基本理论糊里糊涂地搞不清楚，因此较多地增加了一些文字，广泛地加以阐述说明。又害怕别人脱离根本而去追求末节，所以如果只谈论大道而不谈人事，那么便没有办法和社会一起共处；光谈论人事而不谈大道，那么便不能和自然变化一起行止。因此著作二十篇，分别是：《原道》《俶真》《天文》《地形》《时则》《冥览》《精神》《本经》《主术》《缪称》《齐俗》《道应》《氾论》《诠言》《兵略》《说山》《说林》《人间》《脩务》《泰族》。

太公之谋

文王之时，纣为天子，赋敛无度，戮杀无止，康梁沉湎，宫中成市，作为炮格之刑，刳谏者，剔孕妇，天下同心而苦之①；文王四世累善，脩德行义，处歧周之间，地方不过百里，天下二垂归之②。文王欲以卑弱制强暴，以为天下去残余贼而成王道，故太公之谋生矣③。

【注释】

① 康梁：许慎注："耽乐也。"按：《史记·汉兴以来诸侯王年表》司马贞《索隐》引萧该云："好乐怠政曰康。"梁，通"良"。《集韵》"阳"韵："良，甚也。" 沉湎：许慎注："淫酒也。"按：困于酒之义。"成市"：许慎注："言集者多。"炮格：为铜格，布火于下，置人于上。② 四世：许慎注："大王、王季、文王、武王凡四世也。"③ 王道：《尚书·洪苑》："无偏无党，王道荡荡。"儒家主张，要用"仁政"来进行统治，称为"王道"。 余：《道藏》本、刘绩《补注》本作"除"。《尔雅·释天》邵晋涵正义："余，本又作除。"余、除上古同音通假。 太公之谋：许慎注："太公为周陈《阴符》兵谋也。"按：《汉书·艺文志》"道家"有《太公》二百三十七篇，《谋》八十一篇，《言》七十一篇，《兵》八十五篇。"儒家"有《周史六弢》六篇。颜师古注："即今之《六韬》也。"又《隋书·经籍志》有《太公阴符钤录》一卷。

【细读】

姜太公（？前 1156—？前 1017 年）是中国历史上的一个传奇人物。传说 72 岁在渭水之滨垂钓遇到周文王，成为文王的军事和辅佐。周武王时，太公指挥天下大军讨伐商纣王，终于推翻了商朝，建立了周朝，太公受封于齐。《汉书·艺文志》"道家""儒家"中留下了姜太公众多的著作，影响极为深远。《淮南子》中介绍了太公之谋的产生背景和时代：

周文王的时候，商纣王是天子，搜刮民财没有限度，杀戮不止，沉溺于淫乐美酒之中，宫廷之中就像集市一样；制造了炮格之刑，挖掉劝谏的贤人之心，剖开孕妇的肚子，天下人一心痛恨他；周文王四代积累善事，修治德行，推行大义，处在岐周之地，土地方圆不过百里，但是天下三分之二的诸侯归向了他。周文王打算以卑下弱小的地位战胜强暴的纣王，为天下人民除去凶残之君，而成就王道，因此姜太公的兵谋便产生了。

儒者之学

文王业之而不卒，武王继文王之业，用太公之谋，悉索薄赋，躬擐甲胄，以伐无道而讨不义，誓师牧野，以践天子之位①。天下未定，海内未辑，武王欲昭文王之令德，使夷狄各以其贿来贡②。辽远未能至，故治三年之丧，殡文王于两楹之间，以俟远方③。武王立三年而崩，成王在褓襁之中，未能用事④。蔡叔、管叔，辅公子禄父，而欲为乱⑤。周公继文王之业，持天子之政，以股肱周室，辅翼成王。惧争道之不塞，臣下之危上也，故纵马华山，放牛桃林，败鼓折抱，搢笏而朝，以宁静王室，镇抚诸侯⑥。成王既壮，能从政事，周公受封于鲁，以此移风易俗。孔子脩成、康之道，述周公之训，以教七十子⑦。使服其衣冠，脩其篇藉，故儒者之学生焉⑧。

【注释】

① 业：《广雅·释诂一》："始也。"卒：终。 薄：许慎注："少也。"按：有少量义。 赋：许慎注："兵也。"按：古代按田地出兵车、甲士，故称"赋"。悉索薄赋，指倾注全国兵力。 躬：《说文》："身也。" 擐（huàn）：许慎注："贯著也。"按：《说文》："擐，贯也。"训同。即穿义。 誓师：出兵时告诫将士。② 辑：安定。 贿：即财币。③"殡（bìn）文王"句：许慎注："殡，大敛也。两楹（yíng），堂柱之间。宾主夹之。"④ 褓襁：婴儿布带和布兜。⑤ 子禄父：许慎注："纣之兄子，周封之以为殷后，使管、蔡监之。"按：《史记·周本纪》作"封商纣子禄父殷之馀民"。⑥"故纵马"二句：见于《尚书·武成》。华山，即今西岳华山。桃林，在今河南灵宝以西、陕西潼关以东地区。抱：《道藏》本同，刘绩《补注》本作"枹（fú）"。"枹"，鼓槌。搢（jìn）：插。笏（hù）：古代朝会时所执手板。⑦ 成、康：即周成王、周康王父子。⑧"故儒者"句：《汉书·艺文志》："儒家者流，祖述尧舜，宪章文武，宗师仲尼。""游文于六经之中，留意于仁义之际。"

【细读】

中国儒家学派，是春秋时期鲁国孔子（前551年—前479年）所创立的学派。汉武帝元光元年（前134年）实行董仲舒提出的"推明孔氏，抑黜百家"即"独尊儒术"政策，使儒学成为封建社会的主要统治思想。《淮南子》中第一次详细分析了儒学产生的时代背景及学派宗旨：

周文王从事讨伐的事业，刚开始便去世了，周武王继承文王的大业，采用太公的谋略，倾注全国很少的兵力，亲自穿上甲胄，来讨伐无道之君，声讨不义之事，在牧野会合天下诸侯，誓师伐纣，终于踏上了天子之位。这时天下没有平定，海内没有安宁，武王打算使文王的美德昭明天下，使夷狄各自带着他们的财物前来进献；道路遥远的地方不能按时到达，于是便规定三年之丧，把文王的尸体殓在大堂两个楹柱之间，用来等待远方之人。周武王立国三年而驾崩，周成王还在襁褓之中，不能执政。蔡叔、管叔，辅助纣公子禄父，而要发动叛乱。周公旦继承父兄文王、武王的事业，掌握了天子的权力，用来安定周王室，辅佐成王，（平定天下叛乱）。周公担心争斗不停止，臣下危及天子，因此便把军马释放到华山，把牛散放到桃林，打破战鼓，折断鼓槌，身插笏板而朝见，以便安定周王室，镇压安抚天下诸侯。成王已经长大，能够处理政事，周公便到鲁国受封，用这个办法转移风气改变习俗。孔子修治成、康的主张，祖述周公的教训，用来教导七十个学生。使他们穿戴起周王朝的衣冠，研究遗留下来的典籍，于是儒学便产生了。

墨子之学

墨子学儒者之业，受孔子之术，以为其礼烦扰而不悦，厚葬靡财而贫民，[久]服伤生而害事①。故背周道而用夏政。禹之时，天下大水，禹身执虆臿，以为民先，剔河而道九歧，凿江而通九路，辟五湖而定东海②。当此之时，烧不暇撌，濡不给扢，死陵者葬陵，死泽者葬泽，故节财、薄葬、间服生焉③。

【注释】

① 悦：许慎注："易也。"王念孙《读书杂志》："悦"当为"侻（tuò）"。《本经篇》彼注云："侻，简易也。"义与此注同。"服"：《道藏》本、刘绩《补注》本同。王念孙《读书杂志》："服"上当有"久"字，厚葬、久服相对为文。② 虆（léi）：同"蔂"。盛土笼。 臿（chā）：铁锹。《道藏》本、刘绩《补注》本作"垂"，误。 剔：许慎注："泄去也。" 九歧：许慎注："河水播歧为九，以入海也。" 九路：许慎注："江水通别为九。" 辟五湖：许慎注："使水辟人而相从也。"按：许注"辟"通"避"，有避开义。本文当为：辟，开通。③ 撌（guì）：许慎注："排去也。"按：有清除义。 给（jǐ）：及。扢（gǔ）：许慎注："拭也。"按：即擦拭义。 间（jiǎn）服：《文选·潘岳〈夏侯常侍诔〉》李善注：《淮南子》曰："节财薄葬，简服生焉。"即简易之服丧制度。

【细读】

中国墨家学派的创始人是春秋、战国之际时代的墨子（？前468年—？前376年）。《淮南子》中记述墨家派的产生背景、学术宗旨及主要观点，至为可信：

墨子学习儒家的学说，接受孔子的思想，但是认为他的礼节烦琐而不简易；丰厚的葬礼，耗费了资财，而使百姓贫困，长久的服丧，伤害生命而妨碍政事。因此不用周朝的法规而使用夏朝的法令。夏禹的时候，天下发了大水，禹亲自拿着畚箕和木锹，来给百姓作出表率。疏通黄河并分成九个支流，凿通长江而沟通众多的河流，开通五湖而注入东海。在这个时候，烧火的余烬来不及排除，衣服沾湿了来不及擦拭，死在山陵葬在山陵，死在湖泽葬在湖泽，因此节省财物、简单的葬礼和简易的服制便产生了。

管子之书

齐桓公之时，天子卑弱，诸侯力征，南夷北狄，交伐中国，中国之不绝如线[①]。齐国之地，东负海而北障河，地狭田少，而民多智巧[②]。桓公忧中国之患，苦夷狄之乱，欲以存亡继绝，崇天子之位，广文、武之业，故管子之书生焉[③]。

【注释】

① 线：许慎注："细丝也。"按：《说文》："线，缕也。"训同。② 障：《说文》："隔也。"即阻隔义。③"故管子"句：《汉书·艺文志》"道家"列《筦子》八十六篇。

【细读】

春秋时代齐国著名政治家管仲（？前723年—前654年），执政40余年，辅佐齐桓公成为春秋时代第一个诸侯霸主。他的治国、军事、经济、外交、文化等政策，获得了极大的成功。《淮南子》中介绍了管子之学产生的时代背景：

齐桓公的时候，天子的地位卑下，势力弱小；诸侯用武力互相征伐，南夷北狄，交互侵伐中原，中原各国没有断绝，但仅像细丝一样。齐国之地，东边背靠大海，而北面有黄河作阻塞，土地狭小，田地很少，而百姓多有智术和巧诈。桓公忧虑中国的祸患，苦于夷狄的战乱，想来保存灭亡的国家，继续绝嗣的宗族，使天子的地位尊崇起来，增广文、武的事业，因此管子的著作便产生了。

晏子之谏

齐景公内好声色，外好狗马，猎射忘归，好色无辨，作为路寝之台，族铸大钟，撞之庭下，郊雉皆呴，一朝用三千钟赣，梁丘据、子家哙导于左右，故晏子之谏生焉①。

【注释】

①“好色”：刘家立《淮南内篇集证》：疑“好色”乃“好贤”之误。谓景公知好贤而不能辨别其人，如梁丘据、子家哙与晏子并用，贤愚不分也。作“好色”则义不可通也。 辨：许慎注：“(引)[别]也。” 路寝之台：天子、诸侯所居的正室。 族：许慎注：“聚也。”按：即聚集义。“郊雉”句：许慎注：“大钟声似雷震，雉应而呴鸣也。”按：呴（gòu），鸟鸣声。《史记·殷本纪》张守节正义：“呴，雉鸣也。”“一朝用”句：许慎注：“钟，十斛（hú）也。赣（gàn），赐也。一朝赐郡臣之费三万斛也。”按：钟，《左传·昭公三年》杜预注、《管子·轻重乙》尹知章注：“六斛四斗曰钟。”知注文“十斛”误。又《说文》：“斛，十斗也。”据此，六十四斗为一钟。而《左传·昭公三年》：“釜十则钟。”知“斛”当作“釜”。赐，《说文》：“赣，赐也。”训同。 梁丘据、子家哙：许慎注：“二人，景公臣也。” 导：许慎注：“谦也。”按：“导”无“谦”义。疑为“诱”字之误。《说文》：“导，导引也。”《论语·为政》皇侃疏：“导，谓诱引也。”“故晏子”句：《汉书·艺文志》“儒家”载《晏子》八篇。

【细读】

春秋时期齐国著名政治家晏婴（前578年—前500年），仕齐灵公、庄公、景公三朝，为相长达50余年。这位贤相，以直言劝谏著称。《淮南子》记载晏子之学的产生背景：

齐景公在宫廷内贪恋音乐美色，在外爱好走狗、跑马，射箭打猎，时常忘记归来。虽然喜欢贤人，但是常常不能辨别真伪。建立起豪华的路寝之台，聚集铜铁铸起了大钟，在庭下撞击之后，引起远郊的野鸡鸣叫，一个早上便赐给群臣三千钟粮食。梁丘据、子家哙等佞臣在左右引诱齐景公，因此晏子的讽谏便产生了。

纵横脩短之学

晚世之时，六国诸侯，溪异谷别，水绝山隔，各自治其境内，守其分地，握其权柄，擅其政令，下无方伯，上无天子，力征争权，胜者为右，恃连与国，约重致，剖信符，结远援，以守其国家，持其社稷，故纵横脩短生焉[①]。

【注释】

① 方伯：一方诸侯之长。“恃连与国”：许慎注：“恃性连与之国。”按：连与，联合。“故纵横”句：《汉书·艺文志》“纵横家”有《苏子》三十一篇，《张子》十篇。收纵横十二家，百七篇。脩短，指纵横家的言论和著作。《汉书·艺文志》“春秋”类列《战国策》三十三篇。王应麟《汉志考证》：刘向《校书录》序云：“中书本号，或曰《国策》、或曰《国事》、或曰《短长》、或曰《事语》、或曰《长书》、或曰《修书》。”

【细读】

中国古代战国时期，产生了纵横家学派。主张连横的是张仪（？—前 309 年），主张六国事奉秦国。主张合纵的是苏秦（？—前 184 年），联合六国以抗秦。《淮南子》中记载纵横家产生的背景和时代：

战国的时候，六国诸侯的地域各不相同，大水阻断，高山隔绝，各自治理自己的境内，守卫着各自分割的土地，掌握着他们的大权，擅自发布政令，下面没有诸侯之长，上面没有天子统治，用武力争夺权力，胜利的为尊，依仗联合之国，约定能够招致的重兵，剖开符契，连接远方的援兵，用来防守他们的国家，护卫他们的社稷。因此纵横长短之术便产生了。

刑名之学

申子者，韩昭釐之左[①]。韩，晋别国也[②]。地墽民险，而介于大国之间[③]。晋国之故礼未灭，韩国之新法重出；先君之令未收，后君之（今）[令] 又下[④]。新故相反，前后相缪，百官背乱，不知所用，故刑名之书生焉[⑤]。

【注释】

① 申子：即申不害（？前 385—前 337），战国中期法家。韩昭侯八年（前 355 年）被任为相，直至卒年，使韩国“国治兵强”。 韩昭釐（xī）：战国韩昭侯，在位 30 年。昭釐，谥号。其事并见《吕氏春秋·任数》《韩非子·内储说下》等。② 韩：战国七雄之一。开国君主韩景候，为春秋晋大夫韩武子之后。与赵、魏瓜分晋国，前 403 年周王室承认其为诸侯，前 230 年被秦国所灭。③ 墽（qiāo）：贫瘠。《说文系传》：“墽，谓多小石地。”④ “今”：《道藏》本、刘绩《补注》本作“令”。当正。⑤ 缪：抵触。《集韵》“宥”韵：“戾也。”通“谬（miù）”。“故刑名”句：刑名，法家一派，强调循名责实，以强化上下关系。《汉书·艺文志》“法家”有《申子》六篇。章学诚《校雠通义》“内篇”三：刘向《别录》：“申子学号刑名，以名贵实，尊君卑臣，崇上抑下。”

【细读】

《史记·老子韩非列传》中说：“申子之学，本于黄老，而主刑名。”刑名，法家的一派，出自黄老，主张循名责实。《淮南子》中分析了刑名之学产生的背景：

申不害，是韩昭侯的辅佐。韩国，原是由晋分割而建立的，土地贫瘠，民风险恶，而又介于大国之间。晋国原来的礼仪没有废止，韩国的新法又重新出现；先君的命令没有收回，后君的命令又接着而下。新旧相反，前后抵触，百官相背而混乱，不知如何使用，因此刑名之学便产生了。

商鞅之法

秦国之俗，贪狼强力，寡义而趋利①；可威以刑，而不可化以善；可劝以赏，而不可厉以名②。被险而带河，四塞以为固③；地利形便，畜积殷富。孝公欲以虎狼之势，而吞诸侯，故商鞅之法生焉④。

【注释】

① 狼：许慎注：“荒也。”按：《孟子·梁惠王下》：“从兽无厌谓之荒。”狼、荒声训。有无厌义。又《广雅·释诂三》：“狼，很也。”有凶狠义。② 厉：通“励”。《广韵》“祭”韵：“劝勉也。”③ 四塞：四面关塞。④ 孝公：秦孝公（前 381 年—前 338 年），战国秦君，在位 23 年。任用商鞅，实行变法，使秦国走向富强。“故商鞅”句：《汉书·艺文志》“法家”载《商君》二十九篇。

【细读】

战国晚期秦国法家代表人物商鞅（？前 395 年—前 338 年），在秦孝公支持下，实行变法。主张严刑峻法，重农抑商，奖励军功。秦孝公死后，商鞅受车裂之刑。《淮南子》中分析商鞅之学产生的时代背景：

秦国的习俗，贪狠如狼，竭尽武力，缺少大义，而追逐利益；可以用刑法来施行威严，而不能够用教化让他们行善；可以用奖励来勉励他们，而不能用名誉来劝勉他们。覆盖险阻而以黄河为带，四周有险关堵塞；地理形势极为有利方便，积蓄充足。秦孝公想以虎狼般的优势，来吞并天下诸侯。因此商鞅的法家思想就产生了。

刘氏之书

若刘氏之书，观天地之象，通古今之论，权事而立制，度形而施宜，原道之心，合三王之风，以储与扈冶①。玄眇之中，精摇靡览，弃其畛挈，斟其淑静，以统天下，理万物，应变化，通殊类②。非循一迹之路，守一隅之指，拘系牵连于物，而不与世推移也③。故置之寻常而不塞，（市）［布］之天下而不窕④。

【注释】

①“若刘氏之书”句：许慎注：“淮南王自谓也。” 论：《道藏》本、刘绩《补注》本作“事”。“原道”：《道藏》本、刘绩《补注》本同。顾广圻《校淮南子》云：“道”下疑当有“德”字，与下句对文也。《精神训》“深原道德之意”亦可证。“以储与”句：许慎注：“储与，犹摄业。扈（hù）冶，广大也。”按：《俶真训》高诱注：“储与扈冶，褒（bāo）大意也。”注文“摄业”，亦作“摄叶”。《楚辞·严忌〈哀时命〉》：“衣摄叶以储与兮。”王逸章句：“摄叶、储与，不舒展貌。”与高注不同，不合本文之旨。② 精摇：许慎注：“楚人谓精进为精摇。”按：即精心进取之义。 靡（mǐ）览：许慎注：“靡小皆览之。”按：览，当通“监”。《说文》：“览，观也。从见、监，监亦声。”监、览上古同音。《脩务训》：“君子有能精摇摩监。”即磨炼义。许注疑误。 畛挈（zhěn qiè）：许慎注：“楚人谓泽浊为畛挈。”按：即垢（gòu）浊义。 淑静：清澈，明净。③ 拘系：拘泥，束缚。 牵连：牵绊。④“市”：《道藏》本、刘绩《补注》本作“布”。当正。“（市）［布］之天下”句：许慎注：“窕（tiǎo），缓也。布之天下，虽大不窕。”按：窕，空隙。以上二句亦见于《大戴礼记·王言》。

【细读】

南宋史学家高似孙（1158—1231年）在《子略》中称淮南王刘安为“天下奇才”，当代学者胡适（1891—1962年）在《淮南鸿烈解·序》中称《淮南子》为“绝代奇书”。《淮南子》中对本书的评价是：

至于像刘氏的著述，观察天地的形象，通达古今的学说，权衡事理而建立法规，度量形势而施行合宜的措施；探索人们的道德规范，使之符合三王的风气，以便扩大道旨。在幽深微妙之中，探索精妙美好的政教；抛弃了它的混浊，斟取它的精髓，而用来统一天下，治理万物，适应变化，来沟通不同的物类。不是依循一个车轨形成的路子，恪守一个角落的偏见，拘泥牵制于具体的事物，不知随世道的变迁而转移。因此放置到狭小之地而不会阻塞，布散到天下而不会有空隙。

附录一：中国四大神话的瑰丽想象

作为一部“结古代思想之总账者”的鸿篇巨制，《淮南子》以道为主、兼容百家的综合性，具有先秦子书所没有的多元色彩，尤其因保存了很多神话故事而被视为中国古代神话的渊薮之一，中国四大神话——“女娲补天”“共工怒触不周山”“嫦娥奔月”和“后羿射日”便最先在该书中较为完整地出现。

三十六年潜心研究这部奇书的安徽大学文学院陈广忠教授，从这些看似不可思议、天马行空的神话中，看到了其内在的逻辑，这种内在逻辑，对中华民族形成自己独有的思考模式和精神风貌有着深远的影响。

在两千一百年前的西汉前期，江淮之间出现了一个重要的文化学术中心，数千名“俊伟之士”，云集古都寿春，纵论天下兴亡，探讨学术方技，寻求治国良方。倡导者正是被南宋史学家高似孙在《子略》中称为“天下奇才”的淮南王刘安——汉高祖刘邦之孙，其学术成果主要就是《淮南子》。

《淮南子》初名《鸿烈》，“淮南”之名为刘向校书时确定；而称“子”始见于《西京杂记》，《隋书·经籍志》以《淮南子》之名著录此书。作为一部“结古代思想之总帐者”（胡适《淮南鸿烈集解·序》）的鸿篇巨制，《淮南子》以道为主、兼容百家的综合性，具有先秦子书所没有的多元色彩。它与《吕氏春秋》并列为“杂家”的标志性著作，代表了诸子发展的一个新阶段，是了解秦汉之际社会思想最重要的典籍之一，具有无可替代的价值。

今天且不论《淮南子》在社会风貌、文学艺术、自然科学研究等方面作出的贡献，但就其某一独特之处做一番阐述：那便是，《淮南子》保存了很多神话故事，被视为中国古代神话的渊薮之一。

由于“子不语怪力乱神”（《论语·述而》），中国早期神话散失严重，《淮南子》保存的虽多是一些片段，但与《山海经》《楚辞》等其他先秦典籍结合起来考察，不少神话还可大致还原基本面貌，尤其是中国四大神话——“女娲补天”“共工怒触不周山”“嫦娥奔月”和“后羿射日”，书中均有详尽、生动的描述。

女娲补天

往古之时，四极废，九州裂，天下兼覆，地不周载；火爁炎而不灭，水浩洋而不息；猛兽食颛民，鸷鸟攫老弱。于是女娲炼五色石以补苍天，断鳌足以立四极，杀黑龙以济冀州，积芦灰以止淫水。苍天补，四极正；淫水涸，冀州平；狡虫死，颛民生；背方州，抱员天；和春阳夏，杀秋约冬，（枕）[枕] 方寝绳。阴阳之所壅沈不通者，窍理之；逆气戾物、伤民厚积者，绝止之。当此之时，卧倨倨，兴眄眄，一自以为马，一自以为牛；其行蹎蹎，其视瞑瞑；侗然皆得其和，莫知所由生；浮游不知所求，魍魉不知所往。当此之时，禽兽蝮蛇，无不匿其爪牙，藏其螫毒，无有攫噬之心。考其功烈，上际九天，下契黄垆；名声被后世，光晖重万物。乘雷车，服驾应龙，骖青虬，援绝瑞，席萝图，黄云络，前白螭，后奔蛇，浮游消摇，道鬼神，登九天，朝帝于灵门，宓穆休于太祖之下。然而不彰其功，不杨其声，隐真人之道，以从天地之固然。何则？道德上通，而智故消灭也。

——《淮南子·览冥训》

人类是怎样来的？我国神话传说是女娲创造的。

天地开辟之后，大地上有了山川草木、鸟兽鱼虫，但是没有人类。女娲本人也是人首蛇身，她感到孤独寂寞，就在池塘边用泥土和水捏成许多小娃娃，这些小东西居然有了生命，她就给他们取名叫“人”。

人歌唱着、蹦跳着奔向四方。但是世界太大了，这样做人太慢了，于是，女娲用一根藤条在黄泥中搅拌，然后蘸着向四方投去，竟然也能成人。

为了让这些人可以自己繁殖发展，女娲让他们男女婚配，传宗接代，所以后代把女娲奉为“神媒”“高媒”。

人类是女娲创造的，但是，女娲自己是从何而来的？在屈原的《天问》中第一次提出“女娲有体，孰制匠之”的问题。对此，《淮南子·说林训》是这样回答的：黄帝生出男女性别，上骈生出耳鼻口目眉，桑林生出手足四肢，女娲就是这样被三位天神创造出来的。

人类在天地之间生活了许多年，都太平无事。不料水神共工和火神祝融打仗，破坏了人世间的安宁，各种灾难接踵而至。宇宙崩摧，天塌地陷；烈火不熄，洪水涌流；猛兽横行，毒虫遍地；下民饥寒哀号，九死一生。

女娲见天地被破坏成这个样子，忧心如焚。她运用神力，炼就了许多五颜六色的石子来补缀天穹。这样就现出了蔚蓝的天，白色的云，红彤彤的晚霞。她又斩断巨鳌的腿，支撑四极，天地间才得以保持平衡；又杀死了作恶多端的黑龙，解救了中原人民；并把神奇的芦灰积聚起来，堵塞住了汹涌的洪水；还赶走了许多猛兽、恶鸟，使它们不敢再来危害人类。

险恶的自然灾害总算平定了，人民又可以安居乐业了。人们歌颂女娲的功绩，就像日月经天、江河行地一样，万世不灭。

共工怒触不周山

昔者共工与颛顼争为帝，怒而触不周之山，天柱折，地维绝。天倾西北，故日月星辰移焉；地不满东南，故水潦尘埃归焉。

——《淮南子·天文训》

屈原在《天问》中还有“康回冯怒，地何故以东南倾”之说。康回即共工（也有记载为“高辛氏”），传说中的水神，也是古代部落的领袖。

在女娲氏统治天下的末年，原来在伏羲氏、神农氏时就有称霸企图的共工氏，迅速兴盛起来了，发展成实力雄厚、声势浩大的诸侯。共工认为，自己是水神，而女娲氏以木德统治天下，自己理应取代女娲氏。

在我国古代流行着一种五行学说，到战国时代，阴阳家邹衍给以系统的总结，建立了五德终始说。即金、木、水、火、土五行相生相克，五德终始乃是帝王转让帝位的征兆。黄帝为土德，禹为木德，汤为金德，周乃火德；而土为木克、木为金克、金为火克、火为水克，所以才能一代推翻一代。这种五行相生相克的理论，在当时对于破除天命论还是有一点进步意义的，但是很快就被儒家和方士们曲解了，成为历代统治者愚弄人民的依据。

与此同时，统治南方的火神祝融氏（《淮南子》中记载为颛顼氏，传说中的古代部落首领，《史记·五帝本纪》列为“五帝”之二，黄帝之孙）也想统治天下。这样，共工氏和祝融氏争当天帝的决战势不可免。

这场恶战，打得相当激烈，双方都使出了全身的本事，但是最终共工还是被打败了。他不服气，一头撞到西北方撑天的柱子上，把系天的巨绳撞断，天柱倒塌，天地失去了平衡，西北方逐渐高上去，东南方逐渐陷下来。所以，西北方成为青藏高原，连星辰也移向高处；东南方为洼地，长江、黄河、淮河等水流归之。

羿射十日

逮至尧之时，十日并出，焦禾稼，杀草木，而民无所食；猰貐、凿齿、九婴、大风、封豨、修蛇，皆为民害。尧乃使羿诛凿齿于畴华之野，杀九婴于凶水之上，缴大风于青丘之泽，上射十日而下杀猰貐，断脩蛇于洞庭，禽封豨于桑林，万民皆喜，置尧以为天子。于是天下广陕、险易、远近，始有道里。

——《淮南子·本经训》

太阳每天东升西落，给人温暖，给人光明，促使万物生长，人类才能发展生存。但是每当烈日炎炎、久旱不雨、土地开裂、江河断流的时候，人们也会怨恨。因此，古代流行“十日”传说。《庄子·齐物论》中说，从前有十个太阳一起出来，万物都晒焦了。楚国诗人屈原在《招魂》中写道：“十个太阳轮流照耀大地，把金属和石头都烤焦了。”1973 年 12 月，从长沙马王堆汉墓中出土的帛画中，也清楚地出现了九个太阳的图案。

我国古代南方潮湿炎热，人民无法维持正常生活，这大约是产生“十日说”的原因吧。但是也不能排斥另一种可能性，那就是古代太阳系中可能真有九个与太阳相似的行星在运动，也能发光发热。后来因为自身和相互间的运动，使九个“太阳”发生变化，逐渐失去光和热，或者是离地球越来越远。近来西方学者认为太阳曾有四个卫星，即四个月亮。当然，这是一个科学问题，相信终究可以得到科学的解释。

十个太阳从何而生？古人的想象很奇特，说是天神帝俊和他的妻子羲和所生。他们每天有一个去轮流值班，从居住处扶桑枝头掠过，开始一天的工作。他们的行程是：从东方的旸谷出发，经过曲阿、曾泉、桑野、衡阳、昆吾、鸟次、悲谷、女纪、渊虞、连石、悲泉，到达西方的蒙谷，太阳经过的十二个地方，就是后来十二地支记时的依据之一。每次上班，都由太阳妈妈用车子伴送，工作了一天，就在“咸池”那里痛痛快快地洗个澡。在这里，我们古人把太阳完全人格化了。

十个太阳孩子年复一年地这样轮流运行，未免有点枯燥乏味。在尧统治天下的时候，顽皮的十个太阳竟不守妈妈的规矩，一起溜了出来。这样一来可闯了大祸：炎热把土地烤焦了，把禾苗晒干了，连铜铁沙石也熔化了；没有黑夜，只有白昼，饥饿而又郁热的人们，实在忍受不了太阳的烘烤，悲惨地热死、闷死、饿死；各种毒虫猛兽从山林、江河、洞穴中逃了出来，在灼热的大地上狂啸奔跑，又给本已无法生活下去的人们带来更多的灾难。

下情被上帝得知，于是派神箭手羿下凡到人间，并且赐给他一张红色的弓，一口袋白色的箭。尧命羿先除去太阳，再对付猛兽。羿拈弓搭箭，对准火球，“刮”的一声，火球迸裂。羿连续射出九支神箭，那九个火红的太阳顿时失去了光辉，这时，人们感到冷风习习，牙齿打战。尧看见天上只有一轮骄阳了，连忙制止羿。否则，十个太阳全部射落，大地将是一片黑暗。

接着，羿又到中原一带杀死为害最烈的猰貐（一种食人凶兽），到畴华之野射死横行无忌的凿齿（一种半人半兽的怪物），又到北方的凶水杀掉九个脑袋的九婴（水火之怪）；在东方的青邱之泽射死巨鸟“大风”（飞起后能兴起大风），又到洞庭湖射死巨蟒，这个巨蟒的骨头，可以堆成一座山丘；最后在桑林活捉了封豨（大野猪）。七害都被消灭了，人民得以安居乐业，世世代代都感谢尧和羿的功德。

嫦娥奔月

譬若羿请不死之药于西王母，恒娥窃以奔月，怅然有丧，无以续之。何则？不知不死之药所由生也。

——《淮南子·览冥训》

每当皓月当空，人们翘首而望的时候，就会想到“嫦娥奔月”这个古老而美丽的神话。这个神话故事的较早记载，当数《淮南子》了。

嫦娥（即恒娥）的丈夫羿（即后羿，古代善射者），从西王母那里得到了一葫芦长生不老药，被嫦娥寻到了，吃不吃呢？她犹豫了很久，决定去找当时最有名望的大巫师有黄探问吉凶。

有黄摆开蓍草与龟甲，摇动了一番，他笑着把占卜结果报告给嫦娥：“大吉大利呀，美丽俊俏的姑娘，你将来到西方。天道昏暗迷茫，不要惊恐慌张，日后将会盛昌。”

嫦娥听了，忐忑不安的心情安定下来了。她不再顾及自己的丈夫，而决定独自享用这一葫芦不老之药。她几口把灵药吞吃完，把葫芦放回原处。

不大一会儿，她觉得自己身子轻飘飘的，不由自主地离开了房舍，山川、河流都在自己脚下，白云在自己身旁浮动，还不时有闪光的石块飞过。凉风习习，罗裙婆娑，她飘然起舞，引吭高歌。这么广阔的天际，这么美妙的太空，她舒服痛快极了。她飞呀飞呀，径直朝灰蒙蒙的月宫奔去。哎呀！总算到月宫了！从此，她就是这里的主人了。

可是过了不久，她发现自己变了形：头缩了进去，四肢又笨又粗，腰部又短又胖，身上长出了疙瘩，这不就是一只令人讨厌的癞蛤蟆吗？她捶胸顿足，痛苦失望极了，泪水如涌泉一样汩汩奔流。

羿狩猎归来，发现妻子不见了，找遍了左邻右舍，问过了家丁仆人，没有一个人知道。羿以为美貌的妻子心眼小，在同自己怄气，就没有再去寻找。又过了几天，羿拿起装药的葫芦儿，左倒右倒，里面的药一丁点儿都没有了。他这才恍然大悟，原来是妻子偷吃仙药，升入月宫独享富贵去了。他痛苦、悲哀、愤怒极了，失神地望着茫茫的苍穹。

对话　怪力乱神背后，自有其逻辑

上观新闻：神话与现实密不可分，神话或是对现实的意义深远的解释，或是对现实采取的态度，中国四大神话是否也有这些方面的反映？

陈广忠：在远古时代，生产力极其低下，人类根本没有力量抵御自然灾害的威胁，因此人们就在幻想中征服和驾驭自然。女娲补天的神话就是在这种情况下产生的。千百年来，女娲这一伟大形象，一直深深地活在人们的心中。

同时，受限于当时的科学发展水平，人类对很多自然现象无法知其所以然，比如为什么我国西北上空繁星密布而东南上空星星稀少？为什么我国地势西北高、东南低？古人对这些有着本能的好奇心，就创造出共工、祝融这样的天神大战神话来予以解释，它反映了古人强烈的求知欲和丰富的想象力，这些都是推动社会进步的力量。

上观新闻：中国神话不仅有产自原始社会到奴隶制社会初期的丰富的古代神话，

还有许多后世民间产生的新神话，如牛郎织女等，这是否说明神话也随时代的发展而发生变化，而不像有些观点认为的那样，神话始于原始社会，也止于原始社会。

陈广忠：不仅是产生新的神话，古代神话也在历史进程中发生着衍变。我们以嫦娥奔月为例。在马王堆一号汉墓出土的帛画中，月宫里就画着一只蟾蜍，可见这个故事在汉代就是广为流传的。那时这个故事是有批评和谴责嫦娥的意思的：批评她自私贪心，不忠于自己的丈夫；批评她想入非非，背离现实。总之是违背封建人伦道德，最后事与愿违，自食其果。这当然是封建社会对女性的偏见。

但六朝以后，人们对嫦娥独栖广寒、形影相吊的凄苦境遇，同情的多了，责难的少了，她的地位也逐渐升高，由一个被谴责的女性，变成令人同情的孤女。唐代诗人李白在《把酒问月》诗中写道："白兔捣药秋复春，姮娥孤栖与谁邻？"杜甫也写有《月》诗，咏道："斟酌姮娥寡，天寒耐九秋。"李商隐《常娥》诗中也说："常娥应悔偷灵药，碧海青天夜夜心。"后来，人们还把嫦娥视为月亮神的化身，"蟾蜍""月精"之类的说法也逐渐失去阵地，而代之以"玉兔捣药"。

前后联系起来看，隐约可见一个社会对人性、对女性逐渐理解、包容的发展过程。

上观新闻：神话的记录者可以是个人，但创作者一定是集体，这个集体就是中华民族，神话是民族集体意识的反映，这种意识如何凝聚为民族精神，并激励后人砥砺前行？

陈广忠：神话看似不可思议、天马行空，实则有其内在逻辑，这种内在逻辑就是我们民族的思考模式和精神面貌。

比如共工怒触不周山。毛主席就曾在《渔家傲·反第一次大围剿》词中引用这个神话，"不周山下红旗乱"，他称赞共工是胜利的英雄：虽然战败了，但改变了天地的旧貌。中华民族命运多舛，但每次遭遇存亡危机，都能展现出共工这种不屈从于命运安排的伟大气魄，我们五千年的历史始终没有中断过，和这种不服输的精神是分不开的。

"梦想总是要有的，万一实现了呢"，这话用在神话上特别贴切。两千多年前古人奔月的美丽幻想，不就在今天变成现实了吗？现在，我们的航天飞船不但可以到达月宫，而且可以飞升到更遥远的火星。月宫里的嫦娥不必再愁眉不展，可以回到人间，欢欢喜喜同丈夫团聚了。

（原载《解放日报》读书周刊，2017 年 5 月 27 日）

附录二:《淮南子》与二十四节气的创立

陈广忠

2016年11月30日，中国申报的“二十四节气”，被列入联合国教科文组织人类非物质文化遗产代表作名录。二十四节气的完整、科学记载，出自《淮南子·天文训》。本文把二十四节气的创立和依据，简要介绍给海内外读者。

二十四节气的科学依据

中国二十四节气的研制，经过了漫长的岁月。

早在《尚书·虞书·尧典》中就记载:“日中，星鸟，以殷仲春。日永，星火，以正仲夏。宵中，星虚，以殷仲秋。日短，星昴，以正仲冬。”日中，指春分。日永，指夏至。宵中，指秋分。日短，指冬至。《左传·昭公十七年》载:“玄鸟氏，司分者也；伯赵氏，司至者也；青鸟氏，司启者也；丹鸟氏，司闭者也。”用玄鸟、伯赵、青鸟、丹鸟，代表四季。《吕氏春秋》中有立春、日夜分（春分）、立夏、日长至（夏至）、立秋、日夜分（秋分）、立冬、日短至（冬至）、雨水、白露10个节气。先秦时期，诸侯混战，天下动乱，科研条件有限，二十四节气的体系和名称尚未确立，属于前期研究阶段。

汉朝的建立，结束了长期的战乱局面，天下安定，经济恢复，文化繁荣，学术发展，百家争鸣。在这样的条件之下，二十四节气的研究，才能得以进行，最终在西汉淮南王刘安（前179—前122年）的《淮南子·天文训》中得以完成，并流传至今。

根据《淮南子》的记载，二十四节气的科学依据，主要有——

1. 北斗斗柄运行与二十四节气

《淮南子天文训》中确定二十四节气的标准，是北斗斗柄的运行方向。北斗斗柄的运行，同月亮、太阳、二十八宿标示的度数相配合，组成了一个完整的、科学的历法、天象体系:

两维之间，九十一度（也）十六分度之五，而（升）[斗]日行一度，十五日为一节，以生二十四时之变。

斗指子，则冬至，音比黄钟。……

加十五日指报德之维，则越阴在地，故曰距日冬至四十六日而立春，阳气冻解，音比南吕。……

加十五日指常羊之维，则春分尽，故曰有四十六日而立夏。大风济，音比夹钟。……

加十五日指午，则阳气极，故曰有四十六日而夏至，音比黄钟。……

加十五日指背阳之维，则夏分尽，故曰有四十六日而立秋，凉风至，音比夹钟。……

加十五日指酉，中绳，故曰秋分。雷戒，蛰虫北乡，音比蕤宾。……

加十五日指蹄通之维，则秋分尽，故曰有四十六日而立冬，草木毕死，音比南吕。……

阳生于子，故十一月日冬至。

二十四节气，构成了一个天象、历法、气温、降雨、降雪、物候、农事、音律、干支等的综合体系，成为古代中华民族生存发展，从事农业生产，顺应自然规律，和谐“天人”关系的理论基础。

2. 月亮运行与二十四节气

二十四节气，同月亮的运行密切相关。月亮的运行是阴历。设置闰年，就是根据二十四节气中的“冬至”而设立的。这样，根据太阳和月亮的运行规律，阴阳合历就制定出来了。《淮南子・天文训》中说：

月，日行十三度七十六分度之二十六，二十九日九百四十分日之四百九十九而为月，而以十二月为岁。岁有馀十日九百四十分日之八百二十七，故十九岁而七闰。

这段的意思是：月亮每天进行 $13\frac{28}{76}$度，$29\frac{499}{940}$日而为一月，而把十二个月作为一岁。每年尚差 $10\frac{827}{940}$日，不够 $365\frac{1}{4}$日。因而十九年有七次闰年。

比如：2014 年闰 9 月，2017 年闰 6 月。

3. 太阳运行与二十四节气

《淮南子・天文训》中运用太阳的运行规律，来划分二十四节气。主要有两种方法：

① 圭表测量。圭表，是中国古代观测天象的仪器。可以用来定方向、测时间和制定历法等。《淮南子・天文训》中记载测量“冬至”“夏至”的方法：

日冬至，八尺之脩，日中而景丈三尺。

日夏至，八尺之景，脩径尺五寸。

② 利用太阳与二十八宿的关系。《淮南子·天文训》中说：太阳正月处于二十八宿中的营室的位置，……十二月处在虚星的位置。

比如:“营室”，正月中，雨水。“虚星”，十二月节，冬至。

4. 二十八宿标示的度数与二十四节气

《淮南子·天文训》中说：二十八宿与天球赤道的夹角可以分为不同的度数：角宿十二度，亢宿九度，……轸星十七度。总共二十八宿 365 1/4 度。

二十八宿标示的度数与北斗斗柄、太阳运行度数相同。比如：立春，在“危十七度”（今测十六度）。立秋，“翼十八度”（今测十五度）。

5. 十二律长度与二十四节气

《淮南子·天文训》用十二律度数，来表示二十四节气的时间变化，其中说：黄钟处在十二地支子位，它的长度数是八十一分，主管十一月之气，下生林钟。……无射的管长四十五，主管九月之气，上生仲吕。

比如:“冬至”的时候，与十二律相配的为林钟，逐渐降为最低音;“夏至”的时候，与十二律配合的为黄钟，逐渐上升为最高音。

6. 十二月令和二十四节气

《淮南子·时则训》中记载了十二个月与斗柄、二十八宿、二十四节气等的相互关系。

孟春之月，招摇指寅，昏参中，旦尾中。其位东方。立春之日，……

孟夏之月，招摇指巳，昏翼中，旦婺女中。其位南方。立夏之日，……

孟秋之月，招摇指申，昏斗中，旦毕中。其位西方。立秋之日，……

孟冬之月，招摇指亥，昏危中，旦七星中。其位北方。立冬之日，……

二十四节气与中国气候分界线

秦淮一线，是中国南北气候、地理自然分界线。西汉前期，位于淮河中游的淮南国，成为当时重要的文化学术中心。而它的倡导者，就是淮南王刘安。

淮南王刘安“好读书鼓琴”，博学多才，著述宏富。刘安的著作大多已经失传，而被胡适称为“绝代奇书”的《淮南子》，却得以幸存。《汉书·淮南王传》记载：“初，安入朝，献所作《内篇》，新出，上爱祕之。”淮南王刘安和门客研制成功的二十四节气，收在《淮南子·天文训》之中，在汉武帝即位第三年，献给了朝廷，并且得到了皇帝的喜爱。那么，二十四节气体系的完成和发布，至今已有 2155 年。

淮南王刘安为王42年，都城为“寿春”，即今安徽省淮南市的寿县，正是位于分界线的中点线上。在我国冬季一月等温线图零度的走向上，江苏洪泽、安徽蚌埠、河南桐柏，一月平均温度为一摄氏度。淮河—秦岭一线，四季分明。春季：洪泽、蚌埠、桐柏，平均59天。夏季，平均111天；秋季，平均61天；冬季，平均133天。这就说明，春季时间短；夏季时间长；秋季和春季相仿；冬季时间长。正好体现了二十四节气两“分”两“至”的特点。

春秋齐国晏婴在《晏子春秋·内篇·杂下》中说：“橘生淮南则为橘，生于淮北则为枳。”2500年前人们就发现了淮河具有南北分界线的特点。所以，淮南王刘安在天时、地利、人杰等条件齐备之下，成功研制了二十四节气。

（原载：《人民日报》海外版，2017年1月24日。有修改）

附录三：主要著作

1.《淮南子故事选编》

黄山书社出版，1985年4月第1版，第1次印刷，印数：38000册。收神话、历史故事等70余则。欧远方为序。2017年5月，中国文史出版社出版《淮南子故事》（增订本）。

2.《淮南子译注》

吉林文史出版社出版，1990年6月第1版，1996年11月第4次印刷，精装本，印数：25950册。收入《中国古代名著今译丛书》，这是中国第一部今译今注本。底本选用（清）武进庄逵吉（1760—1813）本。牟钟鉴为序。

3.《淮南子译注》

（台湾）建宏出版社出版，1996年1月，吉林文史出版社授权。繁体、竖排，全部标示注音字母。

4.《评析本白话诸子集成　淮南子》

北京广播学院出版社出版，王宁主编，精装本，1992年12月。内容分为评析、白话译文两部分。

5.《刘安评传——集道家之大成》

广西教育出版社出版，1996年8月第2次印刷，印数：6000册。收入《中华历史文化名人评传　道家系列》。汤一介主编，并序。戴逸总序。2017年5月，中国文史出版社出版《刘安评传》（增订本）。

6.《两淮文化》

辽宁教育出版社出版，1995年4月第1次印刷，印数：4000册。1998年6月，修订再版，印数：7000册。收入《中国地域文化丛书》。

7.《淮南子科技思想》

安徽大学出版社出版，2000年7月。王树人为序。2017年5月，中国文史出版社出版《淮南子科技思想》（增订本）。

8.《中国道家新论》

黄山书社出版，2001 年 11 月。其书在研究《老子》《文子》《列子》《淮南子》等方面，学术创新观点较多。

9.《道家文化寻根——安徽两淮道家九子研究》(合作)

安徽人民出版社出版，2001 年 12 月。孙以楷主编，陈广忠副主编。

10.《韵镜通释》

上海辞书出版社出版，2003 年 2 月。本书为繁体、横排本。作者先后以 10 年时间，陆续写成。这是中国第一部解读《古逸丛书》之日本永禄本（1564 年）的等韵学专著。

11.《列子》评注

中国少年儿童出版社出版，2004 年 3 月，精装本，印数：11000 册。

12.《道家与中国哲学 汉代卷》(合作)

人民出版社出版，2004 年 6 月，第一次印刷，印数：5000 册。《道家与中国哲学》，为孙以楷教授主持的国家社科基金项目，全书共六卷，本书为第二卷，由陈广忠、梁宗华合作完成。本项目曾获得安徽省哲学社会科学文学艺术类 2006 年度一等奖。

13.《古典文献学》(合作)

黄山书社出版，2006 年 8 月，由陈广忠、徐志林、王军、程水龙编著。为高校本科生及研究生参考教材。

14.《淮南子斠诠》

黄山书社出版，2008 年 6 月，分平装、精装两种版本。

15.《淮河传》

河北大学出版社，2001 年 1 月第 1 版，印数：5000 册。2010 年 1 月，修订本，印数：5000 册。收入《华夏江河传记丛书》。

16.《淮南子精华》(主编)

黄山书社出版，2010 年 7 月，精装本。安徽大学中文系古代文学研究生殷素仪、程静、李雅、邸维寅、陈青远、徐崇亮参加初稿编写。全书分为“治国”“道论”等 29 类。

17.《淮南子研究书目》

黄山书社出版，精装本，2011 年 6 月。本书收录中国、美国、加拿大、法国、德国、新加坡、马来西亚、日本等国家古今研究《淮南子》的论文、论著。本书为第一部《淮南子》的专书目录学著作。

18.《全国高考语文诗词曲文言文解题指要》

人民出版社，2015 年 2 月。本书汇编 1977 年至 2014 年全国高考语文诗词曲、文言文试题和答案，并按照高考评分细则的要求，作了“解题指要”。适合高中教师、高考学生及喜爱中国优秀传统文化的读者阅读。

19.《全本全注全译 淮南子》

中华书局出版，精装本，2017 年 7 月第 8 次印刷，印数：55000 册。本书底本为北宋本，精心校勘。注释，参考许慎、高诱旧注，并参照《尔雅》《说文》《广雅》等释文。注音，依据上古音、与中古音、现代音的对应规律，参照《广韵》《集韵》《韵镜》等韵书、韵图，为疑难、冷僻、通假字进行标音。译文，以直译为主，以信、达、雅为目标。分段，基本以韵段为主。

20.《传世经典文白对照 淮南子》

中华书局出版，2014 年 10 月第 1 版，印数：8000 册。本书分原文和译文两部分，句句对译。

21.《中华经典藏书 淮南子》

中华书局出版，2016 年 1 月第 1 版，印数：8000 册。本书为《淮南子》节本。

22.《淮南子译注》

上海古籍出版社，2016 年 8 月。全书 1076 千字。本书底本为北宋本《淮南子》。注释，考证丰富。译文，准确流畅。2017 月 1 月，出版简装本。

23. 北宋本《淮南子》点校

上海古籍出版社，2016 年 10 月。本书第一次对《四部丛刊》收录的北宋本《淮南子》进行点校。考订严谨，引证广博。

24.《淮南文集》

中国文史出版社出版，2014 年 7 月。全书 59 万字。精选作者有创新性、时代性的论文 60 余篇。分为《淮南子》研究、中国道家研究、中国文学与史学研究、音韵学和古文献研究、附录（序言、书评及主要著作目录）。本书涉猎广泛，论述精辟，考订严谨，标新立异，体现了作者独立创新的学术思想。

25.《淮南鸿烈解》校理

黄山书社出版，2012 年 12 月，精装本。明代刘绩补注本《淮南鸿烈解》，对《天文训》《地形训》等做了大量补注，弥补了许慎、高诱注文偏少的缺憾，成为研究《淮南子》的最重要版本之一。本书历时三年，出校记 1000 余则。

26.《淮南子译注》（合作）

上海三联书店出版，2014 年 5 月。本书为《淮南子》节本。由陈广忠、陈青远、付芮译注。收入《中国古典文化大系》。

27.《九家集注杜诗》点校

安徽大学出版社出版，2017 年 6 月。文渊阁《四库全书》本《九家集注杜诗》，（南宋）郭知达编。集宋代九家（实收 61 家）注文和评论，共 36 卷，收诗 1431 首。本书依原书顺序，精心校勘，为杜甫研究和爱好者，提供传世最早、学术价值最高之杜诗善本。